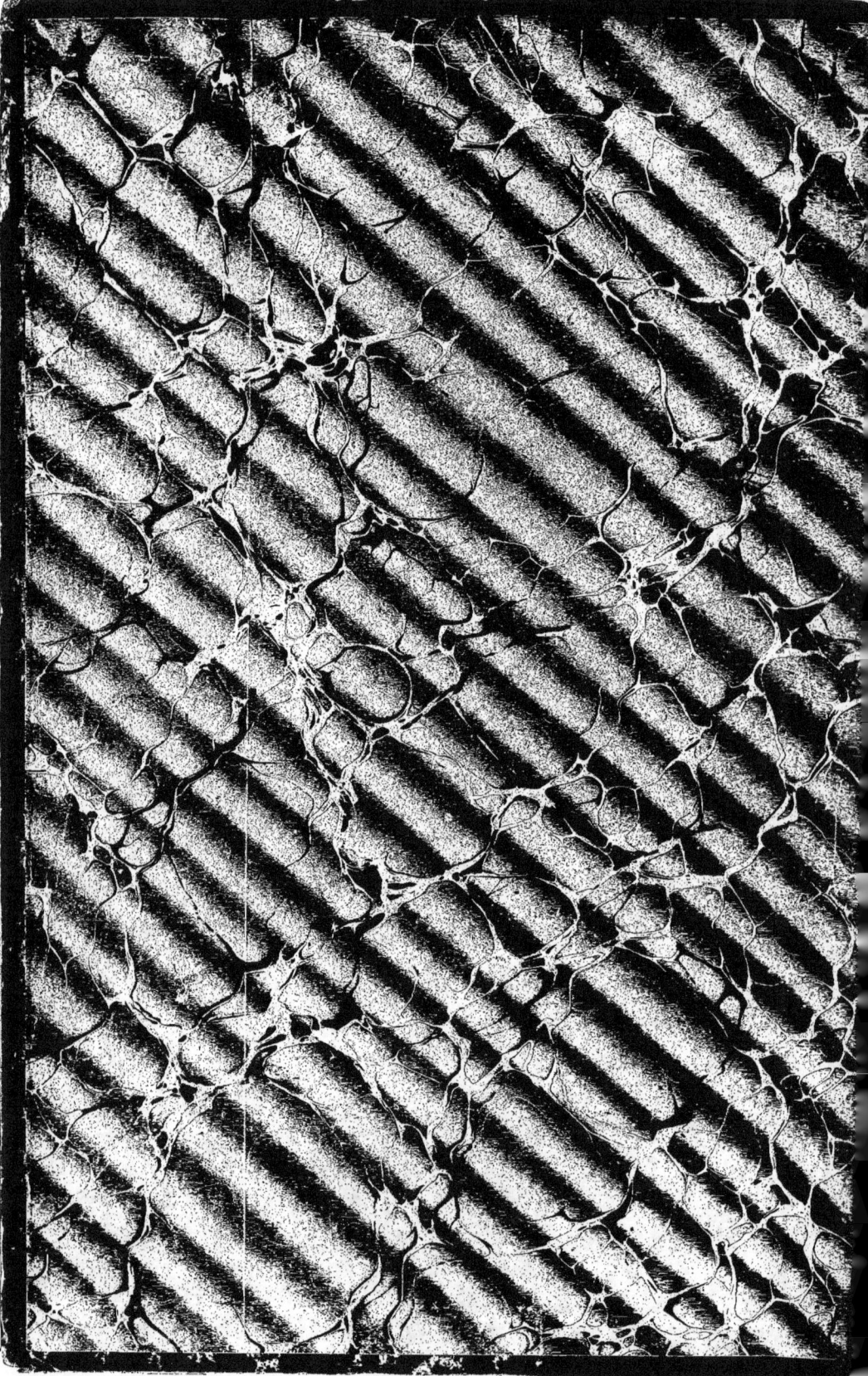

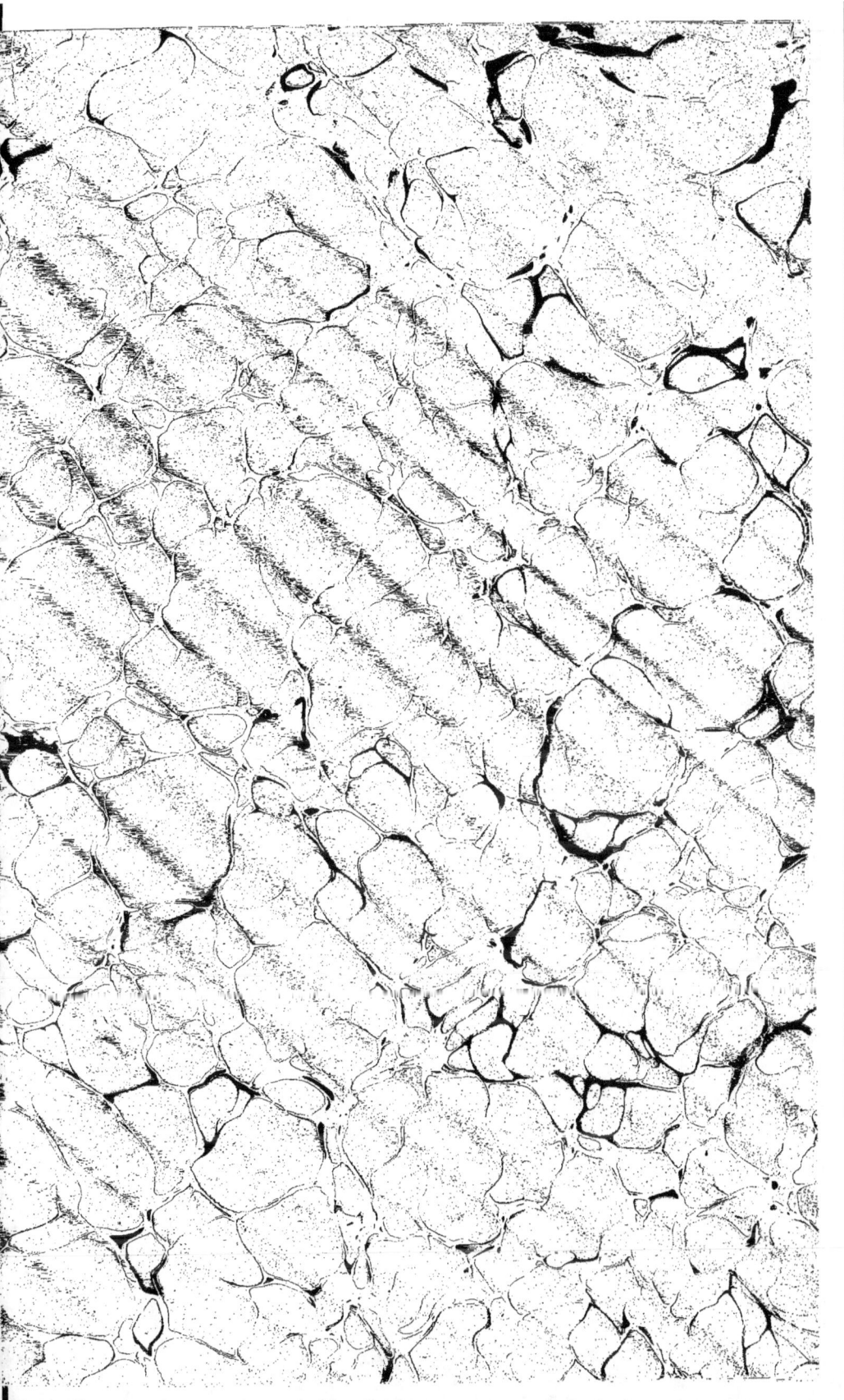

L'ART DE BATIR

SA MAISON

# L'ART DE BATIR
# SA MAISON

PAR

## J. BOUSSARD

Architecte
Officier de l'Instruction publique

PREMIÈRE PARTIE
CONSTRUCTION ANTIQUE

DEUXIÈME PARTIE
CONSTRUCTION MODERNE

Maison à Asnières. Dépense à forfait, 10,000 francs.

PARIS
LIBRAIRIE DES IMPRIMERIES RÉUNIES
13, RUE BONAPARTE, 13

FRONTISPICE

# DÉDICACE

Brenn (chef gaulois).

*A toi, « Brenn », je dédie ce livre; à toi, que des vanités ignorantes ont flétri du mot de « Gallo » comme d'un stigmate de mépris dans l'histoire des civilisations humaines!...*

*« Gallo » ton architecture, « Gallo » ta céramique, « Gallo » tes bronzes, « Gallo » enfin toute cette belle civilisation que tu tenais de la Rome antique, « Gallo! » et tes descendants passaient indifférents!.....*

*Mais la science sonne le réveil, et le jour est proche où le monde savant, indigné, recherchera les derniers vestiges de ta civilisation, que la stupide ignorance aura jetés au vent des défrichements modernes.*

*Préparer dès maintenant cette Renaissance, retrouver certaines de tes lois étouffées sous le flot des invasions barbares qui ont fait de notre beau pays de Gaule un cimetière fumant, les grouper en une œuvre que nos races modernes aiment à lire, vouloir enfin qu'elles soient appliquées dans l'avenir, c'est encore là, « Brenn », acte de combat. Et ce n'est pas trop du prestige de tout le passé glorieux, qui fait de toi une figure grandiose dans l'histoire, pour défendre ta science d'architecte contre les préjugés, contre la routine, contre l'ignorance de sectaire, qui jette à ton souvenir l'épithète de « Gallo. »*

*A moi donc, à moi, « Brenn », un peu de ton énergie pour démontrer à tous ces esprits chagrins que, parmi tant de monuments magnifiques dont les ruines jonchent nos champs, ta maison, elle aussi, obéissait aux lois de la tradition civilisée dont la science pratique abritait des pestes modernes, et que nos races, mal remises encore des destructions du V$^e$ siècle, ne sauraient mieux faire que renouer la chaîne historique de ces lois dont tu fus le dernier gardien.*

*Et si un peu de cette belle et robuste santé que t'envièrent si fort les Romains de ton temps peut résulter, dans l'avenir, des leçons puisées à ton école, j'aurai accompli un vœu bien cher à ceux de ma race qui dorment là-bas, dans la campagne d'Alise où ils ont vécu, gardant ton culte comme un écho lointain de parenté avec tous ces vaillants qui luttèrent les derniers dans la vieille cité gauloise.*

*Comme eux, alors, j'aurai fait œuvre utile en ravivant, parmi nous, le prestige de ce vieux nom de Gaulois dont ils ambitionnaient tant le titre et les vertus, que redit cette devise gravée sur la pierre de leur tumulus :*

« Et nos in Gallia utiles et dulces. »

J. BOUSSARD,
*Officier de l'Instruction publique.*

# UN MOT D'HISTOIRE!...

'Empire Romain, héritier de toutes les traditions civilisées des mondes antiques, dont il fut l'explosion la plus considérable, avait porté aux quatre coins du monde son flambeau civilisateur, appuyé sur des armées formidables chargées de l'imposer. Du Nord au Midi, de l'Est à l'Ouest, il était passé éblouissant les peuples, écrasant les révoltes, forçant la cabane du sauvage à disparaître pour faire place à ses monuments.

L'Europe, le nord de l'Afrique, l'Egypte, la Syrie, la

Palestine, l'Asie-Mineure entière, sont à ce point écrasées et conquises, non seulement par les armes, mais aussi et surtout par la civilisation, que les monuments y surgissent de toutes parts, innombrables, de proportions considérables, et qu'autour d'eux se groupent les villes et les villages, tous riches, bien bâtis, dotés de tout ce qui fait le luxe et la civilisation : les « bains » pour l'hygiène, le « cirque » pour le développement de la force physique, le « forum » pour l'éducation civique. Enfin, l'industrie intelligemment dirigée, non centralisatrice, seule condition pour garder l'originalité de pays et de race, y prend un tel essor que la fortune publique acquit des proportions absolument inconnues de nos jours.

Et parmi tant de nations différentes, la Gaule fut particulièrement favorisée dans le partage des bienfaits de la vieille civilisation classique. Déjà les colonies grecques de Marseille, Antibes, Fréjus, avaient étendu leur influence sur tout le Midi, quand Rome se présenta en 154, puis en 125 avant notre ère, pour les secourir contre leurs voisins.

La fondation d'Aix par le proconsul Sextius Calvinus (124 avant J.-C.), marqua la première étape du monde ancien dans ce monde nouveau si bien préparé à sa conquête. En 118, Narbonne est fondé, et, quatre-vingts ans plus tard, César accourt avec ses légions pour protéger les provinces du Rhône contre une invasion des Helvétiens. En dix ans, il soumet la Gaule entière qu'il s'attache par une douce administration en laissant aux peuples leurs terres, leurs villes, la forme essentielle de leur gouvernement. Puis 27 ans avant J.-C., Auguste tient à Narbonne une grande assemblée pour faire le dénombrement des personnes et de leurs biens, afin d'asseoir l'impôt sur de nouvelles bases et doter la Gaule des établissements qui pouvaient hâter les progrès de la prospérité publique et de la civilisation.

De cette époque date une période d'activité civilisatrice dont nous avons peine à nous faire idée, puisqu'en moins de deux cents ans, la Gaule se couvrait de villes et de monuments que personne ne connaît actuellement, et dont bien peu d'entre nous soupçonnent seulement l'importance.

Les voies en pierres, ce que nous appelons aujourd'hui des routes nationales, sillonnent la Gaule en tous sens, et partout l'agriculture, l'irrigation par les aqueducs, l'industrie locale, notamment les tissus de drap et de laine, enrichissent notre beau pays; partout des villas nombreuses se construisent, comme de nos jours, dans les plus beaux sites, et les Gaulois de cette époque viennent s'y reposer de leurs fatigues du jour et des tracas des affaires de la ville.

Les bronzes d'art, les terres cuites, les marbres, les peintures, les fresques, les mosaïques, pour la partie décorative; les poteries de grès et de verre, les cristaux, les émaux, les ustensiles de fer et de bronze, pour l'usage de la vie privée, nous montrent, par la richesse et le fini de leur exécution, que l'art régnait en maître dans les moindres détails, et qu'enterrées subitement, comme Pompéi (79 de notre ère), leurs ruines

Plan de la ville gallo-romaine d'Augustodunum (Autun).

Les portes N et O ouvraient la ville à la grande voie d'Agrippa qui la traversait en ligne droite. Les portes M et L sont également antiques. De ces deux points j'abaisse des perpendiculaires sur la ligne N–O, et je trace autant de parallèles que possible dans les deux sens, et à des intervalles égaux. Comptant le nombre des carreaux obtenus, je trouve qu'il n'est pas en rapport avec le nombre de toises de leur côté; mais, en les doublant, j'atteins le rapport et j'en conclus que j'ai trouvé la loi de plantation des rues d'une ville gallo-romaine.

Pour en acquérir la preuve, j'ai dit à un géomètre : « Tracez l'enceinte antique, et, dans l'intérieur, tracez les tronçons de rues que vous avez découverts dans des fouilles à différentes époques; cela fait, divisez l'espace de la manière que je viens d'indiquer. »

L'opération terminée, son étonnement fut grand quand il considéra que toutes ses lignes passaient par les tronçons établis d'avance. Il se rangea à mon avis, et le dessin ci-contre est celui qui a servi à faire notre expérience.

L'échelle est trop petite pour qu'on voie clairement la possibilité de compléter, les uns par les autres, les carreaux incomplets, mais quand on opère sur une grande échelle, cela devient facile.

Maintenant, si on veut bien suivre les chiffres placés dans les quartiers, je puis indiquer l'emplacement des édifices reconnus jusqu'à ce jour, d'une manière certaine :

- 5 Établissement de Potier.
- 18 Temple de Cybèle.
- 25 Établissement métallurgique.
- 38 Autel de Jupiter.
- 44 Forum.
- 45 Derarium.
- 46 Palatium.
- 47 Cirque pour les chars.
- 48 Amphithéâtre.
- 49 Cirque pour les chevaux.
- 50 Fabri.
- 51 Temple de la Fortune.
- 52 Capitolium.
- 53-54 Écoles Méniennes.
- 55 Temple d'Apollon.
- 57 Théâtre.
- 59 Temple de Bibracte.
- 61 Temple de Diane.
- 77-78-79-80 Castrum.

Il y avait, sans doute, d'autres édifices, tels que le Gynécée, les Layettes sacrées, etc., etc. Et puis, après tout, il faut bien laisser de l'espace pour les habitations particulières.

J. DE FONTENAY.

(Extrait du *Bulletin monumental*.)

Plan de la ville gallo-romaine d'Augustodunum (Autun).

remises à jour n'auraient rien à envier à celles de la cité romaine.

Malheureusement, l'esclavage fut le germe rongeur

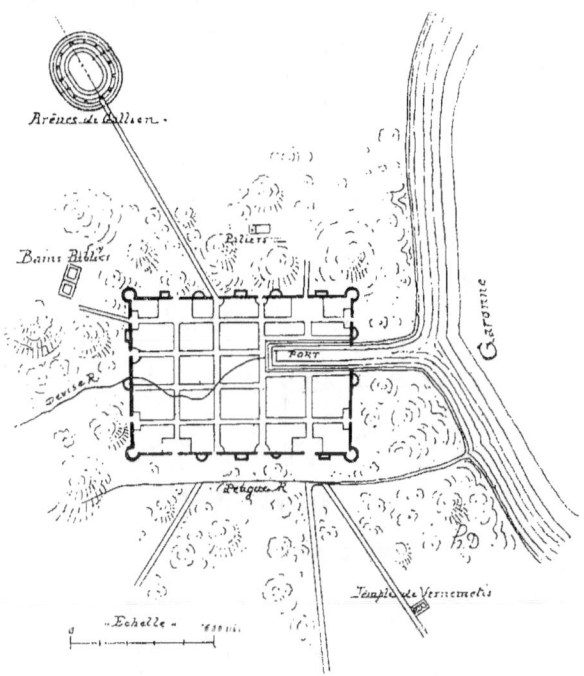

Plan de la ville gauloise de Bordeaux.

La seule inspection de ce plan semblerait justifier pleinement la théorie de M. de Fontenay sur la manière de procéder des ingénieurs gaulois pour le tracé du plan des villes, tracé qui devait nécessairement subir des lois fixes et générales, puisque, ainsi que nous l'avons vu, c'est en moins de deux siècles que furent construites toutes les villes dont cette description explique suffisamment les magnificences.

20  L'ART DE BATIR SA MAISON

attaché aux flancs de ce colosse romain dont la puissance colonisatrice avait ouvert le monde entier aux merveilles des civilisations anciennes. Les souffrances des vaincus, jointes aux miroitements de toutes les richesses amoncelées dans ce vaste empire civilisé, exaltèrent les passions et les appétits des hordes barbares que les armées romaines n'avaient pu atteindre au fond de l'Asie et au Nord de l'Europe.

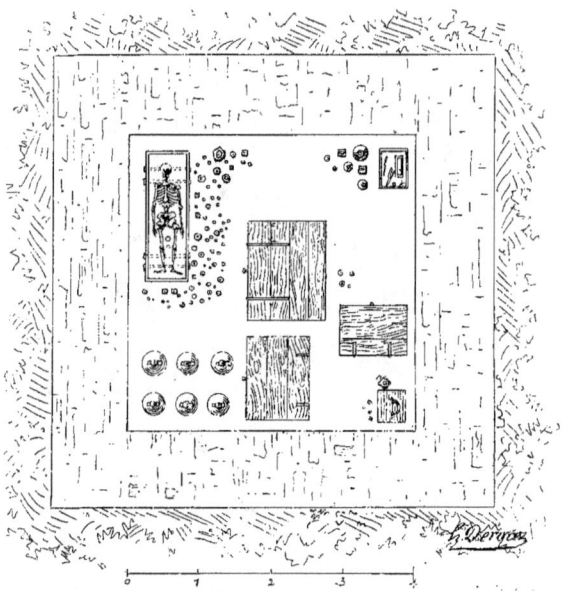

Tombeau d'une femme artiste gauloise.

Le tombeau que nous publions ici est celui d'une femme artiste gauloise, découvert à Saint-Médard-des-Prés (Vendée).
Les Gallo-Romains, suivant en cela les habitudes antiques, enterraient les

« Au commencement du vᵉ siècle (407 de notre ère), dit Taillard, l'invasion des barbares vient d'une manière terrible tirer la Gaule de son assoupissement.

» Stilicon, ministre d'Honorius, avait, imprudemment, dégarni la frontière germanique des troupes romaines qui la protégeaient : tout à coup les hordes sauvages de l'Orient et du Nord s'élancent de leurs solitudes et fondent sur l'Occident. Des peuplades inconnues, accourues des rives du Jaïck ou des bords du Volga, des pasteurs de l'Unstrutt, des guerriers du Wéser, des colons du Danube apparaissent à la fois comme un « Pandémonium » sorti de dessous terre au milieu de la Gaule surprise et saisie d'effroi. C'est alors un désordre affreux, un pêle-mêle, un chaos sans exemple, un spectacle épouvantable : et c'est à peine si

Vases en verre et poteries contenant encore des peintures desséchées trouvées dans le tombeau.

morts, incinérés ou non, dans des chambres funéraires et plaçaient, à côté des cercueils, des urnes, des objets rappelant la profession du défunt, ainsi que des monnaies et souvent des objets d'art précieux.

l'imagination peut se retracer l'idée de ces saturnales de la barbarie en délire. Il n'est point d'excès auxquels ne se livre la fureur déchaînée de ces peuples féroces.

» Partout s'étendent le pillage, la désolation, l'incendie et la mort. L'habitant des cités, réveillé en sursaut, ne voit autour de lui que la flamme, n'entend que des hurlements, des cris de désespoir, des gémissements aigus. Les populations éperdues, haletantes, déjà décimées par le fer, ont à peine le temps d'échapper à ces barbares, qui chassent partout devant eux des multitudes confuses de vieillards, de femmes et de prêtres. »

Vases, palettes et ustensiles divers trouvés dans le tombeau.

Il a été possible de reconstituer ainsi bien des pages oubliées des civilisations passées, et c'est dans l'une de ces tombes que nous trouverons des éléments d'appréciation sur ce que fut la science de nos pères.

La chambre mortuaire contenait, outre le squelette dans les débris du cercueil, une série de vases en verre blanc, en verre de couleur, un mortier en albâtre, des amphores, un coffre en fer et de petits vases de verre, et, au fond, des couleurs desséchées, ainsi qu'une palette et des débris de coffres en bois, ayant contenu sans doute des dessins.

Ce mobilier funéraire très complet jette un jour instructif sur un côté très intéressant de la vie des Gaulois du IIIe siècle.

Les cités épouvantées n'ont plus qu'une préoccupation : se fortifier pour défendre leur existence. On renverse les monuments, on arrache même les tombeaux pour faire des matériaux dont on se sert pour élever des remparts qui enceindront l'espace seulement né-

cessaire à abriter les habitants sans autre souci que l'existence.

Mais rien ne peut arrêter le flot formidable de l'invasion, et les populations gauloises sont anéanties ou dispersées. Les familles s'éteignirent ou prirent la fuite, les lieux couverts d'habitations furent changés en déserts; des forêts s'élevèrent dans la suite sur ces ruines délaissées, dont le hasard seul révèle aujourd'hui l'existence. Beaucoup de villes considérables furent ainsi abandonnées et transportées sur d'autres points, et dans celles qui sont restées à leur ancienne place, les inégalités du sol et des protubérances indiquent seules les lieux où des ruines se sont amoncelées.

Partie du mur extérieur du Castellum de Jublains.
Défenses hâtives du v<sup>e</sup> siècle.

Du Nord au Sud, de l'Est à l'Ouest, l'envahissement fut le même, l'égorgement et la destruction aussi ; si

Partie de mur du castellum de Larçay (près Tours).
Défenses hâtives du v<sup>e</sup> siècle.

bien que Rome elle-même perdit le souvenir de ses splendeurs et que la forme de ses habitations anciennes y était inconnue au xv<sup>e</sup> siècle.

Puis, après cette grande destruction, les destructions partielles des hordes isolées fouillant les débris

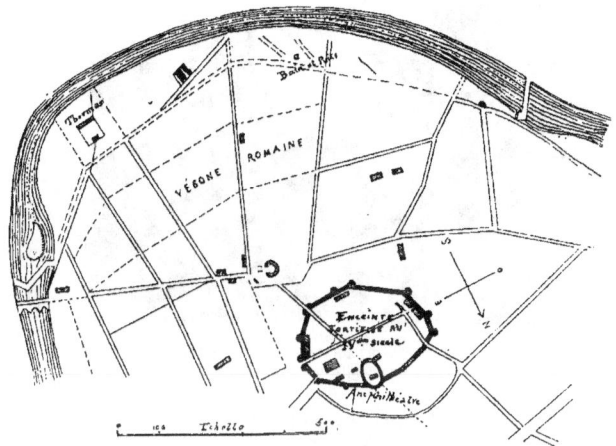

Plan de la ville de Périgueux. — Rempart hâtif du v⁰ siècle.

pour y retrouver les objets abandonnés à la première heure; puis plus rien que des huttes de Visigoths, de

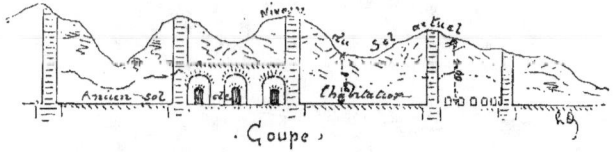

Formes qu'affectent les ruines sous le sol des forêts.

Saxons, de Germains, éparses çà et là et dont les habitants guerroient entre eux pour le partage du butin.

A cette date, vi⁰ siècle, leurs chefs élèvent des châteaux forts en palissades et torchis d'abord, puis en mauvaise maçonnerie.

Vieille ferme (dessin d'après nature).
Masure construite avec de vieux débris.

Ces constructions groupent autour d'elles des huttes de soldats, devenus, à leur tour, des serfs ou esclaves

Château butte.
Spécimen de ceux dont les ruines subsistent à Briquessart, à Aulnay, à Olivets et à Cesug (Calvados).

de ces nouveaux maîtres, qui, sous le nom de « baronnies », reconstituent peu à peu les vices de la société romaine qu'ils venaient de détruire, mais sans ses qualités civilisatrices. Et, de cet embryon mauvais, naquit une nouvelle civilisation dite du moyen âge et dont les éléments scientifiques et civilisateurs sont peu à peu repêchés, dans les ruines qui couvrent le sol, à l'aide des couvents où la civilisation qui venait de sombrer avait trouvé un refuge bien étroit.

Peu à peu aussi le sauvage de la première heure se dégrossit, et le besoin d'améliorer les conditions de l'existence, ou plutôt de jouir du bien-être conquis, le force à reprendre la tradition civilisée, à l'aide des souvenirs et des ruines de la grande époque.

Mais le professeur, égorgé par les élèves, manquait au cours, et, si vingt ans d'études dans l'école font de l'enfant un homme au courant de ce que la science a péniblement enfanté par la suite de longs siècles d'études ininterrompues, il faudra le même cycle pour le nouvel enfantement des sciences perdues.

Heureusement, les manuscrits conservés par quelques moines et les débris qui jonchaient le sol, furent autant de leçons des yeux qui guidèrent les pas chancelants de l'ère nouvelle.

Parmi tous ces peuples, le Gaulois, qui avait été l'enfant chéri de la Rome antique, reprit le plus vite pied dans ce milieu nouveau. Les « barons », leurs nouveaux chefs et les prêtres de la religion nouvelle, donnèrent l'élan en se construisant, qui, des châteaux forts, qui, des couvents où les réminiscences de l'art romain viennent jeter leurs dernières lueurs dans notre pays pour s'éteindre peu à peu au milieu de l'oubli général.

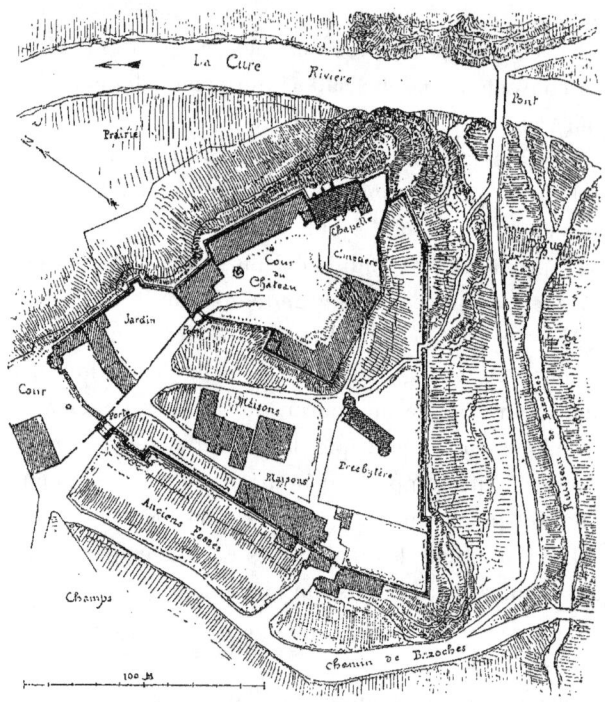

Petra-Pertuisa au IX⁰ siècle, près de Vézelay (Yonne).

Construit sur un rocher qui s'élève à pic à une hauteur de 30 mètres au-dessus de la petite rivière la Cure, qui coule au pied.
Le vieux château, dont les ruines subsistent encore, fut construit dès le IX⁰ siècle. Dans une seconde enceinte se groupèrent quelques maisons autour d'un presbytère. Au XI⁰ siècle, ce château appartenait à la famille de Vergy : Ponce I⁰ʳ de Pierre-Pertuis, chevalier, assista, en 1146 à l'assemblée de Vézelay pour la première Croisade, dont il fut un des chefs.

Et alors est née la période dont nous sommes les derniers représentants, période au cours de laquelle a disparu toute règle dans le groupement des habitations, des pièces qui la composent, des lois de la construction intelligente qui met en œuvre les res-

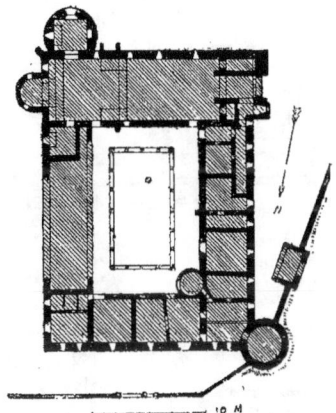

Domeciacum à l'époque gallo-romaine, devenu Domecy-sur-Cure, près de Vézelay (Yonne).

L'abbaye de Saint-Martin-de-Cure, fondée vers le milieu du xii<sup>e</sup> siècle par la famille de Chastellux, était flanquée de tourelles et de murs d'enceinte pour sa défense. Elle a conservé les formes d'une maison gallo-romaine.

sources et les matériaux du pays, de l'hygiène, du confort bien compris.

On enterre les morts sous les dalles des églises, et au-dessus on dresse des lits d'hôpitaux ; on perd l'art du chauffage et de la propreté, mais on taille et sculpte la pierre des façades et de ce que l'œil du passant peut apercevoir de l'habitation, pour la plus grande gloire de son seigneur et maître. Et, bien que quatorze siècles aient passé sur cette honteuse histoire de la destruction de la Gaule civilisée, nous, les descendants de ces populations malheureuses dont le sang vaillant a mis quinze siècles à expurger celui de toutes ces brutes qui le lui avaient inoculé par la violence, nous en sommes encore à tourner dans le cercle vicieux de

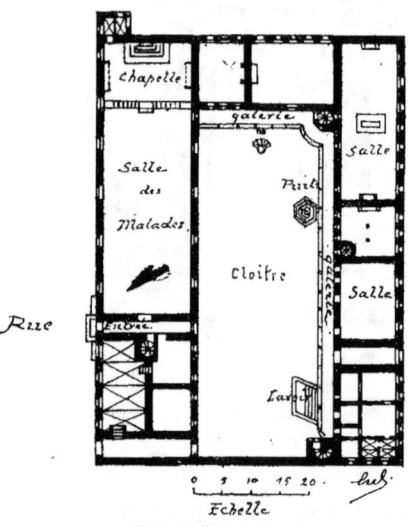

Plan de l'hôpital de Beaune.

L'aile du nord, qui borde la rue, renferme la grande salle des malades. Que l'on se représente, dit M. Verdier, un spacieux et magnifique vaisseau, une nef d'église avec son sanctuaire, les tableaux transparents de ses verrières, sa voûte carénée, ses entraits, des lambris peints d'ornements simples et fortement accentués, sa grande abside absidale, *ses dalles tumulaires,* ses trois autels à l'Orient, son jubé, ses stalles en forme de loges évidées à jour, *puis ses deux rangs de lits à ciel.*

De Calmont.
(*Abécédaire d'archéologie.*)

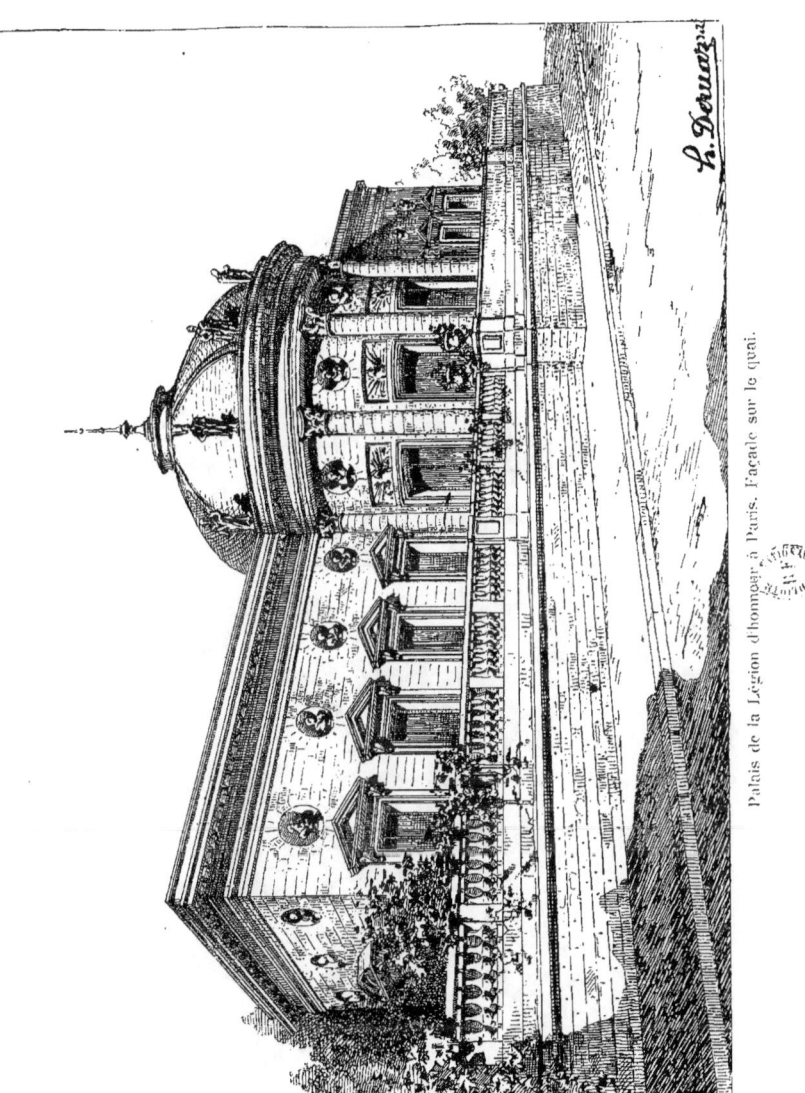

Palais de la Légion d'honneur, à Paris. Façade sur le quai.

l'ignorance, résultat de la destruction brutale de cet Empire romain, porte-flambeau du monde civilisé de toutes les époques de l'histoire humaine.

Un barde éloquent, Viollet-le-Duc, a chanté de nos jours les vaillances de cette lutte d'un peuple à la recherche de ce qui fut la gloire de ses ancêtres.

Mais toute cette épopée a été celle de gens d'aventure, et leurs travaux, si près de nous, ne sauraient effacer ni combattre la civilisation classique des peuples depuis les temps les plus reculés.

Inconsciemment, les élèves qui protestèrent contre la création d'un cours Viollet-le-Duc à l'École des Beaux-Arts, obéissaient à cette prescience qu'un tel art n'est pas de ceux qu'on enseigne, car toutes ses tendances ont toujours été vers cet art classique à la rénovation duquel il a constamment marché. Sa dernière étape sous Louis XVI l'en rapprochait singulièrement, et le caractère de ses édifices, dont le Garde-Meuble et l'hôtel actuel de la Légion d'honneur sont les témoins, accusent nettement ce but rêvé qu'il allait atteindre.

Une révolution brutale et une nouvelle invasion du Nord et de l'Orient ont, au commencement du siècle, encore reculé ce retour vers les traditions du passé, et, sous cette influence néfaste, une nouvelle génération d'artistes s'est formée, qui avait encore une fois tout oublié et dont l'apport dans la civilisation a été la petite maison carrée aux murs blancs, au toit rouge et aux volets verts.

Et encore, aujourd'hui, faut-il avouer que, pour l'architecte moderne, ces graves questions n'existent pas et qu'il dessine des plans et des façades sans programme, sans souci d'aucune règle qui donne satisfaction aux principes de la science classique de l'habita-

Maison carrée à volets verts.

tion et de l'hygiène, ainsi qu'à ceux même de la vie de famille?

Nous envoyons des artistes à Rome et en Grèce rechercher aux sources des civilisations éteintes les secrets perdus; mais, comme si le ciel les avait marqués du sceau fatal de nos civilisations mesquines, ils n'y retrouvent que des « profils. »

Cette moisson stérile leur suffit, et aucun d'eux n'est encore revenu ayant eu l'initiative d'y rechercher des documents pour la reconstruction de la vie intérieure des anciens, de cette vie domestique dont le développement prépare l'ère des monuments.

Le summum de leur ambition d'avenir est de construire un de ces monuments, et, quant aux constructions civiles, ils n'ont pour elles qu'un profond mépris, condensé dans cette expression pittoresque de « boîtes à mouches », expression dont ils prétendent flétrir l'habitation humaine.

Et aussi, quelles tristes mines elles font, ces habitations de ville et de campagne! Comme elles sont loin de celles qu'habitait le Gaulois du IIIe siècle! Quelle profonde ignorance dans l'art de les bâtir, de les chauffer, de les ventiler, de les décorer ! Du papier peint, des imitations de marbre en mauvaise peinture, voilà pour la décoration; un trou infect pour les latrines, de l'humidité dans toutes les pièces, de l'air nulle part, voilà pour l'hygiène ; des poêles malsains, des cheminées qui fument, ne chauffent pas et sont un péril permanent, des calorifères qui empoisonnent, voilà pour le chauffage ; enfin une belle façade en pierre plaquée sur ce « rien » devant lequel le constructeur pavane son ignorance !...

Et, pendant six siècles, la Gaule a été couverte de monuments admirables, de villas *urbana* et *rustica* où la science de la construction et de l'hygiène le disputait à la science de décorations savantes, faciles à exécuter en tous pays et tous lieux, où la civilisation en un mot résumait tout ce que l'homme avait appris, depuis l'art indien jusqu'à l'époque romaine, en passant par les épopées ninivites, assyriennes, phéniciennes, égyptiennes et grecques. Tout cela gît à nos pieds; nos socs de charrue le fouillent et l'arrachent à plaisir, personne n'y regarde, et nous envoyons nos artistes en Orient, au lieu de les appeler à cette tâche sainte entre toutes, de la reconstitution de la patrie par l'étude de ses débris.

Mais, notre organisation sociale redevient romaine, moins l'esclavage, par la disparition des « baronnies » créées après l'invasion barbare, et le modeste citoyen qui reprend sa place au soleil avec la liberté d'y bâtir, sent chaque jour davantage combien le constructeur est ignorant de ses besoins. Il ne veut plus être décimé par ces horribles maladies qui ont nom « phtisie », « petite vérole », « typhus », « choléra », « diphtérie », inconnues des vieux Gaulois civilisés, et que l'incurie, la malpropreté et l'ignorance du moyen âge ont déchaînées sur le monde.

Il veut une demeure agréable, il veut renouer la chaîne des civilisations passées, il veut retrouver tout ce que les échos de la science archéologique et de la science moderne font pressentir de bien-être à l'homme qui saura relier ce passé lointain aux merveilles de notre industrie.

Il est donc temps enfin, pour les architectes, de se baisser, de fouiller le sol sur lequel ils marchent pour retrouver et reconstituer cette tradition passée : à eux de recueillir cet honneur maintenant que, redevenus instruits, la science les peut guider sûrement. A eux de démontrer qu'en vérité nous subissons toujours l'influence des traditions du moyen âge, et que, pour exalter la fortune des propriétaires, la règle est encore aux grandes et vastes maisons dont les silhouettes tourmentées et criardes ne sont que des temples élevés à la vanité et à l'orgueil pour les yeux du voyageur ; que ces maisons-casernes, aux chambres innombrables et inhabitées qu'on décore du nom de châteaux, du vieux mot « château fort », sont ruineuses à bâtir ; qu'elles enrichissent le corps d'état du gros œuvre, arrêtent l'essor des arts décoratifs proprement dits : sculpture, peinture, ébénisterie, mosaïques, stucs, verrerie, métaux ouvrés, pour lesquels aucune place sérieuse n'est réservée dans la construction, et que la gêne finale du propriétaire force à rejeter de la décoration intérieure. Que vienne enfin l'heure des réalisations forcées, cette demeure, somptueuse seulement de formes extérieures, ne trouvant plus d'acquéreurs, achève la ruine de son propriétaire et redevient la proie des petits industriels du bâtiment qui la rachètent au prix de la démolition et la font rentrer dans le néant d'où elle n'aurait jamais dû sortir.

C'est donc contre ces tendances surannées que nous ouvrons la lutte, appelant à notre aide les œuvres de nos prédécesseurs en cette tâche ardue de rénovation. Je veux parler de tous les archéologues patients et savants dont les travaux de recherches, sur les ruines de notre beau pays, sont consignés dans tant d'ouvrages aujourd'hui délaissés.

C'est à leur suite que, voyageur curieux, nous allons chercher, dans ce passé lointain, des points de repère pour éclairer la route ardue d'un réveil inconsciemment désiré par tous.

C'est à l'aide de leurs belles découvertes, enfin, que nous rechercherons ce qu'étaient, dans la Gaule civilisée du second siècle, les maisons du riche propriétaire, du bourgeois, du commerçant, de l'artisan ; comment on les construisait, les chauffait, les ventilait, les décorait, les meublait. C'est enfin en appliquant ces leçons de l'histoire, pour la construction de nos habitations modernes, que nous pourrons définir les règles qui devront présider à l'étude des plans de nos maisons futures, au choix du sol et à leur orientation ; à la création de l'eau potable par excellence, au discernement des matériaux les meilleurs et les moins coûteux, à la distribution de l'eau, à l'installation des bains, à la ventilation. Et si notre industrie nationale, si féconde en ressources de toutes sortes, doit aider à notre tâche, elle aussi cependant trouvera dans cet ouvrage des règles immuables pour la guider dans ses études et ses recherches sur les besoins de cette maison française que nous voudrions voir ne rien envier à la maison gauloise dont l'existence l'a précédée sur le sol de notre belle patrie.

Bien des lacunes subsisteront sans doute, bien des essais pratiques resteront à réaliser ; mais alors ce sera la voie du progrès, et notre mission sera remplie.

# LIVRE PREMIER

HABITATIONS GAULOISES

AU II<sup>e</sup> SIÈCLE

# GAULE — FRANCE

## CE QU'ON LIT DANS LES FOUILLES
## DU SOL GAULOIS

*Principes de construction dans les habitations
privées de la Gaule civilisée.*

# CHAPITRE PREMIER

---

FONDATIONS ET DÉTAILS D'ÉLÉVATION

# FONDATIONS

## CALORIFÈRES ANCIENS, DITS « HYPOCAUSTES »

Il existe à Jublains, dans la Mayenne, « des débris et substructions qui mesurent une épaisseur de 60 à 70 centimètres, et, on retrouve là, nettement dessinée et singulièrement conservée, sur une superficie de cin-

Plan de Jublains (Mayenne).

quante hectares, l'assise d'une ville gauloise des $1^{er}$ et $11^e$ siècles de notre ère, ses maisons, ses monuments et mille autres objets indicateurs de son existence.

» Les murs y portent tous les caractères distinctifs

des constructions romaines. Bâtis en blocage à bain de ciment à l'intérieur, ils sont revêtus, à l'extérieur, de l'appareil en petites pierres cubiques, échantillonnées et encadrées dans le ciment, posées par assises et jointoyées : ordinairement un ou plusieurs bandeaux de larges et solides briques ont relevé le ton un peu uniforme du parement, en même temps qu'ils ont servi à maintenir de niveau ses assises. Les ciments ont été si soignés et sont devenus si durs, qu'ils offrent la même résistance que la pierre. L'emploi du grand appareil ne s'est fait qu'au revêtement extérieur des murs du château fort; celui de l'appareil allongé ne se voit que sur les murs du temple de la Fortune.

» Partout ailleurs que dans les monuments, j'ai remarqué que ces murs, si solides qu'on les dirait bâtis d'hier, soigneusement fondés, épais ordinairement de 60 centimètres, ne sortent pas à plus de 80 centimètres, à partir des fondations au ras du sol, et que, lorsque le défrichement ne les a pas entamés, ils sont parfaitement arasés et nivelés à cette hauteur; en outre, ils ne sont percés d'aucune ouverture, si ce n'est parfois d'un petit canal, sans doute pour l'égout, au ras des pavages. J'en conclus que ces murs n'ont jamais été montés plus haut en maçonnerie, et qu'ils servaient de soubassement ou d'assise aux étages qui étaient construits en bois. Ce mode, outre qu'il présentait une grande économie par l'emploi facile du bois qui était alors si abondant dans nos contrées, avait encore cela de bon pour le logement, qu'en élevant le rez-de-chaussée des habitations au-dessus d'une sorte de caveau où l'on pouvait serrer les provisions, et où l'on établissait les caves des hypocaustes pour le chauffage de la maison, il mettait ce rez-de-chaussée à l'abri de tout contact malsain avec le sol, et isolait les étages de l'humidité que retiennent toujours les maçonneries.

» Il ne faut pas se hâter de prendre une mesquine idée de notre ville de bois. Si le constructeur romain commençait par satisfaire à toutes les exigences du lieu pour obtenir tout ce qui pouvait servir à l'économie, à la salubrité et à la commodité pour ses plus simples bâtisses, il ne laissait pas toutefois de les décorer avec une magnificence que nous n'atteignons pas toujours dans nos sombres, froides et coûteuses maisons de pierre. Sans compter les riches boiseries dont il n'est rien resté, cela se comprend, mais dont nous avons admiré l'effet sur quelques maisons en bois de nos villes du moyen âge, façonnées peut-être d'après le plan des maisons romaines, il avait, pour les intérieurs, le revêtement des murs par des enduits que rehaussaient les peintures, les sculptures, les placages et les moulages; il avait pour ses plafonds et pour ses planchers, les ciments indestructibles, les riches mosaïques à petits cubes de marbre et de pierre, aux couleurs assorties, formant des dessins; à leur défaut, les bétons ou ciments émaillés de petits fragments de plusieurs couleurs, les dallages en brique et en schiste ardoisier qui remplace même le marbre, réservé pour les somptueux monuments.

» Il n'est pas une maison gallo-romaine, à Jublains, autour de laquelle on ne retrouve, parmi les grandes briques à rebord et courbes des toitures et les sables désagrégés des enduits, des fragments malheureusement trop brisés pour qu'on puisse donner des descriptions particulières de ces produits d'une ornementation architecturale très recherchée, mais qui laissent deviner toutes les richesses et les beautés de l'art le plus élevé. »

Ainsi parle M. Brun, de la Société française d'archéologie, et ce résumé si précis va servir de base à nos recherches sur les procédés de construction de l'architecte du $II^e$ siècle de notre ère, procédés que nous allons analyser successivement en détail avant de passer à l'examen d'ensemble d'une villa gauloise de la même époque.

Nous commencerons nos recherches par les fondations, car c'est à elles et aux révélations qu'elles nous font chaque jour que nous devons d'avoir pu retrouver les éléments constitutifs des constructions de cette époque. Et la découverte la moins curieuse ne sera pas celle des procédés de chauffage, si complètement oubliés aujourd'hui, que leur description étonne l'esprit et rencontrera longtemps encore des détracteurs et des incrédules.

Ce procédé, cependant, devait être excellent, puisque toutes ou presque toutes les maisons découvertes jusqu'alors nous ont gardé cette tradition dans leurs substructions, et son application courante prouve que l'usage en était justifié. Nous allons donc le décrire très minutieusement, convaincu qu'après quelques

Piliers d'hypocauste.

essais il reprendra justement faveur dans notre civilisation moderne.

Pour construire ce calorifère, l'architecte de cette époque élevait les rez-de-chaussée au-dessus du sol à une profondeur d'environ 1 mètre au-dessous du niveau définitivement fixé pour le rez-de-chaussée; puis, il nivelait en terre glaise ou terre à four bien battue et pilonnée. Sur ce sol, il étendait une couche de béton, de mortier et de cailloux d'une hauteur de 16 centimètres, et, sur cette base, il construisait de petits piliers en briques de 22 centimètres en tous sens et 40 d'écartement, hourdées en mortier de terre à four et bourre ordinaire. Quelques-uns de ces piliers ont été trouvés cependant de forme circulaire, toujours en briques, les unes d'un seul morceau, les autres en deux segments formant le cercle, et, dans ce dernier cas, les lignes de jonction se croisaient dans chaque assise de briques. Dans plusieurs localités, les briques qui formaient les piliers débordaient les unes sur les autres, de manière que le haut de chaque conduit était moins large que par le bas.

Enfin on a trouvé, mais plus rarement, des hypocaustes dont les piliers étaient faits en pierre de taille.

Puis, sur ces piliers, on posait à plat de grandes briques plates, lesquelles portaient par chacun de leurs angles sur un quart de pilier; au pourtour les dalles de terre cuite portent sur une retraite des murs. Enfin sur ce premier dallage, on étendait une couche de béton de 15 centimètres bien pilonné, et, sur cette forme, on posait un sol de mosaïques cubiques, de dalles de marbre ou de pierre de liais fin.

L'ensemble de ces piliers formait donc ainsi une série de conduits au travers desquels l'architecte faisait circuler la flamme et la fumée d'un fourneau placé à l'extérieur, dans une petite cour de service à laquelle on accédait par une échelle vraisemblablement, car on ne trouve pas, en général, d'autre accès possible.

De cette façon, sans doute, on assurait les régularités du tirage que l'ouverture ou la fermeture des portes de plain pied avec le fourneau modifié toujours et parfois renversé complètement. Le fourneau était formé par un simple conduit voûté en briques de 80 centimètres de largeur sur environ 1 mètre 25 de

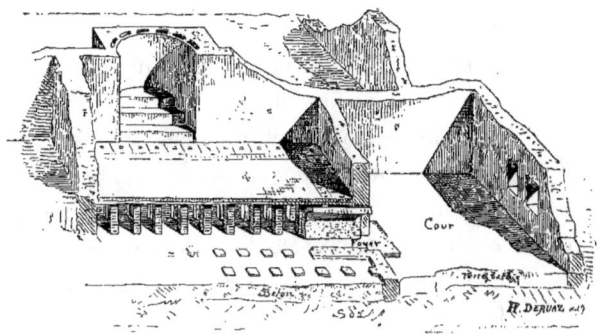

Coupe d'un hypocauste, de son foyer et de la cour qui le précédait (Verdes).

hauteur sous clef : il se prolongeait dans le calorifère sur une petite longueur pour augmenter le tirage.

Le sol de ce fourneau était fait de briques posées sur champ avec béton au-dessous. Enfin la hauteur de 1 mètre 25 environ du fourneau à l'entrée permettait de donner de la pente au sol de l'hypocauste pour assurer la circulation de la fumée, en vertu d'une loi de fumisterie dont la tradition nous est restée.

Vitruve conseille de donner à cette pente « une inclinaison suffisante pour qu'une boule jetée du fourneau redescende seule à l'orifice. »

Bâtissier en a tiré, dans son traité d'architecture, cette

légende, que les esclaves enduisaient de résine des boules en métal qu'ils allumaient et jetaient sur cette pente : la flamme ainsi promenée produisait la chaleur voulue. Comme invention de savant, c'est amusant.....

Le sol de la cour de service était fait de terre à four et en contre-bas de 0.12 du sol du fourneau.

Le feu allumé à l'orifice du fourneau, la flamme se précipitait dans le conduit, et l'air chaud tapissait de façon continue le plafond de l'hypocauste, chauffant ainsi le sol même de la pièce d'habitation, sans déperdition de chaleur. L'architecte de cette époque obtenait ainsi une chaleur douce équivalente à celle de nos poêles en terre cuite modernes. L'air de la pièce n'était pas non plus décomposé et désoxygéné par tous les gaz qui s'échappent de nos cheminées et de nos conduits de chaleur en tôle : enfin il chauffait les pieds, et l'usage de la chaufferette devait être inconnu. Pour la santé des femmes et des enfants, ce dernier avantage était considérable. Puis le sol était constamment asséché ainsi que la base des murs, et les accidents de capillarité, si redoutables dans nos habitations modernes aux rez-de-chaussée infestés par l'humidité, étaient évités.

L'appel de fumée était fait par des tuyaux verticaux logés dans l'épaisseur des murs et que l'on faisait circuler autour des pièces quand on voulait augmenter le degré de la température, calculée à l'avance bien certainement par l'architecte gaulois. Ces tubes sont restés dans nos traditions de construction sous le nom de *boisseaux,* et leur fabrication est encore la même, mais beaucoup moins soignée, car on en trouve avec

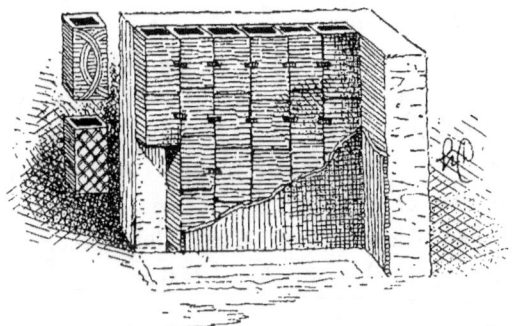

Tuyaux de fumée dans les murs.

des dessins sur les parois. Ce qui les distingue toutefois de ceux en usage aujourd'hui, c'est le peu de largeur du vide intérieur qui varie de 0.06 à 0.012.

Quelques savants se sont difficilement expliqués comment ces fourneaux pouvaient produire autant de chaleur qu'on devait en désirer. Mais, outre que les villas découvertes offrent presque toutes l'exemple de ce mode de chauffage, ainsi que nous l'avons vu déjà, ce qui justifierait l'excellence du système par le grand usage qu'il en était fait, nous pouvons, nous constructeurs qui savons avec quelle grande rapidité les matériaux de construction s'échauffent au contact du feu, comprendre sans grande peine que la fumée et l'air chaud, circulant dans ces conditions, devaient abandonner d'abord à la paroi horizontale supérieure la presque totalité de son calorique, au lieu de rejeter au dehors, comme nous le faisons aujourd'hui, 80 % de la chaleur de nos foyers.

Puis la colonne d'air chaud, quittant les dessous de la maison, s'engageait dans les tubes verticaux par nappes minces, conséquence de la multiplicité et du peu de largeur des vides des poteries, et abandonnait dans ce dernier trajet le restant de son calorique pour arriver dans l'air extérieur sinon froide, au moins sans chaleur appréciable au point de vue de la déperdition.

Ce phénomène est rendu facilement appréciable en approchant du feu une assiette, par exemple : on la voit s'échauffer rapidement et acquérir un degré de chaleur qui augmente alors même qu'elle vient d'être retirée du feu. Et si cette indication est exacte, il était possible de supposer que le chauffage des foyers antiques pouvait présenter le danger de cet échauffement progressif et difficile à régler.

Sur ce point de nos recherches, tout était supposition, et cependant, disons-le de suite, la grande facilité du maniement de ce chauffage nous a causé plus d'une surprise agréable.

La première restauration que nous en avons faite a été conçue et exécutée dans une maison construite par

Vue perspective de l'ensemble d'un hypocauste sous le sol d'une maison.

nous pour l'usage de M. Barrière; elle est située à l'angle des avenues de la Source et de la Belle-Gabrielle, dans le bois de Vincennes.

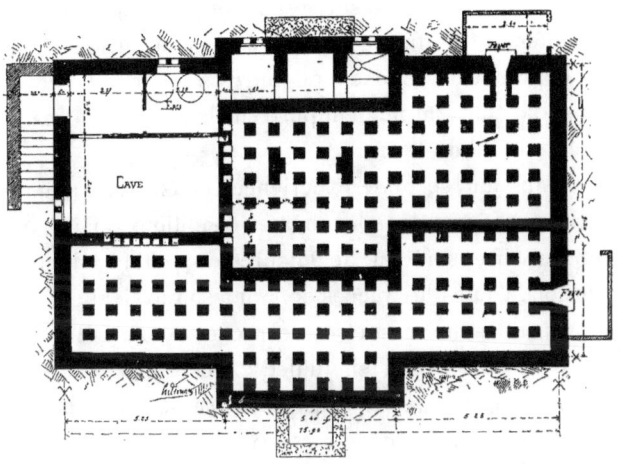

Plan de l'hypocauste sous la maison de M. Barrière, à Vincennes.

La disposition des foyers est si facilement intelligible, qu'une description minutieuse serait superflue. Le point curieux à examiner, et qui nous importait de scruter sous toutes les faces, c'était la pratique de ce chauffage, son maniement et son économie, et voici le résultat de nos recherches.

Dans une première expérience, nous avons d'abord fait jeter et allumer dans les foyers tous les troncs d'arbres, vieux bois et matériaux de toutes sortes qui traînaient dans tous les coins de la propriété, et ce, dans le but d'assécher doucement les maçonneries et « lancer » le tirage.

Après trois jours d'un feu doux et intermittent, le tirage de nos foyers est devenu très régulier ; le feu se maintenait très fixe sans aucun soin et surtout sans grille, barreaux, chenets ou autres supports. Le combustible était simplement posé sur le tas de cendres, à même le sol du foyer.

Dans une seconde expérience, nous avons allumé les deux foyers dans les mêmes conditions, mais avec un feu vif et soutenu, de 9 heures du matin à 5 heures du soir. Toutes les pièces de la maison avaient été fermées et des thermomètres accrochés au mur. Il faisait à l'extérieur, c'était en juillet, 22° centigrades.

*A 5 heures, quand nous pénétrâmes dans les pièces, les thermomètres avaient passé 45°, soit une augmentation de 23° sur la température ambiante.*

Dans une troisième expérience, un feu vif fut allumé à la tombée de la nuit, et les habitants de la maison allèrent se coucher après avoir chargé les foyers de combustible.

Vers le milieu de la nuit, le propriétaire fut réveillé par les mouvements désordonnés de son chien, qui, couché dans sa chambre, sautait sur le lit de son maître, contrairement à ses habitudes, et tirait péniblement la langue. Aussitôt debout, M. Barrière constatait une température assez élevée dans la pièce, et que les mosaïques du sol étant réellement très chaudes au pied, cette chaleur était cause des alarmes de son chien, qui, ne pouvant plus supporter la chaleur de son lit habituel, était sauté sur celui de son maître.

Enfin, dans une quatrième et dernière expérience, alors que les débris amoncelés dans les foyers atteignaient une hauteur de 0.40 environ, il fut allumé un peu de feu au centre du monceau de cendres. Puis le feu ayant été recouvert de bois et de charbon, on l'abandonna à lui-même. Après deux ou trois heures, la masse entière des cendres était en pleine ignition, et matin et soir on se contenta de remuer, de « fourgonner » le feu avec une barre de fer, *sans y ajouter* aucun combustible nouveau.

*Le feu s'est maintenu allumé et a brûlé pendant trois jours et trois nuits, produisant dans la maison une chaleur douce des plus agréables. Et cette chaleur s'est maintenue pendant trois autres journées, après le feu éteint, et allant s'affaiblissant progressivement, bien entendu.*

La loi pratique qui découle de ces observations peut donc s'établir ainsi, et c'est elle que nous faisons suivre pour l'usage des hypocaustes que nous avons fait construire depuis à Asnières et à Villemonble.

Préparer l'usage du foyer en brûlant au début toutes sortes de détritus de jardin, puis, quand le tirage est bien établi par l'assèchement de la construction, et que les foyers contiennent de 0.30 à 0.40 de hauteur de cendres mélangées de débris de combustible, le domestique allumera au centre du monceau de ces cendres, un peu de feu qu'il couvrira de bois ou autre combustible. Puis, matin et soir, il viendra activer le feu en le remuant avec un tison de fer, et il jettera dessus tous les débris ménagers de la maison, provenant de la cuisine ou autres, en y additionnant un peu de combustible nouveau, suivant le degré de froid extérieur et la nécessité d'augmenter plus ou moins la température intérieure.

La maçonnerie de la maison s'échauffe peu à peu, et, au bout de quelques jours, il suffit d'un feu très doux pour obtenir une température régulière et normale de 15° environ, température suffisante. La cheminée, bien entendu, supplée dans chaque pièce à l'excédent de chaleur que veut obtenir chacun des habitants dans la pièce qu'il habite de préférence.

La dépense des deux foyers représente dans ces conditions à peine celle d'une de nos cheminées ordinaires, grâce à la masse de cendres du foyer qui entre en combustion et forme une masse incandescente sur laquelle l'air se chauffe longuement en passant. Il est bon que cette cendre contienne des corps étrangers qui s'échauffent et rougissent, emmagasinant ainsi une quantité de chaleur qui soutient le feu; les coquilles d'huîtres, les mauvais charbons de terre, et tous les matériaux brûlant mal et lentement, seront autant de matières excellentes à l'alimentation de ces foyers. Il sera bon aussi que l'on couvre la cour de l'hypocauste par une petite toiture légère, et que, devant le foyer, on puisse accrocher, à des hauteurs différentes, une feuille de tôle pour régler l'ouverture du foyer et en activer le tirage en forçant ainsi l'air à passer de plus près sur le feu.

C'est merveilleux de résultat pratique, et les civilisations antiques donnent ici à la nôtre une leçon qu'il ne faut pas laisser perdre.

Ayant ainsi éclairé notre conscience de constructeur par des expériences précises, nous ne saurions maintenant trop recommander aux jeunes architectes l'étude de cette question, au point de vue pratique : l'application leur permettrait d'échapper à la collaboration de fumistes brevetés, dont les appareils à air chaud sont si dangereux et si onéreux. Il faut que toujours et quand même l'architecte reste le grand maître de la construction, et, puisque ce mode de chauffage, légué par la tradition civilisée, le met à même de reprendre la direction d'une question qui lui échappait, il le doit faire sous peine de forfaiture à sa dignité professionnelle. Pour faciliter les recherches sur cette question, nous avons fait une petite excursion archéologique à Verdes (Loir-et-Cher), afin d'étudier de près un ravissant petit Therme français retrouvé par M. de Courtarvel, aidé de M. de Pibrac, dans ce pays riche en ruines de cette époque.

Mettant à contribution la bonne et amicale hospitalité de M. E. Macrez, notaire, dont l'obligeance a singulièrement facilité notre tâche, nous avons pu relever et noter les éléments d'un projet de restauration d'autant plus intéressant, que ce petit Therme est classé parmi les plus curieux de ceux retrouvés sur notre sol.

Et tout d'abord, remarquons la parfaite symétrie des deux accès du Therme, des deux salles d'arrivée, des deux piscines et des deux hémicycles de chaleur ; d'où cette déduction de M. de Caumont, qui veut y voir un Therme double, ainsi que nous venons de le dire. Cette hypothèse admise, les baigneurs devaient pénétrer par les portes A et A' dans les galeries d'accès, et trouvaient en face les bureaux où le personnel de l'établissement était logé, sans nul doute : là se payait le prix du bain. Puis ils se dirigeaient alors par la galerie B B' vers la première salle C C', dans laquelle il n'arrivait que des effluves d'air chaud échappé par les portes de l'intérieur, et qui préparaient, pour l'entrée comme pour la sortie, à la transition du chaud en arrivant et du froid en sortant. Vraisemblablement même, cette salle devait être un petit gymnase où les baigneurs se livraient aux exercices corporels nécessaires pour préparer la sudation. De là, les baigneurs pénétraient dans une salle E, où la température s'élevait sensiblement et dans laquelle ils se déshabillaient : les domestiques ou esclaves revenaient serrer les habits dans la partie X et X' des salles C et C', partie dans laquelle devait être installée une série de casiers en bois disposés à cet effet, avec séparation en bois égale-

Vue cavalière du bain de Verdes (Loir-et-Cher).

ment, à 2 mètres de hauteur environ du reste de la salle C et C', dont la mosaïque indique un arrêt de la décoration à cet endroit, mais sans trace de murs.

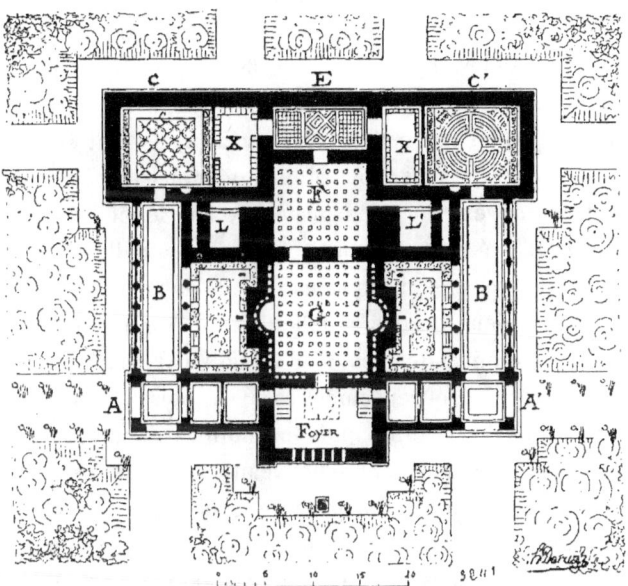

Plan du bain de Verdes (restauration).

Enfin les baigneurs entraient dans la salle F dont la température, d'environ 25° à 30°, les préparait à la sudation graduellement : les domestiques leur faisaient prendre un bain de pied pour éviter les congestions et les étendaient sur des lits-dalles de marbre. Après trente minutes environ, ils pénétraient ensuite dans une troisième salle G', où la température atteignait 40° environ, et si enfin cette température était encore insuffisante pour déterminer une sudation convenable, les baigneurs s'asseyaient dans un fauteuil de marbre placé au centre des deux petits hémicycles, où la température s'élevait jusqu'à 50° et 60°. Partant enfin ruisselants de sueur de cette salle, ils rentraient dans la salle F, où un domestique spécial les massaient énergiquement après les avoir enduits de mousse de savon. Aussitôt après, ils s'engageaient dans le petit couloir L L', qui les conduisait à une petite salle où se trouvaient ou une piscine à eau froide dans laquelle ils se plongeaient, ou des douches d'eau froide ou d'eau tiède, à volonté. Rentrés dans la salle F F', ils étaient de nouveau vigoureusement essuyés, puis frictionnés d'huiles et de parfums, puis enveloppés dans un peignoir ; ils se couchaient à nouveau pour se reposer et laisser la circulation reprendre son cours normal. Enfin ils rentraient dans le salon E, où les domestiques rapportaient leurs vêtements et les aidaient à se vêtir. De là, ils passaient dans les salles C C', où ils pouvaient se livrer à des exercices corporels, pour enfin sortir dans les galeries et le jardin : là, des bancs permettaient de se reposer et faire la *causette* avec les amis et habitués du bain.

Une autre manière d'envisager ce plan consisterait à voir d'un côté l'arrivée et de l'autre la sortie des baigneurs, sans autre division, et, dans ce cas, les jours de bains eussent été alternativement pour l'un et l'autre sexe.

Les dimensions mêmes des salles nous semblent indiquer cette interprétation toute simple et toute logique, car, en ce qui concerne le mélange des deux sexes, nous protestons contre cette malpropreté morale de nos pères. Ils adoraient la propreté : « Aux champs comme à la ville, dit M. Quicherat, on rencontrait le Gaulois et la Gauloise soigneusement lavés et peignés,

Coiffures gauloises (tirées d'un chaton de bague gallo-romaine).

toujours propres dans leur mise, et il n'y avait si pauvre parmi eux qui se fît une excuse de la misère pour se couvrir de haillons. Ammien Marcellin, qui avait voyagé dans toutes les parties de l'Empire, déclare n'avoir vu cela nulle part ailleurs. »

Prétendre que les sexes se mélangeaient dans les nudités du bain est une absurdité. Dans les localités où les ressources et le petit chiffre de la population ne permettaient pas la construction de deux bains, le service devait alterner ses jours pour hommes et femmes. Dans les villes plus importantes, le bain était double, comme à Alonnes, près du Mans ; dans d'au-

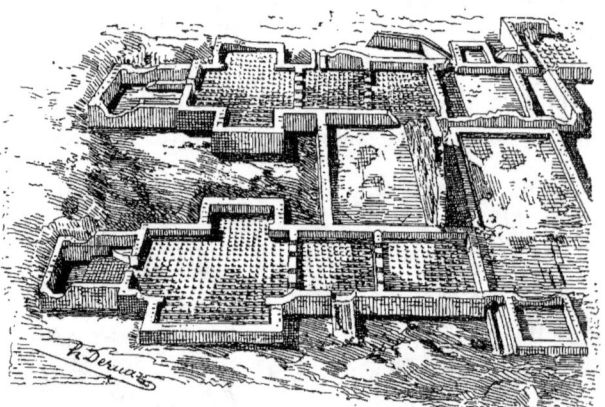

Perspective cavalière du bain double d'Alonnes.

tres, comme à Drevant, on constate la présence de deux établissements de bains, l'un simple comme celui de Verdes, et l'autre double comme celui d'Alonnes.

Ces divers exemples suffisent à démontrer ce que nous prétendons être la vérité, à savoir que le mélange des sexes dans les bains était une exception.

Voyons maintenant comment l'architecte chauffait ces bains, et avec quelle grande intelligence il avait conçu ces calorifères qui, sous le nom d'hypocaustes, pouvaient se construire partout, sans le secours d'aucun fumiste breveté.

Ce système existe ici dans tout son développement, et son application aux habitations privées n'en est que la répétition avec les détails de construction déjà décrits au chapitre précédent.

Dans la cour indiquée dans le plan, au milieu des

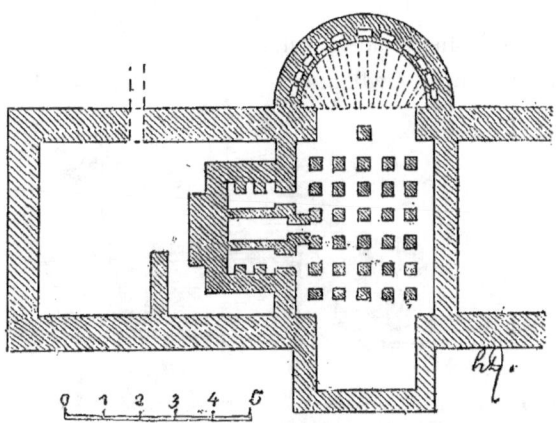

Plan d'hypocauste avec conduits de chaleur en hémicycle, à Trignières (Loiret), disposition qui confirme celle des bains de Verdes.

bureaux de l'établissement, s'ouvrait le fourneau du calorifère, que le maître pouvait ainsi toujours surveiller. Beaucoup de ces cours sont trouvées encore aujourd'hui pleines de débris de charbon et de cendre. De ce fourneau, la flamme s'engageait entre les piliers de brique décrits précédemment, et chauffait les salles d'autant plus qu'elles étaient plus près du foyer ; de plus, les tubes verticaux d'appel de fumée dans les murs étaient disposés de façon à régler la chaleur des pièces, et, dans les deux hémicycles où se plaçaient les baigneurs les plus rebelles à la sudation, les tuyaux couvraient toute la surface des murs.

Nous supposons qu'au-dessus du foyer du plan, il existait une cuve en ciment contenant de l'eau que le voisinage immédiat du feu chauffait pour l'usage des douches d'eau chaude ou tiède, ainsi que cela se pratique encore aujourd'hui.

Cuves de Saintes (perspective). — Réservoirs en maçonnerie de ciment contenant l'eau des bains chauffée par l'hypocauste.

Il n'était réservé que deux passages à la fumée et à la chaleur dans le mur qui séparait les salles F et G en fondation, et des tubes étaient placés, à l'extrémité de cette salle, dans le mur et sur la paroi intérieure du mur séparatif de la salle E, qu'ils chauffaient ainsi. Sans doute que l'appel d'air à la plus grande distance était assez violent, et ces deux issues de communication réglaient le chauffage de la salle F.

Pour corroborer ces affirmations, nous allons examiner le résultat de fouilles analogues à Gennes, à Jublains, à Senon (Meuse) et à Cimiez.

## FOUILLES A GENNES (SARTHE)

A Gennes, M. Persigan raconte : Pendant les journées des 23, 24, 25, 26, 27, 28, 29 et 30 avril, le travail dévoila les dimensions de l'hypocauste et des appartements contigus.

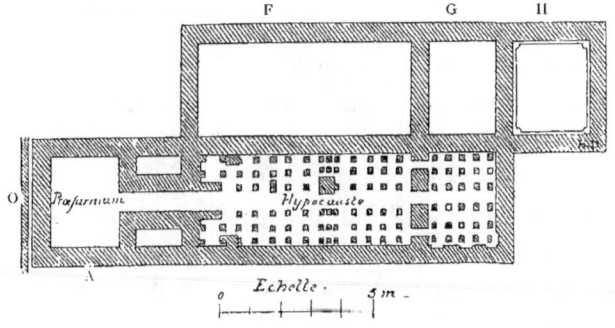

Plan de Gennes (Sarthe).

L'enceinte A, où se faisait le feu, était-elle une petite cour, un vestibule, comme ceux rencontrés dans plusieurs bains romains décrits par M. de Caumont, dans le tome III de son cours d'antiquités? D'abord je fus surpris de la voir close de murs épais et élevés encore de plus d'un mètre, sans apparence de porte ni d'entrée quelconque; ce qui augmentait mon embarras, c'était d'apercevoir les restes d'une route en briques qui semblait se diriger de A à B.

Après forces tentatives infructueuses pour résoudre cette difficulté, à l'aspect d'une couche de cendres assises sur le sol et épaisses de plus de 24 centimètres, au lieu d'un dallage en pierre ou en briques, ne trouvant qu'une couche de marne blanche bien foulée, d'une épaisseur de 6 à 8 centimètres (comme on pave encore nos fours de campagne), je me demandai si cette enceinte n'était pas elle-même le four ou fourneau, d'où la flamme s'engouffrait dans le conduit de chaleur.

J'abandonnai cette opinion :

1° Parce que le tuyau de l'hypocauste D était solidement paré en briques sur champ, légèrement inclinées vers l'intérieur, ce qui dénotait la force propre à recevoir le bois de chauffage ;

2° Parce que le pavage de conduit était élevé au-dessus du pavage en marne du vestibule, d'environ 10 centimètres ;

3° Parce que, vers le point C, il y avait moins de cendres que dans les autres parties de l'enceinte, ce qui semblait indiquer que là était placée peut-être une petite échelle, à l'aide de laquelle on descendait sous la voûte qui, peut-être, n'existait pas dans cette partie ;

4° Parce que le conduit principal de chaleur n'était

point placé au milieu du vestibule, ce qui facilitait, dans cette partie, la descente dont on vient de parler.

Les cendres amoncelées dans cette enceinte avaient conservé plusieurs nuances de couleurs, ce qui rappelait les divers objets brûlés dans ce lieu. Le sommet de la couche était blanchâtre : on aurait dit un incendie nouvellement éteint. Un mur peu épais et presque sans fondements était presque adhérent au mur O du vestibule. Ce petit mur, situé au nord, abritait l'enceinte, facilitait les courants d'air dont avait besoin le grand conduit, et préservait de la fumée et de l'incendie.

Le 28, vers le milieu du jour, pendant que les ouvriers prenaient leur repas, mes mains engagées dans les cendres du vestibule firent la rencontre de dix petits globules aplatis et oxydés. Je me hâtai de les reconnaître. C'étaient des médailles... C'étaient, d'après M. Hucher, les voix métalliques de Posthume, de Victorin, de Salonine, de Claude le Gothique, de Dioclétien, qui sortaient de ce sombre bûcher, pour proclamer que ce n'était qu'après eux qu'il avait été allumé.

Plusieurs de ces médailles ont fortement subi l'action du feu ; elles étaient comme amoncelées vers la couche supérieure de la cendre : deux étaient adhérentes entre elles. La plupart sont en cuivre, qu'on dirait étamé, et d'un module de la grandeur d'un ancien liard. J'excepte un Dioclétien, grand bronze et bien conservé.

Dans ce même foyer se trouvèrent plusieurs clous à

tête plate et à tige carrée ; le goulot d'une bouteille en terre noire, et le fond d'une fiole de verre.

Mais ce qui me frappa surtout fut la rencontre d'ossements d'un enfant de l'âge de douze ans environ. Une pierre en silex, de forme ovale et très lisse, qui assez probablement lui servait de joujou, de petits fragments de verre bleu, des plaques de cuivre percées de petits trous arrondis.

L'aire de l'hypocauste est à 1 mètre 33 au-dessus du sol ; elle est moins enfoncée à la partie sud, à cause de la déclivité du terrain.

Le conduit principal de chacun avait environ 66 centimètres de largeur sur autant d'élévation, sans comprendre la voûte en brique et en plein cintre. Sur le dallage de l'orifice était déposée, sous la cendre, une brique à rebords bien conservée, sur laquelle, comme sur un large plateau, était desséchée une corne de bœuf.

Les piliers de l'hypocauste avaient 39 centimètres d'élévation, non compris la brique qui les couronnait et qui portait l'aire du rez-de-chaussée.

Les murs, à l'intérieur, offraient une saillie de 3 à 4 centimètres, et à la même élévation que les piliers destinés à porter les briques de couronnement.

L'aire du rez-de-chaussée, composée d'un ciment dans lequel on aperçoit quantité de petits morceaux de briques concassés, avait 14 centimètres d'épaisseur. Dans la partie la plus rapprochée de l'orifice du conduit principal, elle avait davantage. Le pavage du rez-de-chaussée était en pierre de liais.

Les briques formant les piliers ont 19 centimètres carrés; bon nombre de ces piliers, même dans les angles, m'ont paru arrondis. Je pense que les angles des briques, détériorées par le feu, ont éprouvé ces écornures devenues faciles lors de la destruction.

Une couche de mortier, dans lequel semble entrer une partie de ciment, était étendue sur un rang de pierres, de moellons, le tout composant une épaisseur de 16 centimètres : ainsi était composé le pavage de l'hypocauste.

En découvrant ce foyer de chaleur, on y trouve gisante une couche de suie mélangée de cendres, de l'épaisseur au moins de 8 centimètres.

Dans les enfoncements, où des conduits de chaleur établissaient avec l'étage supérieur des colonnes d'air, les couches de suie étaient bien plus épaisses. Ces petits enfoncements, au nombre de quatre dans le troisième compartiment, et de six irrégulièrement formés dans le premier, ressemblent à nos petites cheminées à la Rumford. J'ai remarqué une de ces cheminées dont les tuyaux étaient complètement obstrués par la suie, ce qui indiquerait que l'hypocauste aurait fonctionné longtemps.

Bien que les hypocaustes découverts en divers lieux n'aient pas toujours appartenu à des bains chauds, néanmoins il paraît certain que celui de Gennes était destiné à cet usage.

Sa position dans la vallée, sur le bord d'un ruisseau, l'établit suffisamment. Les bains, on le sait, étaient indispensables aux Romains, il leur fallait : *panem, circenses* et *balnea*.

Dans l'hypocauste de Gennes, on distingua trois parties ou compartiments auxquels devaient correspondre des appartements supérieurs. Trois degrés de chaleur leur étaient-ils communiqués? Le conduit principal de chaleur offre un prolongement de deux murs en briques d'une épaisseur de 28 centimètres, lesquels murs s'avancent dans l'hypocauste.

On remarque aussi deux fortes saillies ne formant qu'un tout avec les murs latéraux; elles ont 28 centimètres.

Au huitième rang des piliers, on aperçoit une masse de maçonnerie en briques G, et trois rangs de piliers qui se touchent presque. Étaient-ce les supports des baignoires?

Les masses carrées H sont des murs en moellons; ces murs sont plantés entre le quatorzième et le quinzième rang de piliers. Que supportaient-ils? Ils ne me l'ont point dit.

Les rangs des piliers sont réguliers et au nombre de dix-neuf. Chaque rang transversal est formé de six piliers et éloigné du rang voisin d'environ 35 centimètres. Dans l'autre sens, il y a moins de régularité;

les piliers sont éloignés les uns des autres, tantôt de 16 centimètres, tantôt de 20, et quelquefois de 30 et davantage

L'intérieur de l'hypocauste a environ 9 mètres 35 de longueur sur une largeur d'environ 3 mètres.

Les fondations du mur E étaient formées d'énormes blocs bruts de poudingues de grès.

Dans les emplacements F G, je n'ai trouvé que le terrain solide. Étaient-ce des cours ou des appartements ?

Mais le bassin H m'a offert des particularités dont je crois devoir rendre compte. Probablement qu'on y descendait par l'emplacement G élevé au-dessus, d'environ 60 centimètres. Ce bassin était-il une baignoire ou un réservoir destiné à alimenter le balnéaire ? Son *stratumen* en pierres sèches de moellon et la couche de mortier graveleux superposée formaient une épaisseur de 16 centimètres ; par-dessus était étendue une couche de ciment très dure et d'une épaisseur de 8 centimètres. Lorsque ce ciment était liquide, on y enfonçait des pavés d'un grès schisteux très poli et parfaitement semblable à celui des baignoires de Jublains. Autour du fond existait une bordure du même pavé élevée au-dessus du pavé du milieu d'environ 1 centimètre. Aux angles, cette bordure était comme losangée.

Cette baignoire, je suis porté à la qualifier ainsi, avait 2 mètres 80 de longueur et 2 mètres 36 de largeur. Rien ne m'a indiqué que la chaleur y pénétrât par quelque canal : Était-ce une baignoire d'été?

Il est certain que les architectes romains savaient tirer parti des matériaux qu'ils trouvaient dans les contrées où ils plantaient leurs établissements.

J'ai donc été peu surpris de rencontrer dans les ruines de Gennes des pierres d'appareil provenant d'une carrière qui, à Mansigné, porte le nom de Cave dure, et qui est située, au moins, à 5 ou 6 kilomètres de Gennes.

## OBJETS DÉCOUVERTS DANS LES RUINES DE L'HYPOCAUSTE

1° Deux pierres à affiler; elles sont carrées, d'un grès gris et micacé, elles sont usées au milieu. L'une a 11 centimètres de longueur sur 2 1/2 de largeur; l'autre n'a que 9 centimètres de long sur 2 de large. Elles sont si peu pesantes qu'on dirait que ce sont des lignes.

2° Les débris d'une serrure.

3° Deux crochets assez larges; l'un a 14 centimètres de longueur sur 6 d'ouverture; l'autre est plus petit.

4° Une clef à double crochet, dont l'un est brisé.

5° Une poignée tournante de coffre.

6° Des crampons, des fiches-pattes dont la tête aplatie se partage en deux feuilles qui étaient destinées à soutenir, dans les murs, les tuyaux de chaleur.

L'une de ces fiches-pattes a encore 23 centimètres de longueur. Sa tige est carrée et d'une épaisseur de 1 centimètre 1/2.

7° Un coin de fer, plus large à la partie tranchante qu'à la tête. Il conserve 9 centimètres de longueur sur 3 de largeur.

8° Clous; plusieurs à tête aplatie, deux à tête allongée et arrondie. L'un de ces derniers, bien que raccourci, conserve encore 10 centimètres de longueur.

9° Des débris de pentures de portes en fer.

10° Deux anneaux en fer d'inégale dimension.

11° Une baguette en fer.

12° Une sorte d'armature en fer bien travaillé et à trois branches, formant le triangle.

13° Un morceau de verre de 5 millimètres d'épaisseur. Était-ce un débris de miroir? D'un côté, du moins, on croit apercevoir la matière qui lui dérobait sa transparence.

14° Une hachette en acier. Sa longueur est de 7 centimètres.

15° Débris d'une boucle.

16° Des lames de plomb ou d'étain.

17° Un fragment de marbre blanc de Carrare.

18° Peintures murales.

Les murs des appartements, chauffés par la chaleur de l'hypocauste, étaient revêtus d'un enduit épais de 4 centimètres très lisse, sur lequel étaient appliquées des peintures. Dans les débris que j'ai pu recueillir, j'ai remarqué des bandes d'un rouge violacé, jaunes, blanches, bleues, vertes, et d'un gris cendré. Je n'ai pu distinguer aucun dessin complet. Les peintures étaient encadrées dans des bordures saillantes et presque arrondies, faites au ciment; ce qui leur donnait plus de consistance, c'étaient les baguettes des tableaux; ces bordures ou baguettes étaient peintes aussi.

19° Briques d'appareil.

20° Débris de pavés de pierre de liais.

21° Un fort fragment de meule à bras.

## FOUILLES A JUBLAINS

On trouve à Drevant, à Perrenou, de petits bains particuliers fort intéressants à étudier; mais celui de Jublains, dont les découvertes nous ont servi de point de départ, va nous permettre d'étudier ce type particulier aux habitations privées. Il est enfermé dans le château fort romain, découvert vers 1840.

Dans une petite cour qui fait suite se trouve le fourneau du calorifère. Dans la salle, restent encore debout quelques piliers soutenant le sol de la pièce et formant les conduits de fumée. Puis, deux autres salles au-dessous desquelles régnait également le calorifère dont

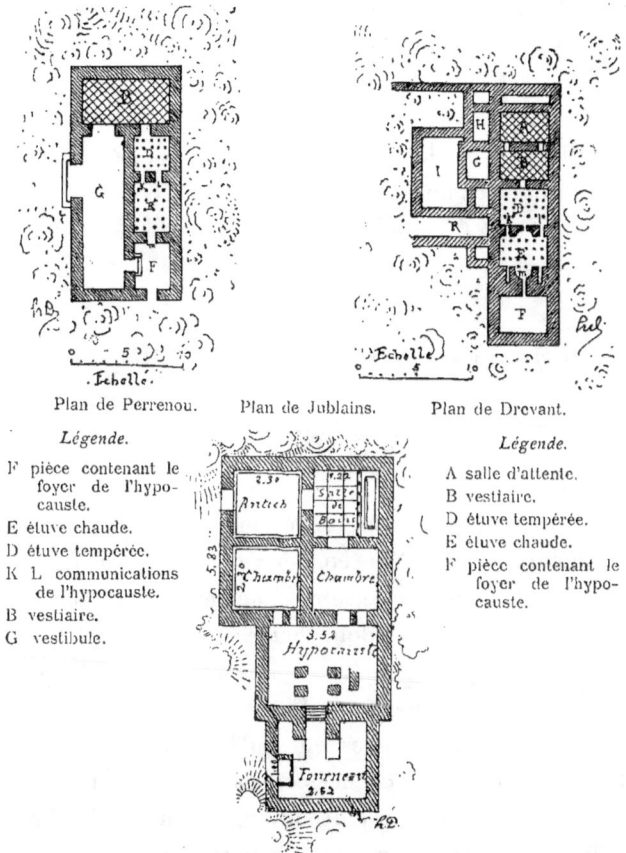

Plan de Perrenou. Plan de Jublains. Plan de Drevant.

*Légende.*

F pièce contenant le foyer de l'hypocauste.
E étuve chaude.
D étuve tempérée.
K L communications de l'hypocauste.
B vestiaire.
G vestibule.

*Légende.*

A salle d'attente.
B vestiaire.
D étuve tempérée.
E étuve chaude.
F pièce contenant le foyer de l'hypocauste.

Bains dans le castrum de Jublains.

les conduits venaient aboutir sous une petite pièce qui était carrelée avec soin, et dans laquelle on trouve une baignoire en maçonnerie de 1 mètre 90 de longueur avec 60 centimètres de largeur dans le haut et 42 centimètres au fond. Cette baignoire est revêtue de dalles en mica-schiste. Enfin, à côté se trouve une salle servant sans doute de vestibule et qui ne devait être chauffée que par les tubes verticaux du calorifère dans l'épaisseur des murs.

## FOUILLES DE CIMIEZ (ALPES-MARITIMES)

### Fouilles de M. Brun.

« Le præfurnium est entièrement conservé, avec ses nombreuses voûtes concentriques ; l'hypocauste, en partie détruit, peut être parfaitement reconstitué.

» Deux baignoires dont l'intérieur était revêtu de marbre, sont presque intactes. Les marbres appliqués contre les parois portaient des inscriptions en creux qui sont restées moulées en relief sur les mortiers ; d'autres sont encore cachées en partie sous le revêtement. Le caldarium est découvert en entier ; il était dallé en marbre et revêtu dans la partie inférieure d'un stylobate en marbre vert, surmonté d'une cymaise de marbre rouge (griotte).

» Les débris de l'hypocauste entre le caldarium et

le tepidarium sont conservés, ainsi que la porte de communication entre ces deux salles.

» Tous les murs du caldarium, même dans l'épaisseur des baies, sont revêtus de briques creuses à

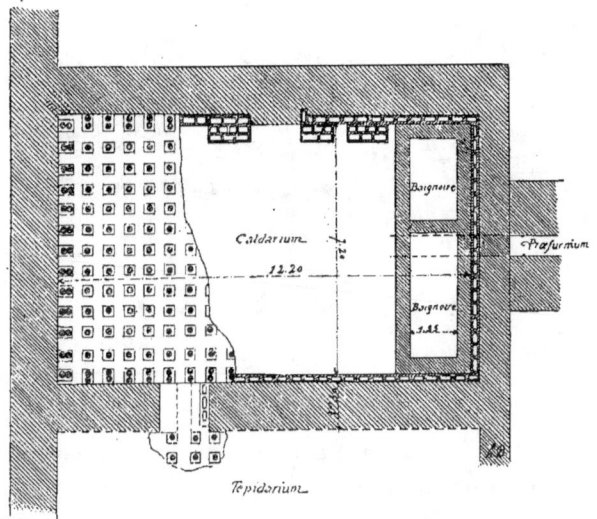

Plan du bain de Cimiez (Alpes-Maritimes).

travers lesquelles passait l'air chaud de l'hypocauste. On remarque quatre faisceaux de tubes placés le long des murs du caldarium, deux au levant, deux au couchant.

» Un examen attentif des traces de briques et des dallages m'a fait reconnaître que ces massifs creux avaient peu perdu de leur hauteur, et si, je ne me trompe, ils devaient s'arrêter au niveau d'un siège ordinaire. Ils auraient alors constitué quatre sièges creux dans lesquels la chaleur pénétrait, et qui étaient recouverts de plaques de marbre à environ 50 centimètres de hauteur.

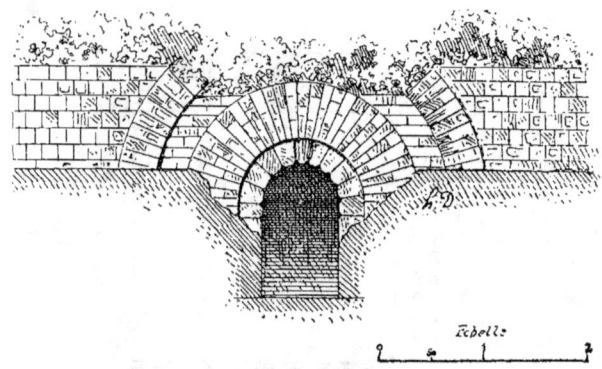

Foyer de l'hypocauste du bain de Cimiez.

» Le tepidarium est comblé; on a reconnu qu'il était construit sur un hypocauste.

» Une salle dont le dallage est en partie conservé, se trouve à l'est du tepidarium; il y a un tampon de vidange et un regard donnant dans un égout qui traverse cette pièce. J'y ai reconnu les traces d'un grand banc sous lequel on avait ménagé trois vides triangulaires formés par des tuiles.

» On a trouvé des fûts de colonnes en marbre, des bases de nombreuses pierres de taille portant des moulures et des traces de scellement.

» Plus au nord, et en dehors des bains, on a découvert un aqueduc et des chambres aujourd'hui comblées. J'ai pu y recueillir des débris de peinture du plus vif éclat, qui provenaient des enduits des murailles de l'une de ces pièces. Le fermier de la propriété m'a dit que l'on avait trouvé là des amphores remplies de

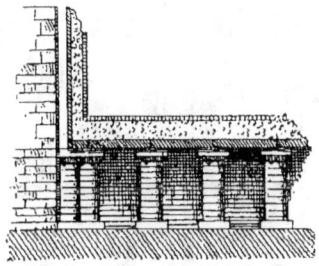

Coupe sur l'hypocauste de Cimiez.

blé, et que, dans une espèce de cuisine, on avait rencontré un fourneau, des cendres et une quantité de plomb fondu.

» Sur les briques formant le plafond de l'hypocauste se trouve une couche de béton, composée de chaux et de brique pilée d'environ 15 centimètres d'épaisseur, puis enfin un dallage en marbre épais de 2 centimètres.

» Sur les parois intérieures du caldarium, le revêtement en marbre est fixé par des pattes de cuivre. Le mur est construit en petit appareil cubique, avec chaînes de briques, et recouvert d'un enduit semblable à celui qui tapisse l'aire de l'hypocauste. Les tuyaux de chaleur ont 12 centimètres de largeur. »

Et maintenant que nous avons examiné le détail de ces bains et de leur chauffage, voyons pour finir un

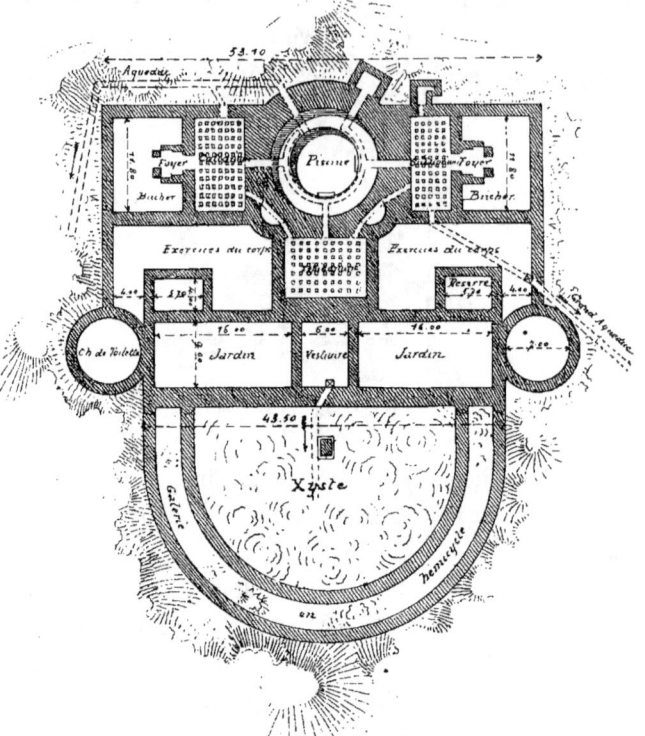

Plan du bain découvert près Rhodez, avec tout son système de canalisation et chauffage intact.

bain d'ensemble avec tout son appareil de chauffage. C'est à Rhodez que nous l'irons prendre.

Il suffit de jeter un coup d'œil sur ce plan pour se

Perspective intérieure de la grande salle des Thermes de Pompéi.
Exemple pouvant servir à la reconstitution des décorations similaires dans les Thermes gaulois, d'après un croquis de M. Weyland, architecte.

rendre compte du système complet de chauffage dont nous surprenons ici sur le vif tous les secrets : deux foyers principaux, renforcés de deux autres plus petits, assurent le chauffage complet du bain, qui nous offre cette particularité d'une grande piscine centrale dont l'eau était attiédie ou chauffée complètement, sans doute, quand on allumait l'un des deux petits foyers qui paraît affecté plus particulièrement à cet usage.

L'exemple du chauffage est si complet dans ce joli Therme, que nous ne pouvions mieux faire que de le citer pour compléter notre chapitre « Hypocauste. »

Enfin voici un croquis d'état ancien d'un intérieur de salle à Pompéi, qui peut servir de base aux études de restaurations des beaux Thermes gaulois que tenteraient les jeunes architectes.

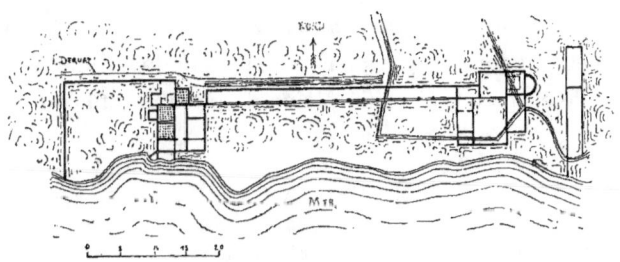

Plan de la villa d'Arradon (Morbihan).

Ce mode de chauffage ainsi expliqué, il sera facile d'en suivre l'application dans les maisons privées où il se trouve presque constamment, mais sous certaines parties seulement des habitations. Ce qui laisse supposer que, l'hiver, la famille habitait certaines pièces, et que l'été, au contraire, elle se répandait dans toute la maison. Il y avait là certainement une question d'économie, car, si excellent que dût être le rendement calorique de ces appareils, il eût été dispendieux de chauffer d'aussi vastes espaces qu'en couvraient certaines de ces maisons.

## CHEMINÉES ET FOURNEAUX

Du reste, pour y suppléer dans certaines pièces, l'usage de la cheminée était également très répandu, car on a trouvé de nombreux restes de jambages en briques et de foyers. Des fourneaux de cuisine ont été également retrouvés en assez grand nombre ; l'un d'eux, notamment, avait encore sur son foyer une marmite en métal, à moitié pleine de plomb en fusion.

## FOSSES D'AISANCES

Disons enfin, pour terminer cette question des fondations, qu'on trouve dans beaucoup de substructions de maisons françaises du second siècle, des réduits en maçonnerie de 1 mètre 50 à 2 mètres de large sur 2 mètres environ de hauteur, au fond desquels on ramasse du terreau noirâtre mélangé de menus objets. Ce sont les fosses d'aisances de l'habitation.

## CAVES, CUISINES EN SOUS-SOL

Dans d'autres substructions on trouve aussi des caves, généralement en pierre de taille, appareillées et voûtées; dans d'autres, ces pièces ne sont pas voûtées et des niches se rencontrent dans les murs, qui permettent de supposer qu'on est en présence de cuisines.

Pompéi offre de nombreux exemples de cette disposition de cuisines en sous-sol, restée encore aujourd'hui dans nos mœurs.

L'exemple que nous en donnons nous a été communiqué par M. de Kersers, un de nos archéologues les plus distingués, et cette supposition de cuisine est

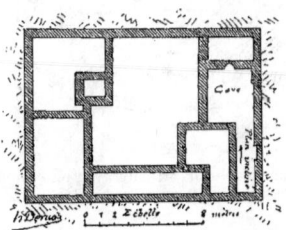

Ruines d'une villa gallo-romaine dans le Cher.

d'autant plus vraisemblable que les dimensions de la maison sont plus petites.

## CANALISATION D'EAUX

On trouve aussi, dans ces fondations de nombreux exemples de canalisation pour amener des eaux potables dans la maison. Ces canalisations sont faites généralement avec du béton enduit de ciment pour former le tube conducteur des eaux.

D'autres fois on ne trouve qu'un fond de terre glaise recouvert par des tuiles demi-circulaires, et c'est sur la couche de glaise, qu'à l'imitation de ce qui se passe

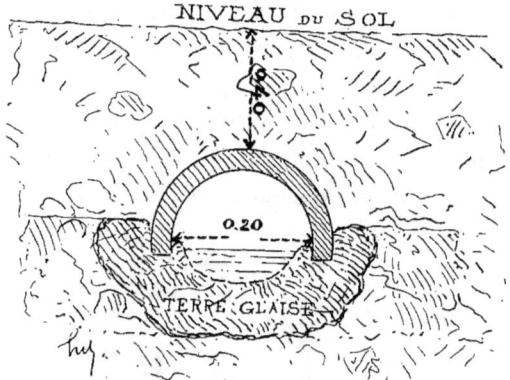

Coupe d'une canalisation d'eau faite avec un remplissage de glaise recouvert d'une tuile demi-circulaire.

dans la nature, les architectes de cette époque faisaient circuler les eaux pour le service de l'habitation.

Cette méthode, dont nous avons perdu la tradition,

dénote une science d'observation qui nous fait encore défaut à l'heure actuelle, et on est fort étonné de rencontrer ces canalisations dans presque toutes les maisons isolées. Or, qui dit canalisation, dit eau, et cependant, dans la plupart des cas, on ne trouve pas de sources dans les environs, fait qui pose à l'esprit un problème jusqu'alors insoluble pour les archéologues ; cependant à tout problème il est une solution, et celle que nous cherchons ici doit avoir pour base l'utilisation de la terre glaise des canalisations. En effet, si l'architecte de cette époque avait su trouver ce mode si ingénieux et si économique pour la circulation de l'eau, bien certainement aussi il avait su constituer des réservoirs alimentés par les eaux pluviales, ainsi que le fait la nature pour la constitution des sources d'eaux naturelles.

Nous verrons au chapitre « Restitution moderne » de cette maison du $II^e$ siècle, comment il est possible de constituer une source d'eau naturelle, non seulement dans des conditions identiques à celles qu'on rencontre à la surface du sol, mais supérieure comme qualité, au point de vue des principes chimiques constitutifs, de l'eau dite : *eau potable*.

Continuant notre examen des débris recueillis, nous allons entrer maintenant dans le détail de la construction et passer en revue les matériaux mis le plus ordinairement en œuvre, ainsi que leur mode d'emploi.

# DÉTAILS D'ÉLÉVATION

## MATÉRIAUX ET PROCÉDÉS DE CONSTRUCTION

### MORTIERS

La base de toute construction c'est l'agglutinant, c'est la matière qui soude les matériaux. Pour tous, cet agglutinant c'est du mortier, et, pour tous encore, c'est trop souvent du sable et de la chaux mélangés sans plus de réflexions. Et si quelqu'un d'entre nous voulait faire du mortier avec d'autres matières, il serait mal vu et quelqu'expert se rencontrerait pour déclarer que cette méthode est contraire aux règles de l'art.

Au IIe siècle, la tradition civilisée qui s'était développée sans discontinuité, avait appris aux hommes à synthétiser les connaissances acquises, et l'architecte de cette époque composait lui-même ses mortiers. Dans des fours en plein air, très simples, et dont la tradition s'est conservée encore de nos jours dans beaucoup de localités, on faisait calciner la pierre blanche crayeuse, qui se rencontre à peu près partout.

Cette pierre cuite, desséchée, à l'état « anhydre » des chimistes, est très avide d'eau qu'elle absorbe rapidement, en développant une chaleur considérable, puis se liquéfie en bouillant : elle « s'hydrate » diraient encore les chimistes. Avant cette opération, c'est de la chaux vive, et elle conserve ce nom jusqu'à son complet refroidissement ; après, c'est de la chaux éteinte, dite chaux grasse. Dans ce dernier état, elle se présente alors sous forme de pâte blanche molle qui, mélangée après son refroidissement dans la proportion de $\frac{1}{3}$ au gravier appelé communément « sable », forme, à l'aide d'une nouvelle addition d'eau, un « mastic » qui soude les matériaux, durcit en se desséchant et acquiert une dureté équivalente aux matériaux agglutinés eux-mêmes.

C'est là le mortier ordinaire.

Mais il existait un « mastic » plus puissant encore que l'on obtenait par la cuisson de certaines terres argileuses que l'on réduisait ensuite en poudre très fine. On donnait à cette matière le nom de « ciment », encore employé aujourd'hui sous le nom de « ciment romain », et que l'on mettait en œuvre comme la chaux. Malheureusement cette fabrication était plus coûteuse et la matière, par suite, plus chère. Aussi l'architecte de cette époque avait cherché et trouvé un moyen terme qui lui a donné d'excellents résultats.

Utilisant les débris de terre cuite des vieilles tuiles et briques hors d'usage, il les faisait broyer à la gros-

seur de gros sable de rivière, et substituait cette matière au sable ordinaire. Et ce sable de « tuileau », auquel il ne manquait qu'un broiement plus fin et une nouvelle cuisson pour devenir « ciment », avait une partie des propriétés de ce dernier, et sa force d'« agglutination » propre venait se joindre à celle de la chaux pour former un mortier excellent dont la dureté devenait telle, qu'il a survécu à la destruction des matériaux qu'il agglutinait.

Pour les enduits extérieurs au bas des murs, pour le dallage des sols, pour les solins, pour les canalisations, on achevait de broyer et on recuisait le sable de « tuileau » pour obtenir cette poudre rouge et fine qui a nom, encore aujourd'hui, en Bourgogne notamment, de « ciment de tuileau » et avec lequel on exécutait ces travaux.

Pour concasser les vieilles tuiles et obtenir ce sable de tuileau, on procédait souvent de façon assez singulière pour la rappeler : chaque maître maçon chargeait la route, au droit de sa porte, avec des débris de tuiles, et le passage des voitures opérait le broiement. Nous avons encore vu récemment cette méthode employée à Verdes, où la tradition s'en est conservée.

Quand le sable de « tuileau » faisait défaut ou était trop onéreux, l'architecte, suivant toujours en cela la même loi chimique, lui substituait de la pierre vergelé, concassée.

Les échantillons de mortier de cette époque que

nous possédons, semblent donner la proportion suivante dans le mélange :

Un tiers chaux grasse ;

Un tiers sable ordinaire ;

Un tiers sable de « tuileau » ou de « pierre vergelé. »

Les bétons sous les mosaïques accusent la proportion :

Un tiers chaux grasse ;

Deux tiers sable ou ciment de tuileau.

Les enduits :

Un tiers sable ;

Un tiers chaux grasse ;

Un tiers ciment de tuileau.

Dans certains endroits, à Saint-Ouen de la Cour, près Bellême, notamment, on a trouvé des conduits d'eau de 20 centimètres d'ouverture faits d'un béton très dur composé de menus fragments de scories de fer agglomérés par un ciment inattaquable, d'aspect ferrugineux. D'où il faut conclure que le béton de ciment, dans la composition duquel les scories de fer ou « mâchefer » remplacent le sable, employé fréquemment aujourd'hui, est une simple réminiscence des procédés des anciens, qui l'employaient comme le sable de « tuileau » et le sable de « pierre vergelé » à raison de un tiers dans la composition du mortier. Toutefois sa présence agglutine non plus par qualité de « mastic », mais à cause de son état spongieux et troué qui accroche les autres matières agglutinantes, que les sels de fer pénètrent avec le temps et durcissent en les métallisant.

Enfin, pour les enduits de citernes, on employait des bétons composés de cinq parties de sable de rivière et deux parties de chaux vive, que l'on pilonnait avec des masses de fer. Ce pilonnage, resté dans nos habitudes modernes, durcissait les anciens mortiers sur une épaisseur de 2 à 3 centimètres; un échantillon que nous en possédons a la dureté du marbre.

Ils employaient également le mortier de terre à four mélangé de « bourre », si commun encore dans nos campagnes, pour la construction des piliers d'hypocaustes; mortiers qu'emploient toujours les fumistes.

Tels étaient les différents modes de fabrication des mortiers qui ont servi pour les constructions que nous allons décrire; et il nous faut reconnaître ici la très grande sagesse de l'architecte gaulois du III$^e$ siècle.

Aujourd'hui, quelques grandes usines expédient par chemin de fer des produits souvent excellents, mais dont la composition nous est inconnue : ils seraient mauvais accidentellement que le temps seul et les procès en responsabilité nous l'apprendraient. Puis, survienne un accident physique ou politique qui suspende ou arrête les envois, et la construction se trouve dans l'embarras. Combien était plus sage le vieil architecte qui avait développé en chaque lieu une industrie du bâtiment, savante et bien outillée. Les briqueteries et les fours à chaux, seuls débris survivants de cette grande époque, alimentaient encore et enrichissaient des contrées entières il y a quelque vingt ans. De grandes usines, montées avec fracas, ont mis en vente de la mauvaise brique, de la mauvaise chaux, pour ruiner, en fin de compte, leurs actionnaires, après avoir ruiné les briqueteries au renom antique de la Bourgogne notamment. Les ouvriers ont perdu le souvenir de ce qui restait des vieilles traditions, et, si la jeune génération des architectes de province n'enraye pas cette centralisation à outrance, en exigeant le réemploi de la chaux vive et du sable de tuileau, elle ne trouvera plus, dans quelques années, un seul élément de construction aussi bien dans les petites villes que dans les villages. A elle de veiller au salut commun.

### MURS DE GRAND APPAREIL

On appelle ainsi les constructions où la pierre de taille joue le principal, sinon l'unique rôle, et, dans cette manière de bâtir, la pierre, posée par assises égales, avait tous ses morceaux reliés les uns aux autres par des coins de chêne, bronze ou fer à double queue-d'aronde. Sans nous arrêter à ce mode de matériaux, dont l'emploi vise surtout la construction monumentale, nous en retiendrons seulement que les joints étaient peu sensibles, très réguliers, et que cette régularité, jointe à l'usage des crampons, rendait l'emploi du mortier inutile dans le fichage de ces pierres. Pour arriver à ce résultat, les lits de la pierre étaient dressés d'équerre, avec soin, et passés au grès dur à l'eau. La pâte liquide obtenue par

Grand appareil de pierres reliées par des queues-d'aronde en chêne ou en bronze.

cette opération était probablement additionnée d'un peu de ciment, puis laissée sur le lit de pose, elle formait le mastic qui scellait les coins en queue d'aronde et obturait les vides. Les pierres se montaient aussi l'une sur l'autre à l'aide d'un treuil et d'une louve, et leur propre poids, écrasant ce mastic des joints, rejetait au dehors, par la pesanteur, tout ce qui était inutile; le joint y gagnait d'autant en finesse. Mais ce procédé n'est possible qu'avec des pierres dont les lits et joints sont parfaitement d'équerre.

Aujourd'hui on fait, par habitude, un joint de un centimètre environ, joint que l'on règle en posant la pierre sur des cales en bois, et après avoir fait auparavant des rigoles sur les lits de la pierre, rigoles que l'on appelle des « fougères. » Puis alors, l'ouvrier calfeutre tout ce vide du pourtour avec de mauvaises cordes ou étoupes, et glisse du mortier avec une palette en fer plat, dentée sur ses rives, il « fiche » la pierre, en termes de métier. En principe, les cales de pose devraient être retirées, mais elles ne le sont jamais et si le mortier se retire en séchant, ce qu'on ne peut éviter, la pierre ne porte que sur les cales et se brise souvent sous la charge du bâtiment. Cette méthode absurde économise, il est vrai, les coins en queue-d'aronde, le trou de la louve et le temps du dressage soigné des lits et joints, mais il est l'origine des constructions mal appareillées que nous élevons tous les jours. Ce système permet en effet l'emploi de blocs énormes que l'on prend dans le « tout venant » de la carrière, et que l'on manie avec des pinces et des rouleaux, au grand détriment des rives de lit. Elle est mauvaise, barbare, et doit être rejetée.

### MURS DE PETIT APPAREIL

Mais revenons vite au programme de notre maison, pour la construction de laquelle la pierre n'est pas utile ; c'est une matière dispendieuse et froide d'aspect qu'il faut redouter plutôt qu'envier, dans les petites constructions.

Annexe du musée de Cluny (élévation sur le jardin).

Avec le petit appareil, plus rien de toutes ces difficultés, et la construction n'en est que plus solide et son aspect plus coloré et plus riant à l'œil du promeneur. C'est, de toutes les méthodes de construction, la plus intelligente, parce qu'elle met en œuvre les matériaux les plus communs et les moins coûteux. Des annexes au Musée de Cluny ont été construites ainsi, et nous ne pouvons mieux faire que d'en donner ici un dessin d'ensemble, pour bien fixer le constructeur.

Le mur se bâtit dans ce mode ingénieux et savant, par assises ou bandes alternées de petits moellons appareillés, rectangulaires, de 10 à 15 centimètres de côté, sur trois, quatre et six rangs alternés avec de grandes briques plates, formant l'épaisseur du mur, et de 3 centimètres d'épaisseur sur 30 de largeur environ. Ces briques, posées le plus souvent par bandes de trois

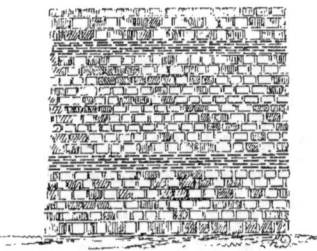

Petit appareil. Moellons et briques alternés, à Fréjus (Var).

rangs en hauteur, maintiennent l'horizontalité de la maçonnerie de moellons en formant de larges assises

Petit appareil avec joints en creux (Cluny).

rendues très rigides par les dimensions des briques plates. De plus, ces matériaux, moellons et briques, sont posés à bain de mortier avec de forts joints de 3 centimètres de hauteur environ ; le joint vertical a les mêmes proportions.

Ce joint est renfoncé sous les matériaux à l'aide d'un coup oblique de truelle, de manière à lui donner la forme d'un solin qui fait glisser l'eau à la surface et l'abrite aussi sous la saillie des moellons ou de la brique, dont l'appareil se dessine ainsi par le jeu des ombres de ces joints en creux.

L'usage de ce joint, lissé à la truelle, a été continué par la tradition, mais déformé ; on se contenta de passer une cheville dans l'épaisseur du joint, dessi-

Joints en creux déformés au demi-amphithéâtre de Gennes (Sarthe).

nant ainsi dans le mortier une rigole en creux que certains archéologues ne peuvent s'expliquer, et qui n'est qu'un travail exécuté par la force de l'habitude, l'ouvrier ne comprenant plus son but primitif.

Aujourd'hui encore, on barbouille le joint et partie de la face des matériaux, de mortier « gras », et on « lisse » à la truelle, travail absurde et qu'il faut abandonner, puisqu'il n'est qu'un mauvais pastiche du travail ancien.

Ce système de construction, très simple, très facile, est aussi le moins coûteux, car on peut encore l'établir

Petit appareil. Parement d'un mur gallo-romain au Mans.

presque partout aujourd'hui à 12 et 15 francs le mètre cube, au lieu de 30 et 33 francs que coûte la maçonnerie ordinaire.

## PANS DE BOIS

D'autres fois, et c'était vraisemblablement le plus souvent pour les petites maisons, l'architecte arasait sa

Vieille maison à Condé, construite en pans de bois.

construction de maçonnerie à 60 centimètres au-dessus du sol, par un solide glacis de ciment qui avait cet avantage de lui former une assiette régulière sur laquelle il venait fixer des murs dits « pans de bois. »

C'était à cette époque ce que c'est resté aujourd'hui, des assemblages de pièces de bois dont les vides sont comblés par des débris de moellons et du mortier. Une trop grande partie de la France a conservé encore ce mode de construction pour qu'il soit utile de le décrire longuement, et nous ferons seulement remarquer que ce mode de bâtir devait fournir à l'architecte du $11^e$ siècle des ressources considérables pour la décoration, ainsi que nous le verrons plus tard. Toutes les vieilles maisons en bois, d'origine réellement ancienne, nous ont conservé ces types de décoration où la sculpture des bois se marie aux effets de saillie des encorbellements. Sans doute, le caractère architectural n'est plus celui de l'époque romaine, mais la grossièreté même de ces travaux d'art, mariés à de savantes formes d'architecture, laisse percer l'ignorance des constructeurs qui copiaient des modèles encore debout à cette époque.

## PROTECTION CONTRE L'HUMIDITÉ DU SOL

Nous venons de voir qu'une arase en ciment couronnait le haut des murs en fondation ; cette arase avait aussi l'avantage d'arrêter les phénomènes de capillarité, c'est-à-dire d'empêcher l'humidité du sol de monter dans l'intérieur des murs et donner naissance au salpêtre et à toute la famille des champignons, base des moisissures qui se remarquent sur les murs humides.

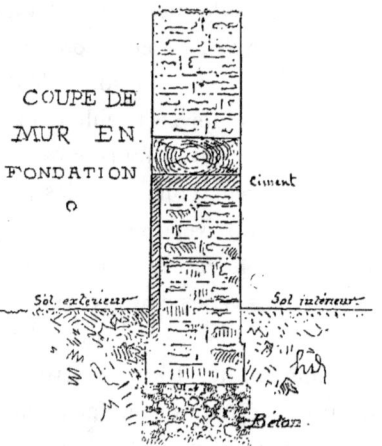

Le drainage du pourtour extérieur et intérieur des habitations devait être vraisemblablement employé dans le même but, car les ruines de cette époque accusent toutes la présence d'un très grand développement de petites canalisations souterraines dont l'usage n'a pu toujours être défini exactement.

Si on ajoute à ces deux moyens l'emploi du calorifère précédemment décrit, qui desséchait le sol et les murs des fondations, brûlant aussi tous les produits innomés qu'engendre l'humidité, produits que nous désignons aujourd'hui sous le nom de « microbes », on aura ainsi la note juste du souci de l'hygiène chez le constructeur français d'autrefois.

## SOLS

Nous avons déjà vu que les sols, au-dessus des conduits de calorifères, étaient faits de dallages en matières dures, marbres et autres, connus sous le nom de mosaïques. Leur emploi remonte aux plus vieilles traditions civilisées de l'art grec, dont les ruines en offrent encore aujourd'hui des exemples d'autant plus curieux que, de leur examen, on peut refaire l'historique de ce pavage. En effet, depuis la pierre dure concassée, posée à bain de ciment et polie, jusqu'aux marbres les plus précieux débités par petits cubes et assemblés comme des points de tapisserie pour former des motifs de décoration, toute la série des matières dures s'y rencontre agglomérée par des mortiers peu différents, soit du ciment, soit du mortier composé de 2/3 de chaux grasse éteinte et 1/3 de ciment de tuileau, ou bien encore d'un mortier dans lequel le ciment de tuileau est remplacé par de la pouzzolane (lave broyée et recuite).

La pose en était des plus simples : on recouvrait le sol à paver d'une couche de béton de 10 centimètres environ, et, sur ce premier sol, on étalait 2 centimètres d'épaisseur du mortier-mastic dont nous venons de donner la composition ; on lissait et dressait la surface à la règle et à la truelle, puis on laissait durcir six ou huit heures. Sur ce sol, l'ouvrier s'accroupissait, après s'être muni de genouillères en cuir, et commençait son travail en traçant ses lignes de repère à l'aide de ficelles que l'on frottait de craie rouge et sur le milieu desquelles on tirait fortement, après les avoir fixées aux deux extrémités ; on lâchait alors, et la cordelette frappait le sol en y traçant une ligne rouge. Enfin, dans les lignes d'encadrement ainsi tracées, on disposait les cartons préparés à l'avance de la manière suivante :

On dessinait sur papier fort les contours du motif de la mosaïque, et on remplissait par des tons de lavis les contours avec les couleurs convenables pour l'effet à obtenir. Ensuite, on posait l'un à côté de l'autre les petits cubes de marbre ou de matière dure, de la couleur correspondante à celle du « carton », après les avoir préalablement humectés de colle pour les fixer au papier du « carton ». Quand toutes les cases du dessin étaient remplies, on portait le carton ainsi préparé à l'ouvrier qui le posait à l'envers sur le mastic et l'enfonçait à l'aide d'un marteau et d'une masse carrée dite « demoiselle » à l'usage des paveurs. Puis on passait une éponge mouillée sur le papier, qui se décollait et laissait à nu la surface du pavage, que l'on continuait de battre avec la « demoiselle » et que l'on achevait de dresser à l'aide de longues battes de fer coudées près du manche. Il ne restait plus alors qu'à polir à l'aide de gros pavés de grès amarrés dans une griffe en fer munie d'un manche long, et que l'ouvrier maniait en poussant en avant et ramenant à lui alter-

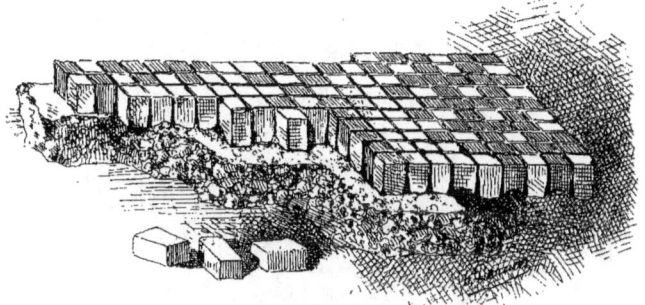

Disposition d'un pavage en mosaïque.

nativement, après avoir convenablement mouillé le pavage. Ce premier travail fini, on laissait sécher vingt-quatre heures, puis l'ouvrier venait remettre une couche de mortier-mastic fin, pour remplir les vides des joints du pavage, dont il corrigeait les imperfections. On donnait alors un dernier coup de polissage avec une pierre dure fine, et on laissait sécher plusieurs jours, après quoi on graissait la surface avec de l'huile de lin pour aviver les couleurs du marbre.

Dans les mosaïques communes, l'ouvrier posait les cubes de marbre directement sur le mastic, au marteau, pour les dessins de bordure et autres dont les colorations lui étaient familières, remplissant les intervalles ou les grandes parties sans dessin par des

8

poignées de morceaux de marbres ou pierres du pavage, posées sans plus de soin et que le pilonnage agglomérait. Ce dernier procédé, enfin, était celui

Fragment de la mosaïque gallo-romaine des Chagniats (Yonne), faite par des cubes de marbre juxtaposés.

employé pour les pavages sans dessin aucun, et le mélange de pierres ou marbres, de coloration différente, produisait ce que l'on appelle encore aujourd'hui un « semis. »

Enfin on trouve en France de nombreux exemples

de pavage en béton de ciment de tuileau, simplement, sans aucun mélange.

Pour entretenir ces mosaïques, nous apprend Horace, on les lavait, puis les recouvrait de sciure de

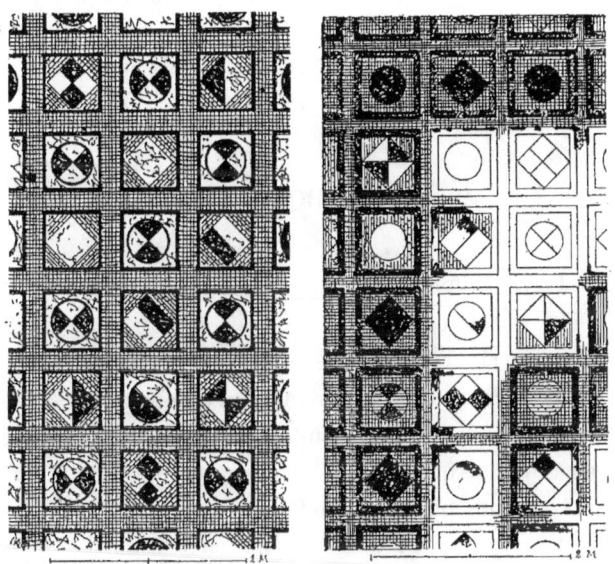

Fragments de la mosaïque gallo romaine d'Auxon (Yonne), faite de carreaux de marbre encadrés par des cubes ordinaires en marbre également.

bois pour les sécher, après quoi on les frottait à l'aide de torchons et de cette sciure, pour entretenir le poli et les assécher; on les huilait pour terminer.

On pavait aussi avec de grands carreaux de marbre, de tons différents, puis on a incrusté ces carreaux d'autres marbres ou de mastics colorés, qui formaient des dessins de marqueterie; et dans le mode plus commun on a imité ces carrelages riches par des carrelages de carreaux de terre cuite, de tons variés, puis incrustés eux-mêmes de terres colorées formant aussi dessin de marqueterie, comme le fond des carreaux de marbre.

Enfin, on les a rehaussés d'émaux dont nos potiers du moyen âge nous ont conservé la tradition.

## PARQUETS

Les architectes français du $II^e$ siècle ont-ils employé les parquets en bois? C'est vraisemblable, au moins dans les étages, bien que contraire à l'hygiène, car les vides du dessous, que leur construction nécessite, constituent un danger par suite des dépôts de matières organiques, qui s'y putréfient et empoisonnent l'air ambiant des pièces d'habitation. Aucun auteur ancien n'en parle, et les fouilles n'ayant rien révélé à ce sujet, on pourrait supposer que les constructeurs civilisés n'ont pas commis cette faute. Un détail curieux semblerait le confirmer : dans nombre de pièces, on a trouvé des saillies de maçonnerie correspondant à la dimension d'un lit, et laissant supposer que nos pères plaçaient leurs lits sur des estrades comme nous, avec cette différence que, chez nous, ce sont des boîtes vides en bois formant, comme ceux des parquets, des réceptables de matières organiques d'autant plus redoutables qu'ils sont sous le lit. D'où il faudrait conclure que le constructeur avait rejeté le parquet comme dangereux à la santé des habitants.

## DÉCORATION DES MURS ET PLAFONDS

### MOSAÏQUE

Ici encore nous retrouvons la mosaïque pierre dure ou marbre, mais le plus souvent le cube est fait de verre coloré, ce que nous appelons aujourd'hui des « émaux. » Les exemples en sont extrêmement nombreux en France, et les ruines de Laudunxum notamment en ont offert de très beaux spécimens.

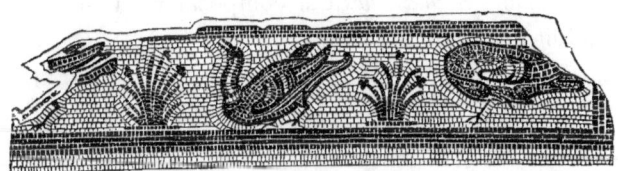

Revêtement de baignoire en mosaïque (musée de Troyes), trouvée dans la forêt de Brotonne.

Ces mosaïques s'employaient en revêtement contre les soubassements de murs, dans les salles de bains, dans les bassins de fontaine, enfin le plus souvent dans les caissons des plafonds de bois, employés par les Grecs, et dont l'usage était général en France. Elles se préparaient et s'appliquaient comme les mosaïques du sol, avec quelques petites variantes dans la nature

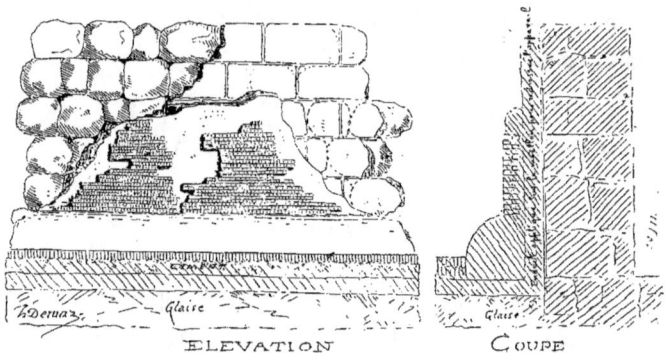

Revêtement de murs en mosaïque. Détail de la construction (Verdes).
Piscine de droite (voir le plan).

des mastics qui devaient être plus fins et plus puissants : *on avait recours aux ciments de pouzzolane, à prise rapide, et aux stucs* qui composaient eux-mêmes l'enduit décoratif des murs.

### STUCS FRESQUES

Ces enduits connus encore aujourd'hui sous le nom de stuc à « l'italienne » étaient composés d'enduits légers faits de deux tiers de chaux grasse éteinte et de un tiers de poussière fine de marbre blanc, gâchés avec de l'eau et appliqués sur des enduits de mortier ordinaire non lissés pour mieux fixer le stuc. On se servait, pour étaler cet enduit, de petits plateaux de bois dits « taloches. » Si l'enduit de mortier du mur était trop lisse, il était rendu rugueux à coups de hachette, et on le mouillait avant l'application du stuc.

Aussitôt l'enduit de stuc, dont l'épaisseur est d'environ 0.003, bien dressé, on appliquait vivement par les moyens ordinaires, mais avec des couleurs à l'eau, les décorations que l'on voulait y mettre, soit galons ou

Stucateurs à fresque. Bas-relief gallo-romain retrouvé dans les murs de Sens (Yonne).

filets, soit bordures de feuillages, rinceaux, etc., soit même des imitations de marbre; puis aussitôt on lissait la surface à l'aide de fers longs, plats et légèrement recourbés, que l'on faisait chauffer au préalable sur un fourneau portatif, placé à portée des mains de l'ouvrier.

Cette opération dernière avait pour but de produire une évaporation factice et rapide des eaux de l'enduit qui déposaient immédiatement une couche de carbonate de chaux cristallisé et durci par la chaleur, lequel fixait les couleurs et prenait un beau poli : il fallait chaque jour terminer les parties d'enduit commencées le matin, sous peine de tout perdre. Enfin, après un mois, pour que la dessiccation fût complète, on encaustiquait à la cire et on frottait les surfaces.

C'est bien certainement cette opération que le sculpteur français du IIe siècle a voulu rendre dans le bas-relief ci-contre, gardé au musée de Sens.

### STUC PÂTE

Le stuc pâte était plus long et dispendieux à préparer, mais il permettait aussi des effets décoratifs plus puissants. On le préparait de la façon suivante : dans de l'eau additionnée de colle, on gâchait du plâtre à modeler, c'est-à-dire très fin et recuit, dans la proportion d'une tranche de colle (aujourd'hui de Givet) de 250 grammes pour 10 litres d'eau, et quand la consistance était celle d'un mastic épais analogue au mastic de vitrage, on appliquait cet enduit avec une épaisseur de 0.015 environ. Puis, on réduisait cette épaisseur à 0.01, en dressant l'enduit à l'aide de racloirs et truelles, on laissait durcir vingt-quatre heures et enfin on polissait à l'aide de pierres ponces de grains différents et alternés, du plus gros au plus fin. On faisait avec cette matière non seulement des enduits, mais encore des corniches, des moulures d'encadrement, des fûts de colonne sur des dessous en briques, etc. Sa dureté égalait celle du marbre. On a décoré ces stucs de différentes façons, soit par des applications de peinture à la cire à la surface, soit par des colorations profondes de la masse elle-même de l'enduit.

Peintures murales gallo-romaines au Musée de Troyes (Aube).

Les peintures à la cire étaient préparées avec les procédés ordinaires, encore vivants parmi nous, et fixées à l'aide de petits réchauds, dont la chaleur, promenée à la surface des stucs peints, fondait la cire de ces peintures et les faisait pénétrer ainsi dans les pores du stuc.

Les colorations profondes de la pâte elle-même s'employaient surtout pour les imitations de marbres, dont on obtenait les veines et cailloutis par des sortes de petits boudins de stuc, colorés par des poudres de tons différents que l'on mélangeait au plâtre, boudins que l'on appliquait l'un contre l'autre pour former des pâtés en tranches de 0.10 d'épaisseur environ : le mélange des tons formait ceux des marbres à copier. Puis l'ouvrier découpait ces sortes de pâtés par tranches de 0.015 environ, qu'il appliquait sur la main et collait aux murs, ayant soin de ménager et calculer ses effets de décoration. Ces opérations se faisaient naturellement très rapidement, avant la prise du stuc, que l'on dressait ensuite comme le premier, à l'aide de la truelle et de racloirs, puis que l'on polissait : l'emploi de la colle a le double avantage, et de durcir le plâtre et de régler sa « prise. » Suivant le dosage de la colle, le plâtre prend plus ou moins rapidement.

Enfin, quand ces stucs étaient bien polis et secs, on les passait à l'encaustique et on les frottait avec de la flanelle.

Les nombreuses ruines de villa, qui recouvrent encore notre sol accusent toutes l'emploi de ces matières, dont les effets décoratifs étaient encore rehaussés par des ornements estampés, absolument semblables à ceux que nous employons couramment sous le nom de « pâtes, » de staf, etc.

Le Musée de Troyes contient des ornements en mortier, espèces de placages moulés, trouvés dans les ruines d'une villa.

A Lillebonne, M. de Caumont a trouvé une quantité considérable de débris de corniches et de frises en mortier, dont les reliefs avaient été formés évidemment à l'aide de moules en creux.

Ornements en relief (Musée de Troyes).

Quant aux plafonds, ils étaient décorés par les chevrons du plancher ou de la charpente, lesquels étaient rehaussés de sculpture et disposés en caissons, dans le vide desquels on incorporait, soit des panneaux en mosaïques de verre, soit de simples enduits rehaussés de peintures décoratives.

## CHARPENTE — COUVERTURE

Les villas antiques avaient rarement des étages, et le plus souvent leurs pièces se développaient autour d'une cour centrale, ainsi que nous le verrons au chapitre suivant, formant un rez-de-chaussée élevé au-dessus du sol de 0.60 environ : toutefois certaines d'entre elles étaient irrégulièrement surmontées d'un petit étage carré, peu élevé, avec terrasses ornées de treilles.

Cette disposition, dont nous verrons plus tard les avantages au point de vue de l'hygiène, permettait de réduire considérablement le volume et la portée des charpentes, dont la figure ci-dessous donne les détails

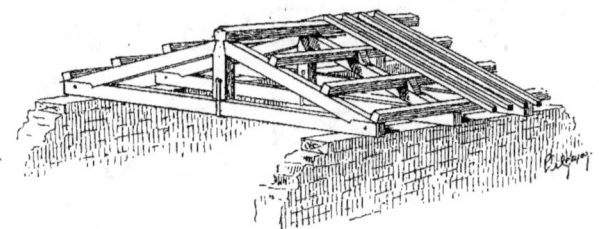

Charpente de comble.

d'exécution mieux qu'une description écrite. Sur des « fermes » très simples, des cours de « pannes »

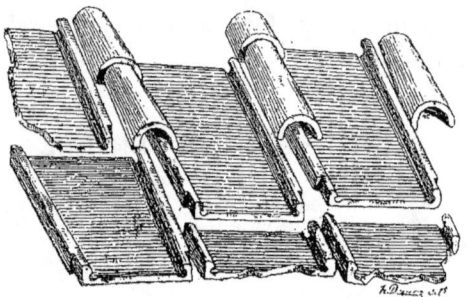

Tuiles gallo-romaines, dites « tuiles à rebords. »

reçoivent les chevrons dont elles déchargent la portée, puis sur ces chevrons on clouait un voligeage jointif. Enfin des tasseaux de bois de 0.04 carrés, cloués eux-mêmes sur les voliges, servent à agrafer les tuiles.

Ces tuiles, dont les débris jonchent encore le sol français un peu partout, étaient de deux sortes. Les unes communes, longs rectangles plats aux bords latéraux retroussés, étaient juxtaposées, et une tuile demi-circulaire et un peu conique, pour permettre la

Tuiles et voligeage. Perspective.

superposition, recouvrait et protégeait le vide entre les deux bords relevés. Les autres, plus façonnées, rectangulaires et plates aussi, avaient des rives à emboîtement, dont la figure ci-dessus explique les formes ; et ces rives, très bien dressées, s'appliquaient assez exactement l'une contre l'autre, pour que, dans beaucoup de cas, on se soit dispensé de les recouvrir de tuiles creuses ; on mastiquait seulement le joint avec du ciment de tuileau. Toutefois, et cela normalement, ces rives étaient recouvertes de tuiles coniques se posant à recouvrement l'une sur l'autre.

Des tuiles dites « antéfixes » terminaient sur la rive et sur le faîtage les rangées de tuiles à recouvrement, ainsi que l'indique la figure précédente.

Rive de toit (chéneau).

Des gouttières vraisemblablement, ou plutôt des chéneaux disposés comme ci-dessus, devaient recevoir l'eau des toits, et l'emmener, par des descentes, dans les canalisations souterraines.

Une petite ville, Vitry-le-François, dans la Marne.

semble avoir été bâtie sur le modèle des vieilles villes du IIe siècle ; ses rues y sont à angle droit, ses maisons en pans de bois reposent sur des fondations couronnées par un glacis de ciment. Elles sont uniformé-

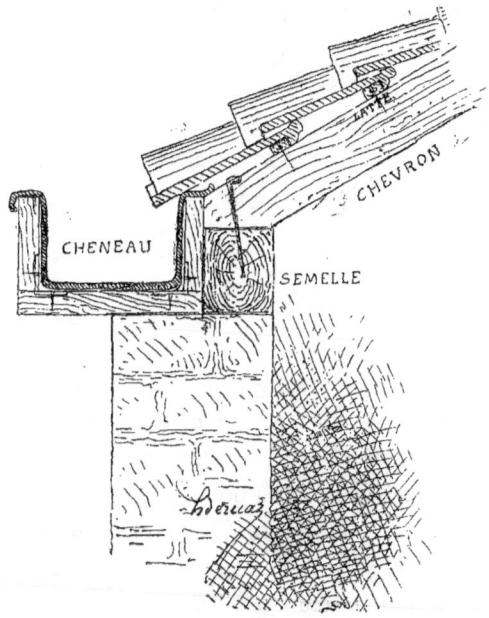

Construction de chéneau dans les constructions gallo-romaines
(Vitry-le-François).

ment d'un seul étage, et le mur de face est couronné par un chéneau carré, saillant comme celui de notre figure : les toits couverts en tuile et la décoration très simple, des ouvertures encadrées par des profils de menuiserie d'une science et d'une finesse surprenantes, donnent aux rues un aspect gallo-romain qui nous a complètement surpris. La copie de vieilles maisons du  $\scriptstyle \rm II^e$  siècle est si évidente, que nous n'hésitons pas à puiser à cette source la désignation de la forme du chéneau que nous venons de faire.

Mentionnons enfin la probabilité, sinon la certitude, de couvertures vitrées au-dessus des cours intérieures, couvertures nécessaires dans nos climats, et dont l'emploi se déduit logiquement de l'usage du verre dans les clôtures de cette époque.

## CLOTURES, FENÊTRES, VOLETS

Les fouilles de ruines gauloises nous ont révélé la présence du verre, mais les échantillons retrouvés sont en réalité peu nombreux, notamment en ce qui concerne le verre à vitres. Les bouteilles, fioles, urnes lacrymatoires sont plus nombreuses, il est vrai, mais elles ont été retrouvées dans des tombeaux ou des endroits clos, d'où il faut conclure que le verre enfermé dans la terre s'oxyde, se ronge, pour enfin disparaître comme le font du reste tous les produits siliceux. Le grès, la brique en sable vitrifié, le silex, s'oxydent rapidement au contact de l'humidité, ils se « pourrissent » disent les ouvriers; et cet accident, nous l'avons vu se produire dans les fouilles d'une petite maison brûlée du  $\scriptstyle \rm III^e$  siècle, à Verdes, et dont les ruines sont encore intactes aujourd'hui. Les premiers coups de pioche donnés sous notre direction ont ramené au jour les débris d'un vase de verre qui, au contact de l'air, se sont couverts immédiatement d'un oxyde blanchâtre irisé, dont l'épaisseur est allée en augmentant depuis cette époque. Il est dépoli, lamelleux et se détache sous la pression de l'ongle, pour se reformer ensuite, mais plus lentement.

Nul doute qu'en continuant ces dépouillements, on n'arrive à l'usure du morceau de verre, ou plutôt à sa complète oxydation, et l'expérience est intéressante, en ce qu'elle portait sur un débris de verre verdâtre analogue « du verre à vitre » dont la nature est sans doute plus oxydable, car un autre échantillon de verre noir et épais, aussi entre nos mains, est resté rebelle à toute oxydation intérieure ; mais l'extérieur, complètement oxydé, ressemble à un morceau de silex.

Du reste, nous savons par Winckelmann que les Grecs employaient le verre pour vitrer les fenêtres de leurs maisons, fenêtres qui étaient, dit-il, rondes, ovales ou carrées, et dont certaines s'ouvraient du plancher jusqu'au plafond. Elles avaient, ajoute-t-il, des volets, des rideaux et des fermetures en métal. Dans le temple de Faustine, une peinture à fresque nous montre des portiques fermés par des portes vitrées, et nous savons aussi que les galeries du péristyle de la villa du Laurantium, qu'habitait Pline le Jeune, étaient fermées par des vitrages.

130  L'ART DE BATIR SA MAISON

Mazois a trouvé à Pompéi des échantillons magnifiques de verres à vitres, et notamment un châssis vitré, encore en place, muni de sa vitre.

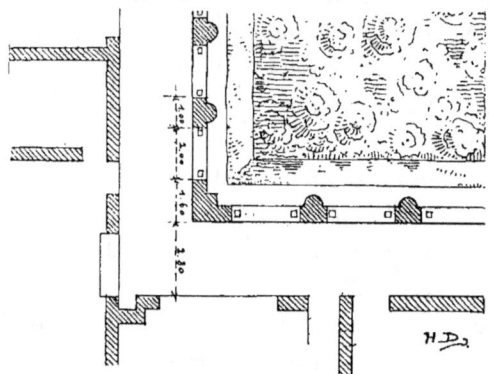

Exemple d'un portique de Pompéi fermé de portes vitrées :
les gonds sont restés au pied des piliers, ainsi que le figure notre plan.

Les anciens employaient aussi pour cet usage la pierre spéculaire, aussi transparente que nos plus beaux cristaux, et qui fournissait des échantillons de cinq pieds carrés, nous apprend également Mazois.

Le verre, du reste, était employé dans l'antiquité à des usages si communs et sous des formes et des colorations si différentes (dans un tombeau de Pompéi, il a été trouvé un vase en verre bleu rehaussé d'émaux à fond blanc, représentant des pampres de vignes et des figurines), qu'il est certain qu'aucun secret, dans son emploi, n'existait alors. On le taillait et le gravait comme nous, on le trempait même, ce que nous ne savons plus faire pratiquement, et ceux qui ont visité l'Exposition rétrospective de l'Union Centrale ont pu s'en assurer en parcourant les collections si belles qu'on y a exposées.

Vase en verre bleu rehaussé d'émaux (Pompéi).

Les glaces à biseau, dont le procédé de fabrication avait survécu à Venise, ainsi que l'art des émaux, ont fait longtemps la fortune de cette ville. Ces glaces, chez les anciens, étaient étamées, et leur usage si commun, que les gens riches préféraient le miroir de métal poli. Le placage, la dorure, l'argenture étaient également familiers aux anciens.

Donc les fenêtres étaient vitrées, mais nous sommes absolument certains qu'elles l'étaient aussi par des vitraux colorés.

D'abord l'usage en est trop ancien chez nous pour n'être pas une réminiscence ou plutôt une copie des débris qui jonchaient le sol pendant les six ou huit siècles qui ont suivi la grande dévastation du $iv^e$ siècle, et l'ignorance était trop grande à cette époque pour inventer quoi que ce fût; on retrouvait peu à peu les arts détruits, et c'était déjà beaucoup.

De plus, on rencontre en France, dans les fouilles de villas riches notamment, de petites agglomérations de bandelettes de plomb que nos archéologues ne peuvent s'expliquer et qu'un architecte, au contraire, s'explique, lui, tout naturellement. En effet, lors de la destruction de ces villas, certaines fenêtres ont été brûlées, d'autres ont été simplement renversées par la chute des murs; des premières, le feu a tout détruit, mais des secondes il nous est resté les bandelettes de plomb des vitraux, l'oxydation ayant détruit le bois et le verre dont la coloration était obtenue, comme de nos jours, par des oxydes métalliques fusibles qui augmentaient la puissance d'oxydation et de destruction.

Et maintenant que, grâce aux révélations de la pioche des archéologues français, nous avons arraché aux débris qui jonchent notre sol les secrets de leur existence et de leur emploi, nous allons examiner, étudier et scruter ce qu'étaient les habitations dont ils sont aujourd'hui les seuls témoins, survivant à cette vieille civilisation humaine dont la barbarie du ve siècle a tranché tous les fils.

FIN DU CHAPITRE I

# CHAPITRE II

RESTITUTION DES HABITATIONS GAULOISES

Atrium de la villa de Bapteste (Gard). — Restauration. Salon de réception des étrangers.

# HABITATIONS GAULOISES

Comme moi, ami lecteur, vous devez avoir hâte de sortir de tout ce fatras de détails techniques nécessaires, mais peu amusants, pour pénétrer dans cette maison française du $II^e$ siècle, où nous allons chercher à surprendre les secrets de la vie antique.

Je me hâte donc et prends au hasard, dans le monceau de nos ruines nationales, celles de la villa de Bapteste; j'en restaure hypothétiquement le salon de réception des étrangers chez les anciens, et je vous offre un siège, fauteuil ou canapé aux formes fines et viriles de cette époque, pour faire avec vous un peu d'archéologie rétrospective qui nous aide à sonder les ruines qui nous entourent.

Nous sommes, avons-nous dit, au $II^e$ siècle de notre ère, au moment où la vieille éducatrice de notre race, la Rome antique, a parachevé son œuvre et fait de nous ce que nous-mêmes avons entrepris de faire aujourd'hui des peuples du mystérieux continent africain. Arts, industrie, agriculture, monuments et maisons, en un mot tout ce qu'elle a recueilli des vieilles civilisations qui l'ont précédée nous a été transmis par elle, et comme la barbarie nous a tout repris sans exception et que nos propres ruines sont pour nous autant de

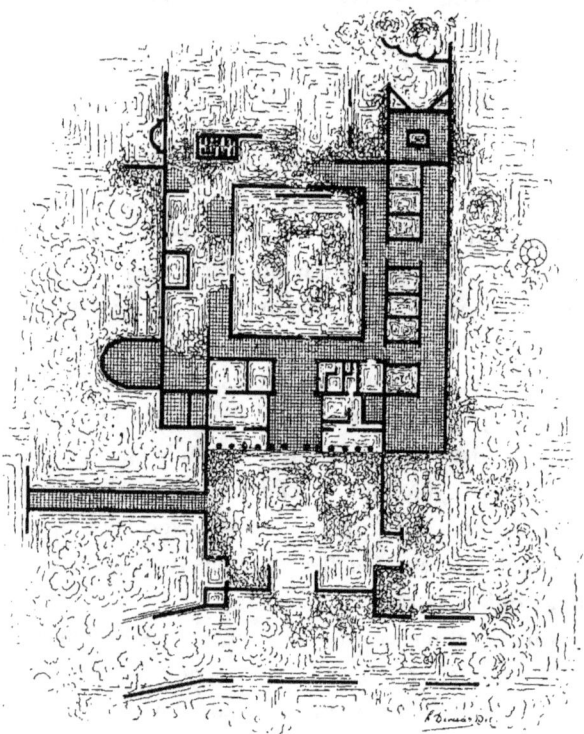

Ruines du plan de la villa de Bapteste (Gard).

hiéroglyphes indéchiffrables, il nous faut retourner à l'école du vieux maître qui, prévoyant les catastrophes futures, avait enterré, pour les races à venir, deux de ses plus belles villes, destinées à remettre en lumière les traditions de la civilisation au jour marqué par les destins.

Fossoyeur inconscient, le Vésuve a exécuté les ordres de la Parque funeste, et, en 79 de notre ère, son cratère vomit sur Herculanum et Pompéi une pluie de cendres, véritable moule où les choses et les hommes ont été enfermés et conservés. Et quand, après douze siècles, l'humanité reconstituée voit son intelligence épuisée s'égarer dans les ténèbres, le destin termine l'œuvre qui lui a été confiée quinze siècles auparavant en dévoilant au monde l'emplacement des villes enfouies, qu'un architecte retrouve en 1592.

Entrons donc à Pompéi, la ville de Vénus, dont l'exhumation bien lente ajoute cependant un charme de plus à l'évocation d'un monde évanoui, et suivons M. de Lagrèze (1), parcourant cette ville morte :

« Les rues, animées jadis par une population de quarante mille âmes, sont aujourd'hui muettes et tristes comme le silence des ruines; mais le même soleil splendide les éclaire, et les souvenirs peuplent la solitude. Voici les tracés des derniers chars qui roulèrent sur le pavé; voilà les fontaines, les arcs de triomphe qui embellissaient la ville de Vénus. Entrons dans ces boutiques où se vendaient les choses nécessaires à la vie. Prenons à la boulangerie du pain mis au four le 23 novembre de l'an 79. Étudions le mouvement com-

(1) M. de Lagrèze, *Pompéi*.

mercial d'une ville de l'antiquité. Parcourons cette belle rue des tombeaux, qui sied si bien dans une cité jadis tout entière et tout à coup plongée dans une tombe immense!...

» En pénétrant dans une maison où je cherche à retrouver les choses telles que les avait commandées le dernier propriétaire, je m'occupe de reconstituer la vie des habitants antiques qui ont dû laisser un cachet de leur personnalité dans leur demeure, inhabitée depuis le départ. La manière dont les anciens étaient logés me donne des indices sur leur manière de vivre. L'atelier plein d'œuvres inachevées et d'instruments curieux m'apprend que nous devons rendre à l'antiquité l'honneur de plusieurs inventions que nous croyons modernes. L'ergastule, plus étroit et plus sombre que nos prisons, me raconte encore les misères de l'esclave. Les appartements somptueux du citoyen romain me prouvent qu'il entendait mieux que nous les douceurs de la vie. Mille bijoux, mille objets féminins me permettent de redire les détails de la toilette et des élégances d'une Pompéienne. Enfin, sur les lits du triclinium, j'invite à se coucher de joyeux convives, et j'assiste aux repas somptueux des contemporains de Lucullus, qui se plaisaient dans le voisinage de Pompéi. Je puis donner le menu d'un dîner, dont les restes sont conservés encore, dîner interrompu par le Vésuve!.....

» Sur « l'Album » des rues et sur le marbre des

Ruines de la maison de Cornelio Ruffo (Pompeï).

tombeaux, sur les murs des maisons et sur ceux des édifices publics, nous lirons des vers d'Ovide et de Virgile qui nous reporteront vers les classiques que l'on a connus autrefois, et avec lesquels on aime toujours à renouer connaissance.

» En lisant ces inscriptions si nombreuses et si diverses, ces affiches annonçant des fêtes, ces réclames de l'ambition, ces cris du cœur, ces plaintes de l'esclave, ces beaux vers des classiques, plus purement écrits que ceux qui nous sont parvenus, ces expressions du langage vulgaire avec ses fautes et son orthographe spéciales, tout nous impressionne et l'on est tenté de chercher les hommes qui ont tracé des lignes que le temps semble n'avoir pas eu le pouvoir d'effacer. Hélas! le cœur qui avait inspiré ces vers d'amour, la main qui les avait écrits sont glacés par la mort depuis des siècles! Les Pompéiens se sont moulés eux-mêmes dans la lave durcie; ils se dressent encore devant nous, en blanches statues de plâtre, silencieux et dans la navrante attitude de leur agonie. »

Et cependant ils aimaient à rire, ces Pompéiens, car si vous lisez les inscriptions nombreuses tracées sur les murs par la main des passants en 79, vous y lisez par exemple :

« J'aime une blonde et elle m'a dégoûté de toutes les brunes. »

Et au-dessous une autre main, qui signe : « Vénus Physica de Pompéi, » a écrit :

« Tu détestes les brunes, mais malgré toi tu y reviendras, c'est moi qui te l'annonce. »

Tout se retrouve dans cette ville morte, et le Vésuve sous une couche de cendres a même respecté le dessin des plates-bandes de jardin, entourées de bordures de buis taillé. Dans la maison, le mobilier et les ustensiles de ménage nous dévoilent les secrets de la vie privée. Les lits ont à peu près la forme des nôtres,

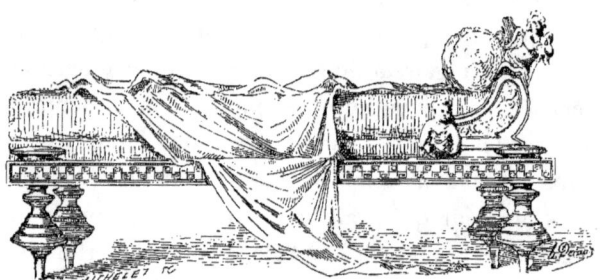

Lit antique (Musée de Pompéi), bois sculpté incrusté de filets métalliques or et argent.

avec des sangles : ils sont en bronze ou en bois, très ornés. La finesse des draps était appréciée, mais ce qui était surtout un objet de luxe, c'était la couverture.

Martial nous apprend qu'on les aimait couleur de pourpre et garnies de riches fourrures.

Faut-il décrire les lustres, les candélabres, les vases, les tables, les objets variés, les meubles de toutes espèces que l'on exhume chaque jour? Faut-il vous

Table en métal (Musée de Pompéi).

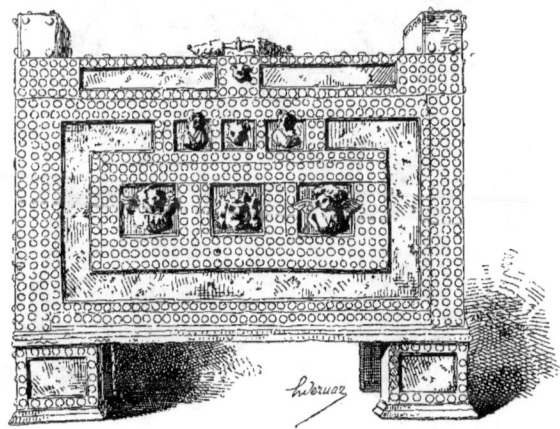

Coffre rehaussé de figures ciselées (Pompéi).

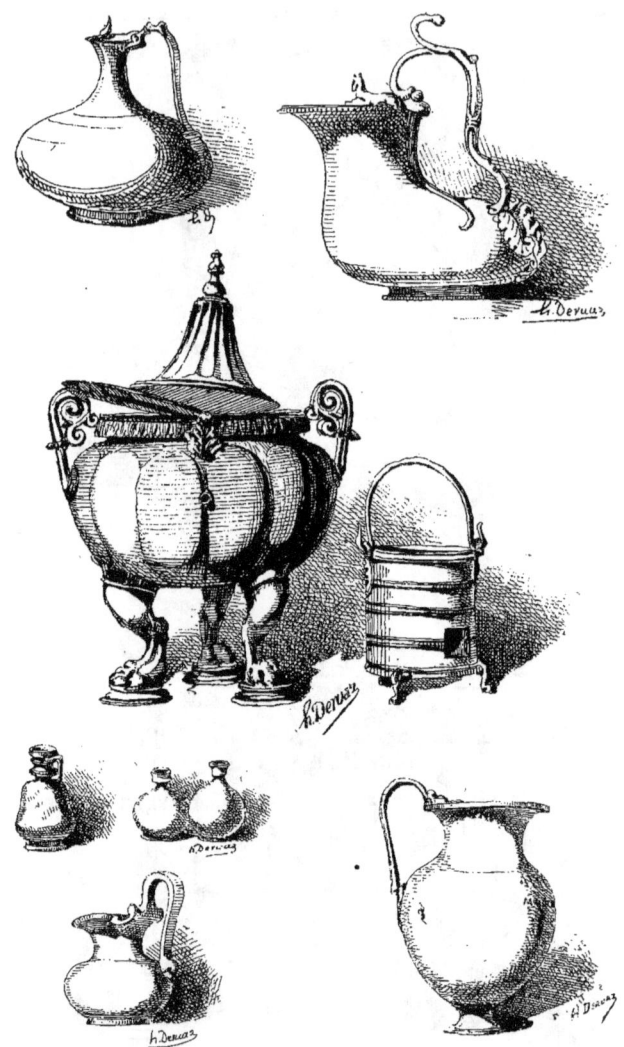

Aiguières et ustensiles divers (Pompéi).

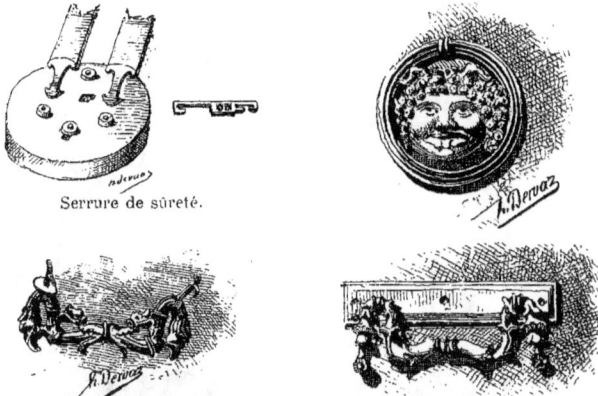

Serrure de sûreté.

Poignées de portes et de meubles en bronze.

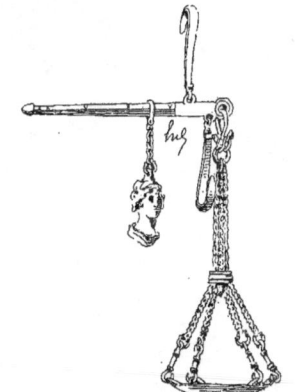

Balance romaine.

Cloches à main, peignes, boutons de chemises et gratte-dos en ivoire (Pompéi).

Moules à pâtisserie, couteaux et ustensiles de cuisine, lampes et lanternes (Pompéi).

décrire la science des pédicures, des coiffeurs, des épileurs? Un crâne trouvé à Tarquinia, dans le cime-

Jardinière en bronze ciselé (Pompéi).

tière étrusque, ne nous a-t-il pas conservé un spécimen

de l'art des dentistes, même sous forme d'un râtelier de fausses dents rivées sur des plaques d'or?

Nous sortirions du programme restreint dans lequel nous avons à évoluer, et nous constaterons seulement qu'avec un tel exemple, si extraordinairement conservé, il a été facile à la science moderne de retrouver et reconstituer l'habitation des peuples civilisés dont nous sommes les descendants. Sans donc fatiguer le lecteur de citations plus longues, nous allons exposer sommairement le résultat pratique des recherches de tant de savants éminents, qui sont l'honneur de notre pays, et parmi lesquels Mazois et de Caumont figurent au premier rang pour la nature particulière de nos recherches. Nous appuyant sur les faits précis révélés et démontrés par eux, nous allons rétablir le plan complet d'une maison du $\text{II}^e$ siècle par analogie de quelques-unes des maisons de Pompéi restaurées par Mazois, et dont il nous sera facile de suivre l'application en France dans les ruines décrites par de Caumont.

# RESTAURATION
# D'UNE MAISON ANTIQUE EN GAULE

Nous décrirons d'abord une maison complète d'habitation pour une famille riche, car il nous sera plus facile ensuite de suivre les dégénérescences de son

Une porte de maison en Gaule, restaurée d'après des documents trouvés à Pompéi par Mazois.
La porte en retraite est protégée par un porche.

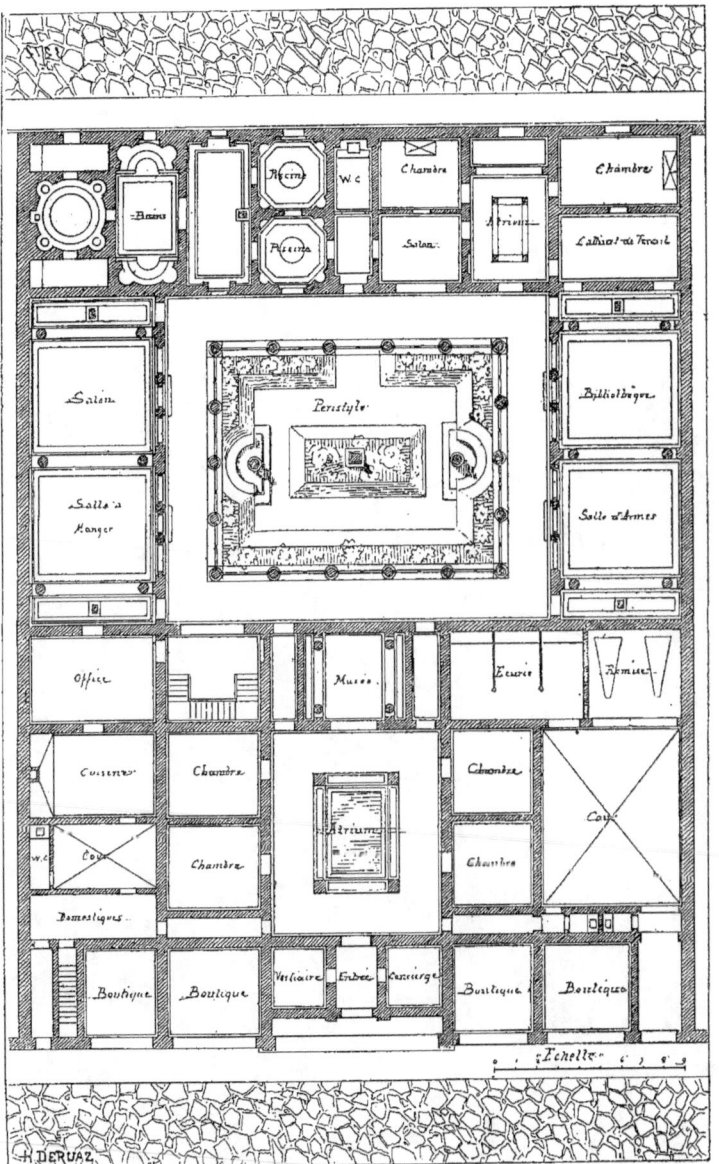

Plan d'une grande habitation gauloise. Restauration.

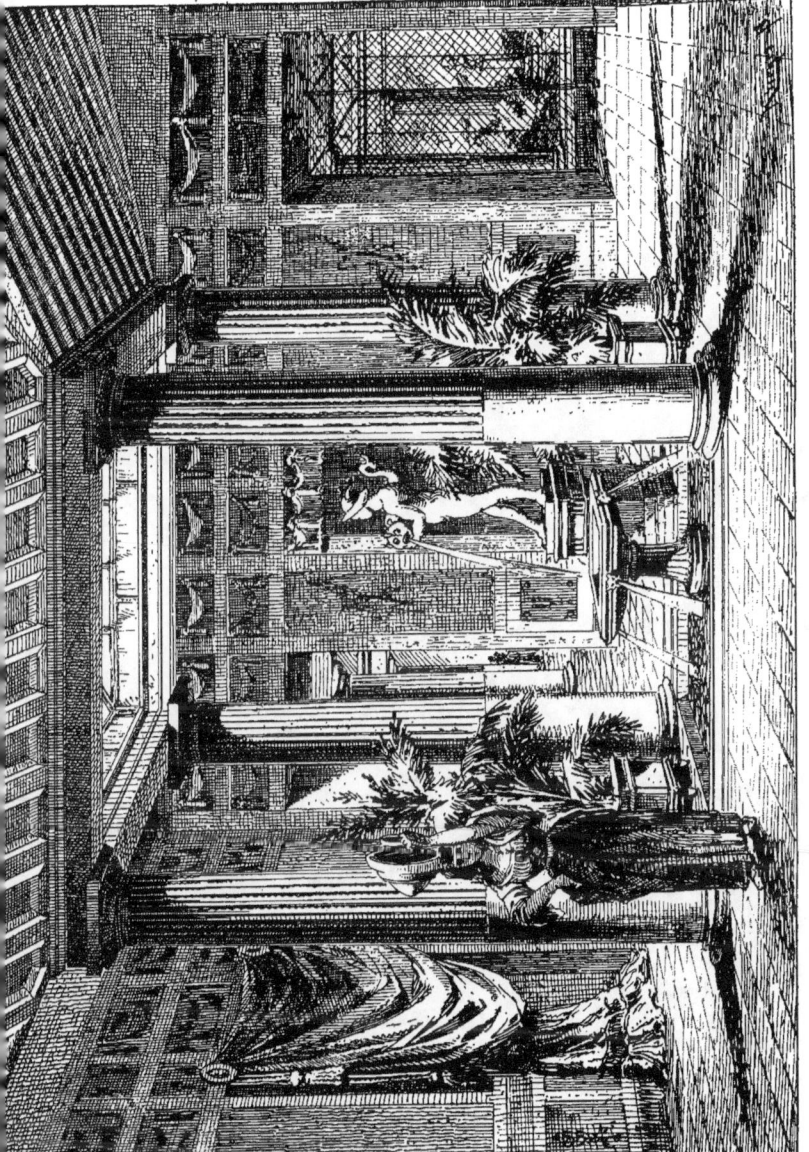

Atrium d'une habitation gauloise. Restauration. Salon d'attente.

plan approprié pour des fortunes plus modestes, pour des commerçants, et enfin pour le petit rentier du temps.

Et tout d'abord, dès l'entrée, un petit portique formant porche, avec ou sans colonnes, met le visiteur à l'abri de l'inclémence du temps pendant qu'il agite la sonnette ou soulève le marteau d'airain.

La porte ouverte, nous entrons dans une petite pièce longue sur laquelle s'ouvre à droite la loge du gardien : à l'une des parois du mur, une lampe brûle sur une console au-dessous d'une figure de la divinité protectrice de la maison, et dans un vestiaire à gauche, nous déposons manteau ou parapluie pour pénétrer enfin dans un premier salon éclairé par une belle verrière qui orne le milieu du plafond. Si le temps le permet, ce plafond vitré s'ouvre, pour laisser pénétrer l'air et le soleil dans cette belle pièce ornée d'un bassin et de sa fontaine jaillissante qui égaye encore la décoration faite de belles tentures, de portières aux couleurs éclatantes, de boiseries finement sculptées. Les peintures murales, les faïences, les glaces en cristal étamé et les miroirs en métal poli, les bronzes en applique, les sièges d'apparat en bois ou en bronze dorés voient leurs belles tonalités rehaussées par des plantes aux feuillages veloutés, aux fleurs multicolores qui aident à donner à ce lieu un sentiment de fraîcheur qui invite au repos. C'est là que le maître de la maison, qu'on est allé prévenir, viendra nous recevoir et écouter notre requête, à laquelle il accédera d'autant plus volontiers, que les artistes trouvent toujours bon accueil dans le milieu élevé où vit l'homme auquel nous venons demander l'hospitalité. Notre demande accueillie, l'hôte nous désigne d'abord, à droite et à gauche, des chambres d'amis dont l'atrium fait le salon commun, puis en face il nous soulève les portières qui ferment l'entrée du musée où se conservent les portraits des aïeux, les armes, les bustes en bronze et marbre, les belles pièces d'orfèvrerie, tout ce monde du « bibelot » enfin qui fait les musées où tous les objets ont vécu de la vie de ceux qui ne sont plus, et parlent au cœur autant qu'aux yeux. A chaque extrémité les dieux « lares », protecteurs de la maison, se dressent sur des piédestaux de marbre ou de bronze, et reçoivent en passant l'hommage du visiteur.

Nous rentrons dans l'atrium et, avant de pénétrer dans la demeure particulière de notre hôte, nous suivons à droite un long couloir qui nous mène dans les cuisines et offices, où le luxe de la vaisselle, les formes étudiées des ustensiles de cuisine sont véritablement étonnants; et symétriquement, à gauche, dans les écuries et remises où chevaux et voitures sont aussi largement et luxueusement installés. Des sorties particulières pour chacun de ces deux services s'ouvrent sur la façade à droite et à gauche de la porte principale; des boutiques sont disposées dans l'intervalle, soit pour la

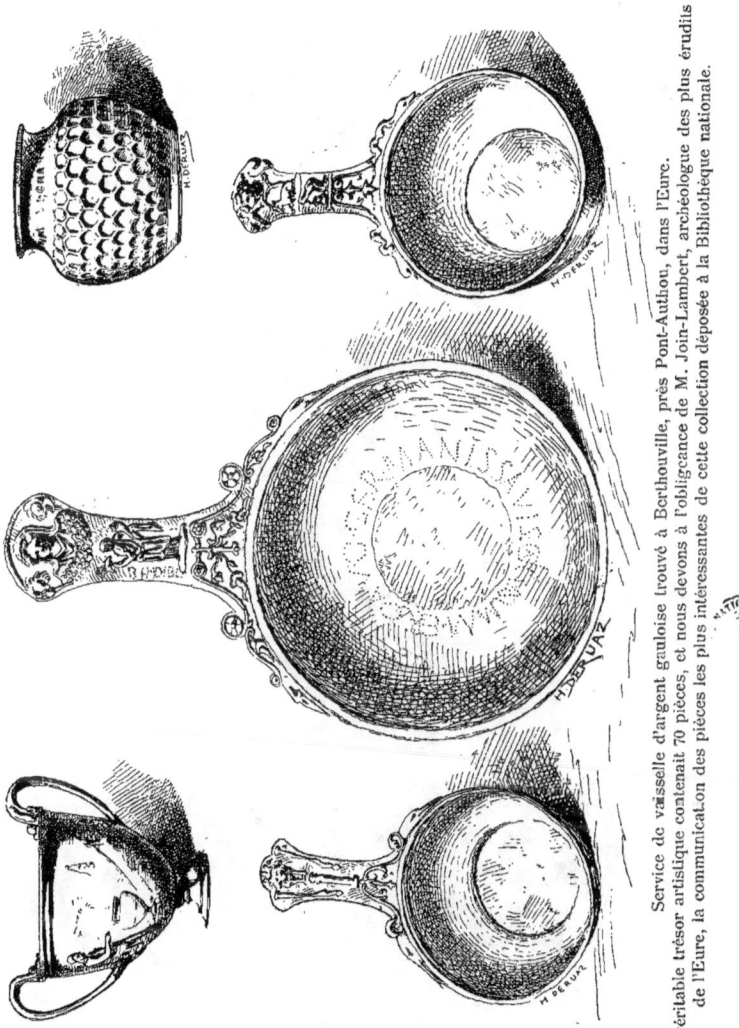

Service de vaisselle d'argent gauloise trouvé à Berthouville, près Pont-Authou, dans l'Eure.
Ce véritable trésor artistique contenait 70 pièces, et nous devons à l'obligeance de M. Join-Lambert, archéologue des plus érudits de l'Eure, la communication des pièces les plus intéressantes de cette collection déposée à la Bibliothèque nationale.

Pièces d'argenterie appartenant au même service.
Ces pièces d'orfèvrerie ont été copiées par l'industrie de nos jours, qui, d'une façon générale en orfèvrerie et en bijouterie, a repris les formes des pièces innombrables retrouvées chaque jour dans le sol français.

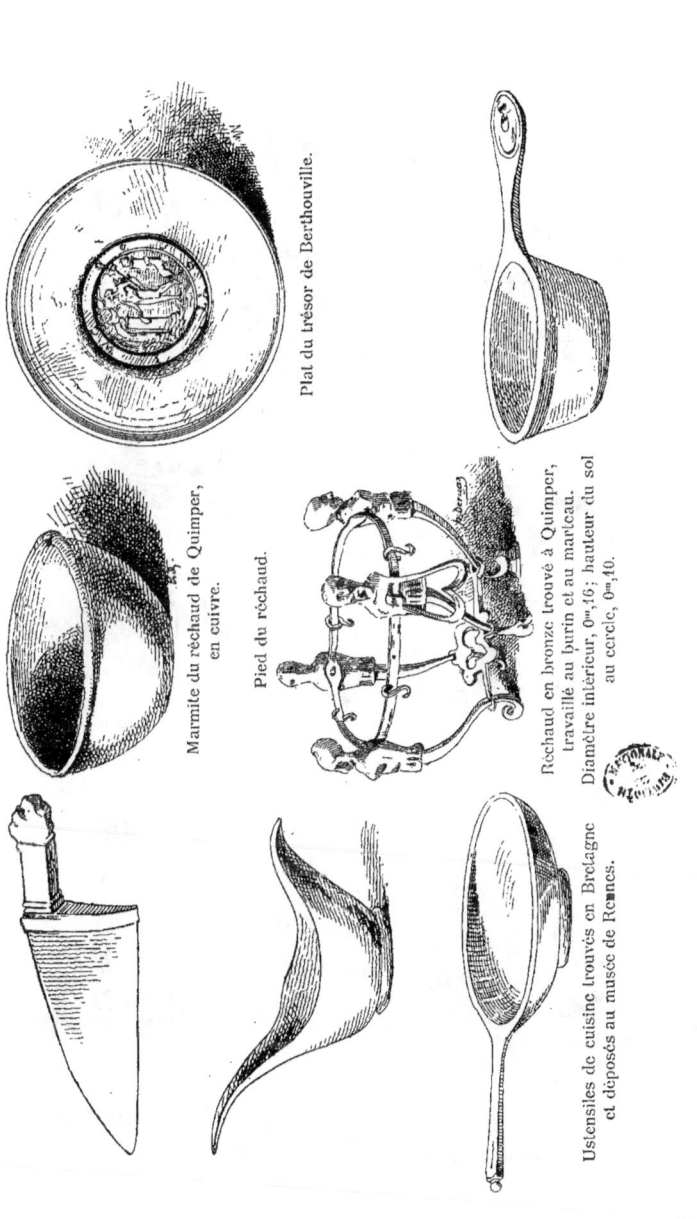

Plat du trésor de Berthouville.

Marmite du réchaud de Quimper, en cuivre.

Pied du réchaud.

Réchaud en bronze trouvé à Quimper, travaillé au burin et au marteau. Diamètre intérieur, 0m,16; hauteur du sol au cercle, 0m,10.

Ustensiles de cuisine trouvés en Bretagne et déposés au musée de Rennes.

Marmites en bronze trouvées près d'Argentan.

Vase en bronze au musée
de Tours.

Vase en cuivre trouvé dans
un cercueil
à Saint-Maurice de Gençay
(Vienne).

 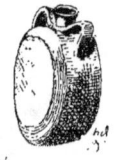

Bidon trouvé
dans un tombeau
près Poitiers.

Marmite en terre noire
trouvée à Lillebonne.

Marmites en bronze et divers autres ustensiles de cuisine.

Peigne en écaille trouvé à Stavelot.

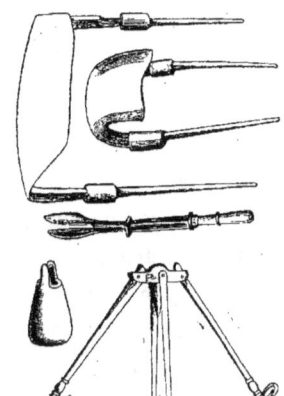

Ustensiles trouvés à Saint-Just sur Dive, près Saumur, dans le tombeau d'un charpentier gaulois, lequel contenait des plats, des vases de différentes formes, de grandes bouillottes d'une belle conservation, une bourse remplie de monnaie et tous les outils de sa profession, tels que scies, ciseaux, herminettes, compas, tire-lignes, fers de varlope, etc.; tous objets déposés au musée de Saumur.

Tête en bois sculpté découverte à Vienne (Isère). Époque gallo-romaine. Un des rares spécimens qui ait survécu de l'industrie du bois. Haut. 0m,15; aspect noir d'ébène poli. Un creux de forme carrée et pratiqué dans l'intérieur avec une ouverture ménagée dans le haut au milieu de la chevelure, en faisait un vide-poches à bijoux.

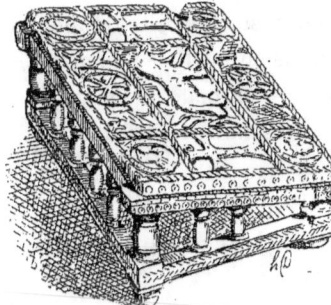

Pupitre en bois, dit de Sainte-Radegonde, et d'origine gallo-romaine.
Long., 0m,265; larg., 0m,215; haut., 0m,27 et 0m,10.

Chapiteau (marbre) gallo-romain trouvé dans le clocher de l'église de St-Lubin; il en existe un pareil dans la cripte de Jouarre et dans celle de St-Brice, à Chartres.

location, soit pour y vendre les produits des terres du propriétaire.

De retour une seconde fois dans l'atrium, qui se trouve être ainsi le centre de la vie publique de l'hôtel, nous pénétrons dans l'habitation réservée par deux passages situés à droite et à gauche du musée, et qui donnent accès sous une galerie, dite péristyle, rectangulaire, ornée de colonnes, close par des portes vitrées et au centre de laquelle un jardin ravissant, orné de fontaines, de statues et d'exèdres, forme l'axe autour duquel sont disposés des salons de réception, une bibliothèque, un cabinet de travail, plusieurs salles à manger, une petite salle de gymnastique et d'escrime, enfin un bain complet composé des trois pièces règlementaires, y compris piscine et douches.

Enfin, nous arrivons à droite au fond, où une dernière porte ouverte sous le portique nous fait pénétrer dans le « gynécée. » Là, se déroule la vie intime dans des pièces d'habitation, chambres à coucher et autres disposées autour d'un petit atrium très décoré et qu'un dégagement particulier au maître du logis met en communication avec la rue postérieure, sur laquelle donne l'hôtel et par laquelle nous quittons enfin l'hôte aimable qui nous a gracieusement fait visiter cette belle demeure si bien appropriée aux besoins de l'existence humaine.

Tel est le type complet de l'habitation où la civilisation romaine avait résumé les recherches de l'huma-

Péristyle. D'après la peinture de M. Boulanger.
Cette cour, entourée de portiques et ornée de jardins, formait le centre de la vie privée de la famille gauloise.

nité sur cette question vitale d'où dépendent la santé et la moralité publiques. Et si le programme en a été bien compris du lecteur, à savoir une petite cour couverte centrale, appelée « atrium », autour de laquelle se développe l'habitation, il va devenir très facile d'en suivre les diverses transformations dans son appropriation aux besoins de familles plus modestes. Nous verrons d'abord disparaître complètement le deuxième « atrium », en même temps que le « péristyle » perdra de son importance, pour enfin ne plus trouver que l'atrium autour duquel se résumera toute l'habitation. Et cette disposition subsistera, même dans les maisons les plus modestes.

Ces atria se couvraient de deux façons diffé-

Maison à Pompéi. Coupe.

rentes, dont les figures ci-contre rendent compte, sans qu'il soit besoin de grandes explications.

Dans le premier cas, les eaux sont rejetées au dehors.

Dans le deuxième cas, les eaux sont gardées dans la maison et alimentent la citerne.

Enfin, dans les deux cas, des châssis vitrés ou lan-

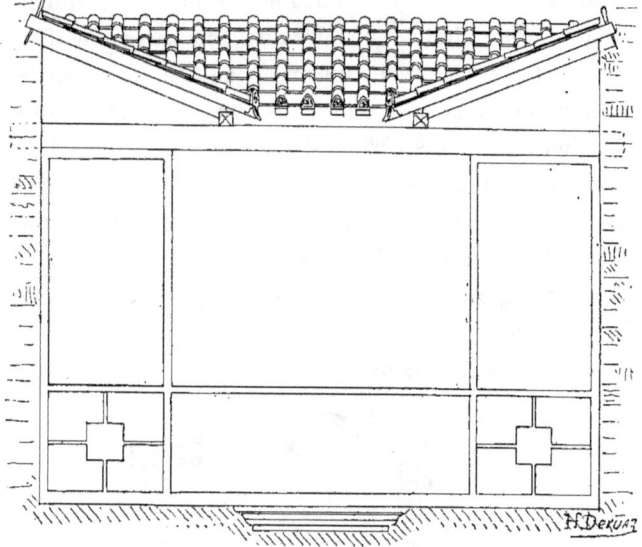

Charpente couvrant un atrium. Coupe.

ternons devaient recouvrir ce vide; ils devaient également, comme les nôtres, s'ouvrir de l'intérieur.

Le Vésuve n'ayant enfoui Pompéi qu'à une hauteur de dix pieds environ, tout le surplus des constructions s'effondra peu après sous le poids des pierres et des cendres accumulées sur les couvertures et les terrasses; puis les infiltrations d'eau achevèrent avec le temps la destruction totale; restèrent intactes les seules parties enfoncées dans les dix pieds de cendres.

Il n'est donc rien resté de ces châssis, mais l'art de la construction était tel, et l'usage du verre à vitre si

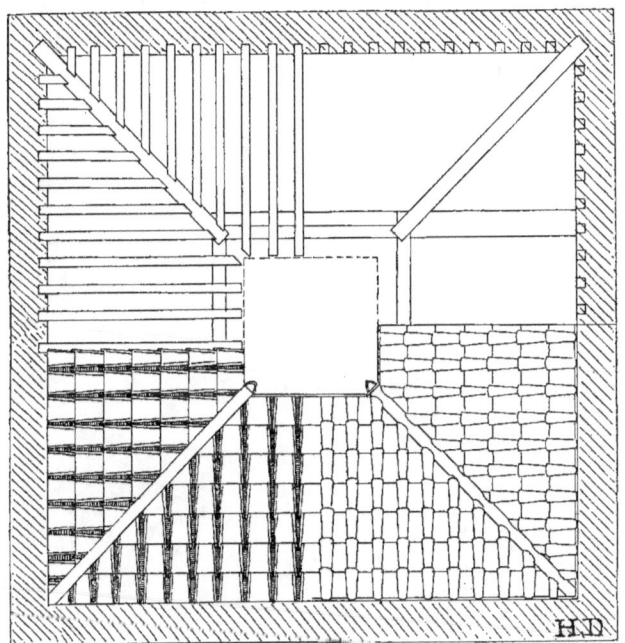

Plan de la couverture d'un atrium.

commun pour les portes, pour les fenêtres et pour les châssis, que leur existence est incontestable.

Et maintenant, pour justifier la réalité de nos assertions sur les dispositions de cette maison, nous allons examiner et suivre le même plan dans les ruines de

Pompéi, dont les débris intacts ont déchiré les voiles qui nous cachaient ces détails de la vie de nos pères. Nulle autre part nous ne trouverions preuves plus certaines, et l'examen de ces maisons expliquera mieux que toute autre démonstration la restauration des maisons similaires en Gaule.

FIN DU CHAPITRE II

# CHAPITRE III

MAISONS RUINÉES A POMPÉI

# MAISONS A POMPÉI

## GRANDE HABITATION AVEC ATRIUM ET PÉRISTYLE

Entrons par exemple dans cette maison bourgeoise (Pl. xxii, Mazois).

Le petit vestibule, sans porche, nous fait pénétrer dans un atrium dont le plafond est soutenu par quatre colonnes avec petite pièce d'eau au centre et un puits dans l'axe, face à la porte.

Des pièces d'habitation à deux étages sont disposées à gauche, et en face, un grand passage orné conduit au péristyle, déjà bien réduit de proportions. Entre les quatre premières colonnes, des ouvertures sont pratiquées qui éclairent les cuisines au sous-sol, ainsi que quatre autres ouvertures circulaires, ménagées dans les terres du petit jardin central. Au fond, des pièces d'habitation avaient vue sur la mer.

Dans le fond de l'atrium, à gauche, une porte ouvre sur un couloir de service, lequel donne accès, sur la rue, aux fournisseurs et aux cuisines agencées au sous-sol, par l'escalier indiqué au plan, lequel pouvait également desservir l'étage.

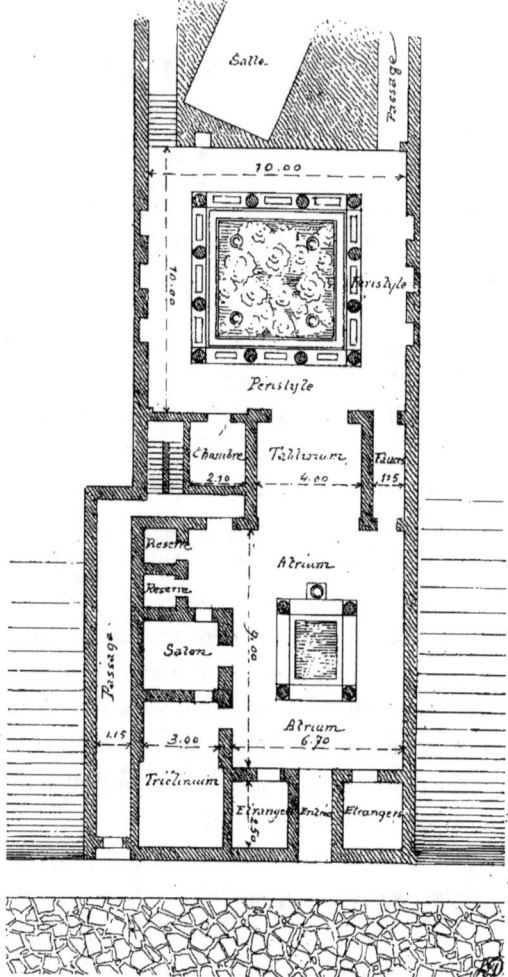

Grande habitation comprenant atrium et péristyle, à Pompéi. Plan.

## LA MAISON GAULOISE 177

Et si, de cette maison, nous pénétrons dans celle-ci (II⁰ part., Pl. xiii, Mazois), nous voyons que le péristyle a complètement disparu pour laisser place à un petit

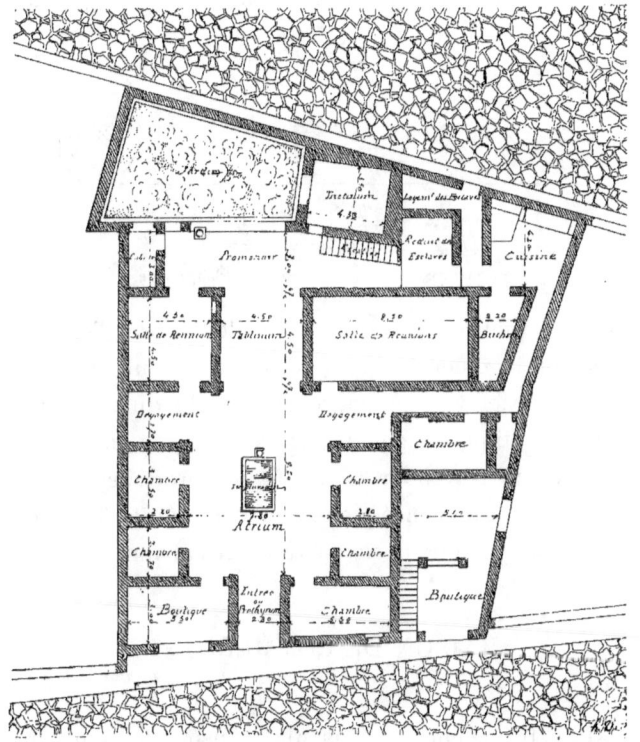

Maison bourgeoise à Pompéi. Plan.

jardinet sur lequel l'atrium, sans colonnes, prend vue d'agrément par un large passage et une amorce de portique. La cuisine, dans le fond à droite, est placée près d'une porte de sortie et de service des fournisseurs, sur la rue postérieure : près d'elle également, l'escalier qui dessert l'étage.

Enfin, une boutique fermée par des volets glissant

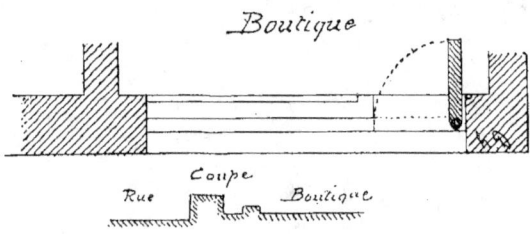

Fermeture de boutique à Pompéi. Plan, coupe.

dans les rainures du seuil, à droite de la porte d'entrée, avec son logement à l'étage desservi par un escalier, peut être louée à un marchand, tandis qu'une autre petite boutique, à gauche de cette même porte, sert au propriétaire pour la vente des produits de ses terres, et est en conséquence en communication avec l'intérieur par une porte ouvrant sur l'atrium.

## MAISON DE COMMERÇANT

Pénétrons encore dans une maison de commerçant, chez un boulanger, si vous le voulez bien ; brave homme qui cuisait lors de la catastrophe et dont les fours enfouis sous la cendre ont remis au jour, après dix-huit siècles, cent cinquante petits pains de luxe

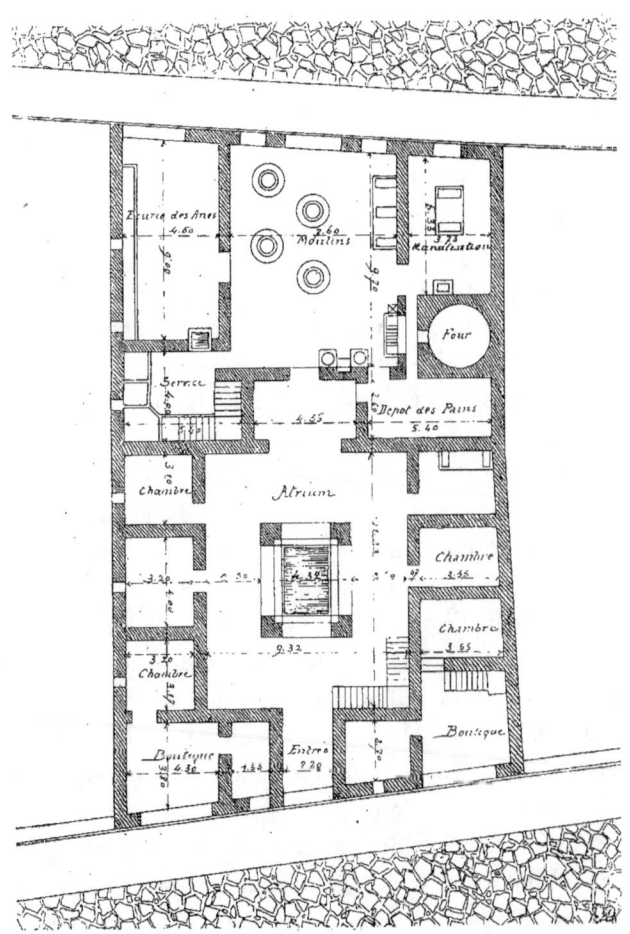

Maison de boulanger à Pompéi.

destinés aux gourmets de Pompéi, en 79 de notre ère.

Et ces petits pains, détail bien intéressant, portaient les mots : *Siligo granii,* farine de froment, *e cicera,* de pois chiches, imprimés à l'aide de caractères mobiles, ce qui ouvre des horizons curieux sur l'invention de l'imprimerie, attribuée à Gutenberg.

Un long ouvrage, le *Codex argenteus* (nous dit M. de Lagrèze), ouvrage de l'évêque Ulphilas, mort en 388, existe à la bibliothèque d'Upsal (Suède), et son texte, fait de lettres d'or et d'argent, est entièrement *imprimé* à l'aide de caractères mobiles.

Mais revenons à notre maison de boulanger.

Le vestibule, qui ouvre sur la rue, nous conduit immédiatement à l'atrium dont les charpentes de la terrasse sont portées par quatre pilastres avec vasque d'eau au milieu et margelle de puits contre le pilastre de droite. A droite, sous le portique, un escalier dont les premières marches sont en pierre et les autres en bois, conduit au premier étage, et, au pourtour de cet atrium, différentes pièces d'habitation. Sur rue, deux boutiques et leur petit logement encadrant la porte, sans communication avec l'intérieur, étaient en conséquence destinées à la location.

Au fond de l'atrium enfin, l'officine du boulanger. En entrant, quatre moulins de pierre frappent la vue et peuvent se décrire ainsi que le montre notre figure.

La partie mobile, montée sur un moyeu de fer, tourne sur un pivot scellé dans la meule fixe : le grain jeté dans le vide supérieur passait par quatre trous ménagés dans le moyeu, et, en glissant dans la cavité inférieure, était broyé contre le cône fixe dans un mou-

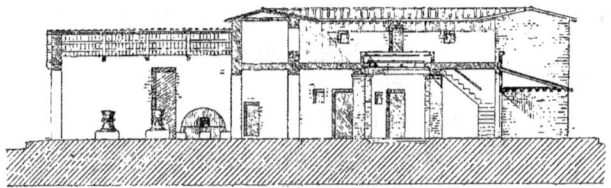
Maison de boulanger à Pompéi. Coupe.

vement de rotation imprimé par des bras de bois mus à bras d'homme ou à âne. Enfin la farine tombait dans la rigole du socle, où elle était ramassée.

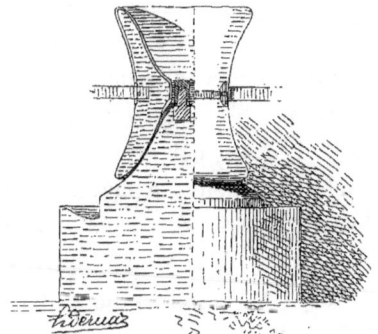
Moulin à Pompéi.

Pourquoi les anciens, qui connaissaient les moulins à eau et en usaient, se servaient-ils de cette machine ? problème.

On pourrait supposer cependant qu'ils ne broyaient dans ces moulins que certaines graines, telles que

182  L'ART DE BATIR SA MAISON

fèves, etc., dont ils mélangeaient les farines de blé, ou que des farines spéciales y étaient fabriquées pour le goût particulier de certains clients, car on ne peut supposer que la consommation journalière de farine ait pu être alimentée ainsi.

A droite de la porte, le puits flanqué de deux grands vases fixes en bronze, où on faisait provision d'eau, et, près de ce puits, le four dans la construction duquel on a su tirer grand parti de la chaleur. La fumée sort par le trou $h$ : la cheminée forme comme une espèce d'anti-four percé d'une ouverture par laquelle celui qui enfournait recevait sur la pelle de bois la pâte préparée dans la pièce de manutention.

A l'opposite est une autre ouverture par laquelle on faisait passer le pain cuit dans un dépôt où on le laissait refroidir. Sous le four est un réceptable pour déposer la braise qu'on en tirait, et devant on a ménagé un petit caveau, fermé par une dalle de pierre, dans lequel on jetait la cendre. A gauche est un vase $a$ destiné à contenir de l'eau, ou peut-être la farine avec laquelle on saupoudre la pelle pour éviter que la pâte s'y attache. C'est dans la pièce de manutention qu'on faisait lever la pâte, et peut-être même y préparait-on le pain le plus recherché. Les pieds en pierre sur lesquels reposait une table en bois existent encore, et l'on distingue sur l'enduit du mur la trace des volets à coulisses qui fermaient la fenêtre élevée par laquelle cet atelier recevait le jour.

## LA MAISON GAULOISE

Dans une autre pièce, les pétrins et l'escalier conduisant aux chambres supérieures.

Enfin, à coté du dépôt des pains, l'écurie des ânes avec un abreuvoir et une auge en pierre.

## HABITATIONS DE PETITS RENTIERS

Enfin voici, pour terminer, les habitations de deux petits rentiers, toutes deux très intéressantes.

Dans l'une (fig. 1, Pl. ix, Mazois) une petite boutique sur la rue, une pièce sous l'atrium et une cuisine au fond. Un escalier monte aux pièces de l'étage.

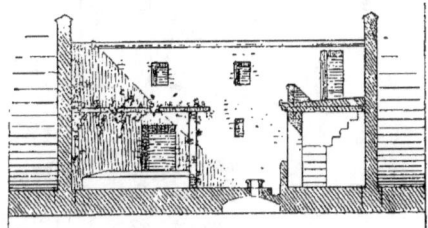

Petite habitation à Pompéi. Coupe.

Dans la seconde, on entre sous un petit portique qui ouvre sur un jardin garni d'une tonnelle avec sa table à manger. A droite, l'escalier conduisant à l'étage, plus un salon, une cuisine, et enfin, au fond, un petit sanctuaire dédié aux dieux lares, l'oratoire moderne. Cette maison, décorée avec beaucoup de soin, laisse supposer qu'elle fut habitée par un artiste.

Donc, en résumé, l'habitation antique se développait autour d'une cour décorée d'un portique, avec ouverture au plafond, protégée par un lanternon vitré, ouvrant. Quand le développement de cette cour en

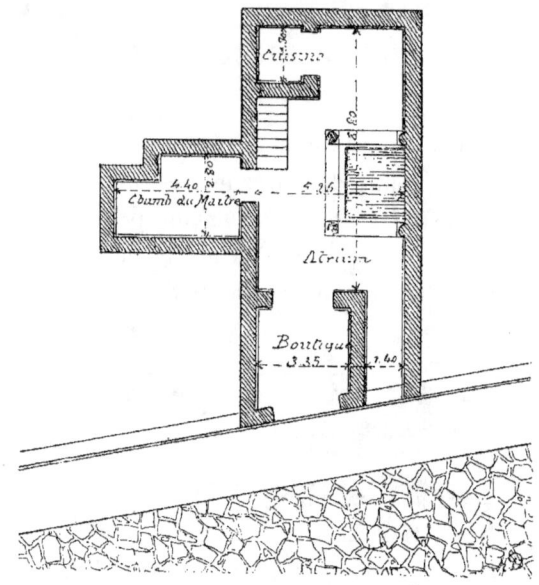

Petite habitation. Plan.

faisait le « péristyle » avec jardin au centre, le portique du pourtour était clos de portes vitrées, ainsi que nous l'avons déjà dit et ainsi que le montre le plan d'une maison de Pompéi.

Dans la maison de campagne, le principe est toujours le même, mais avec un plus grand développement encore de la cour du péristyle, qui devient la grande cour autour de laquelle se développent les

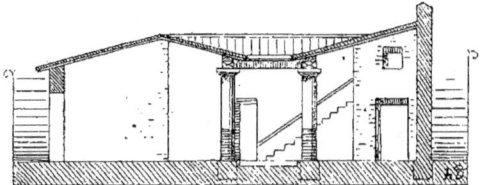

Petite habitation. Coupe.

bâtiments d'habitation et ceux d'exploitation. Dans les maisons riches, comme celle trouvée à l'entrée de

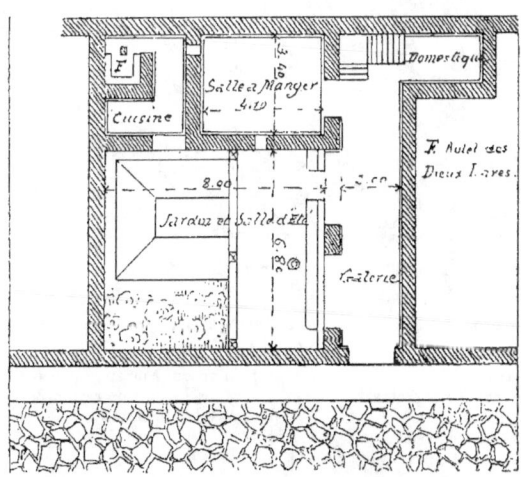

Petite habitation d'artiste. Plan.

Pompéi, et dite « maison de campagne », on trouve l'atrium, le péristyle, puis une autre grande cour entourée de portiques et qui semble être, dans les véritables maisons de campagne ayant une exploitation

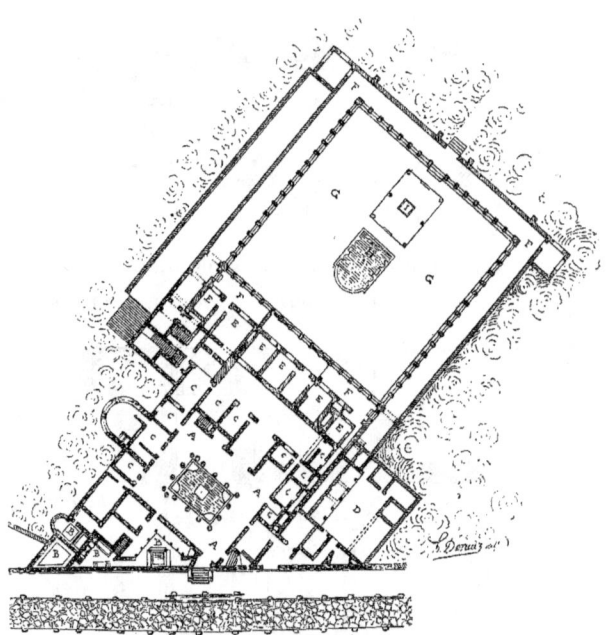

Maison de campagne dans le faubourg occidental de Pompéi
*Légende.*

A Péristyle.
B Bains chauds et froids.
C Appartements.
D Logement des esclaves.
E Appartement souterrain pour l'été.

F Portique à un étage plus bas, ayant au-dessous un crypto-portique.
G Xyste ou parterre.
H Vivier.
I Treille.

rurale, celle autour de laquelle se sont développés les bâtiments de service, ainsi que nous le verrons dans la villa de Moué, dans le Cher. Un portique orné de

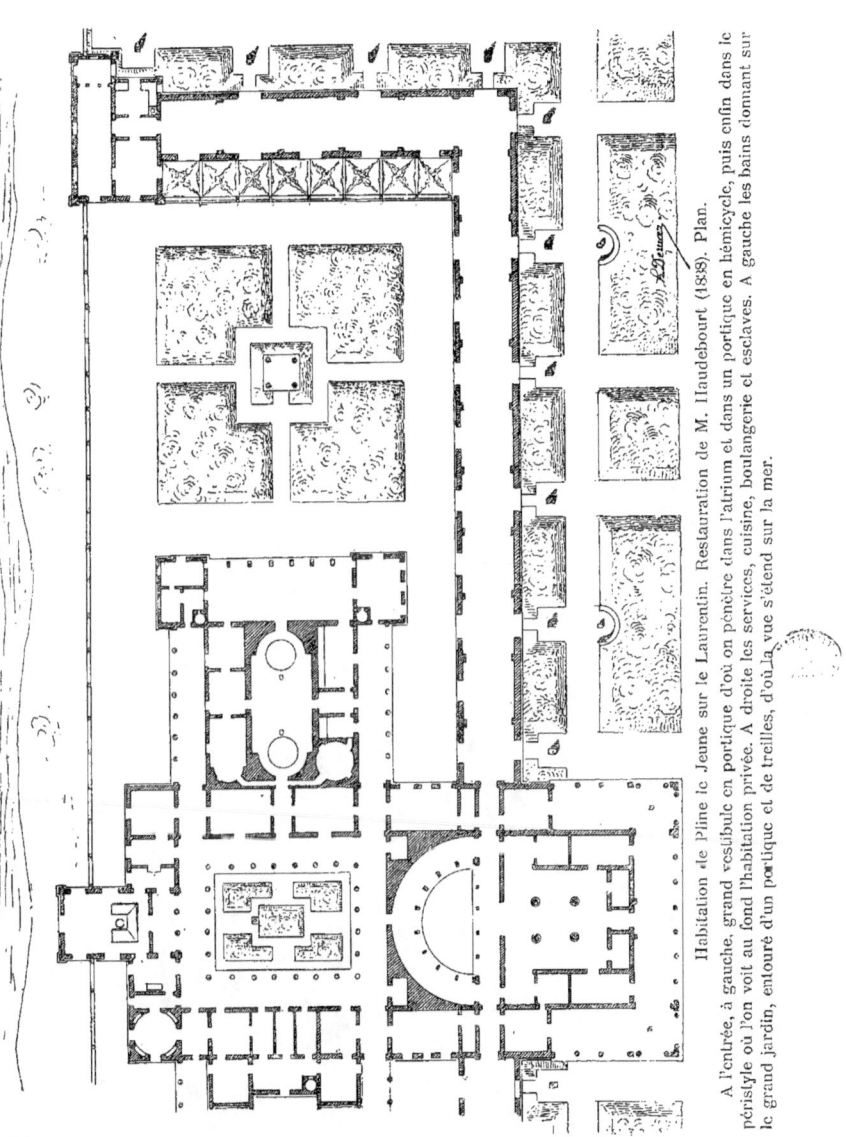

Habitation de Pline le Jeune sur le Laurentin. Restauration de M. Haudebourt (1838). Plan.

À l'entrée, à gauche, grand vestibule en portique d'où on pénètre dans l'atrium et dans un portique en hémicycle, puis enfin dans le péristyle où l'on voit au fond l'habitation privée. À droite les services, cuisine, boulangerie et esclaves. À gauche les bains donnant sur le grand jardin, entouré d'un portique et de treilles, d'où la vue s'étend sur la mer.

Habitation de Pline le Jeune sur le Laurentin. Restauration de M. Haudebourt. Perspective cavalière.

colonnes en briques, de pilastres en bois, ou simplement un toit en saillie sans points d'appuis, permet de circuler à couvert autour des bâtiments.

Un des nôtres, Haudebourt, empruntant au texte de Pline le Jeune, qui nous a laissé la description complète de sa maison de campagne sur le Laurentin, les éléments d'une étude de restauration, a pu reconstituer cette belle habitation, dont la vue à vol d'oiseau donne une très curieuse impression des maisons romaines riches, ce que nous appelons aujourd'hui des châteaux. Nous terminerons par cette jolie étude, aujourd'hui oubliée, nos recherches sur les maisons de Pompéi.

Et maintenant que, grâce aux travaux du seul architecte français qui ait fait aux habitations humaines anciennes l'honneur de s'en occuper, Mazois, le voile impénétrable qui les cachait aux yeux de nos jeunes civilisations est un peu écarté, suivons dans notre beau pays de France la recherche de ces mêmes traditions, dans les habitations du $\text{II}^e$ siècle dont les substructions encombrent tous nos champs.

FIN DU CHAPITRE III

# CHAPITRE IV

MAISONS RUINEES EN GAULE

# RUINES DE MAISONS GAULOISES

« On a trouvé dans les diverses parties de la France, dit de Caumont, des centaines de « villas »; elles ont été exhumées la plupart à l'occasion de défrichements ou de nivellements, qui en ont causé la destruction immédiate, sans qu'on ait levé les plans; celles qui ont été explorées par les sociétés archéologiques n'ont guère été mieux traitées.

» Ces fouilles ont trop souvent été dirigées par des chercheurs de médailles qui n'ont apporté aucune attention aux fondations. J'en connais qui ont fait passer les terres au crible, pour recueillir les plus petits fragments, et qui n'ont même pas songé à tracer le plan des fondations considérables au milieu desquelles ils se livraient à cette opération minutieuse. Cela prouve que, dans le monde archéologique, il y a plus d'amateurs de bric-à-brac que de véritables antiquaires. Il eût été pourtant si facile de tracer le plan de ces constructions! »

Et cette ignorance et cette sottise sont cause qu'il nous est difficile de présenter des spécimens d'habitations complètes.

196  L'ART DE BATIR SA MAISON

Mais, déjà le lecteur est suffisamment instruit par ce qui précède, pour combler les lacunes des fouilles où nous le conduisons maintenant.

Commençons notre tournée par l'Avallonnais, dont les beautés du paysage ont attiré en foule les Gaulois du IIe siècle.

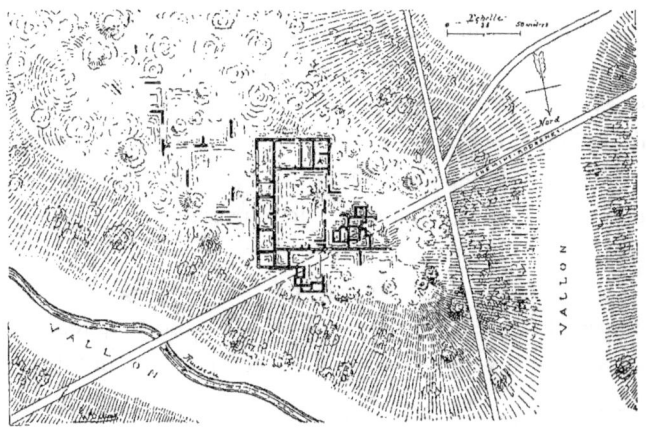

Plan des ruines des Chagniats (Yonne).

Voici les ruines des Chagniats près Auxon (Yonne), mises à découvert par M. de Chastellux en 1838, ruines d'une importante villa, détruite violemment par l'invasion. En effet, dans les salles O, P, N, on a découvert une vingtaine de squelettes dont l'un avec les restes d'une arme à la main; d'autres squelettes en grand nombre furent découverts également, soit dans les salles, soit en dehors des bâtiments.

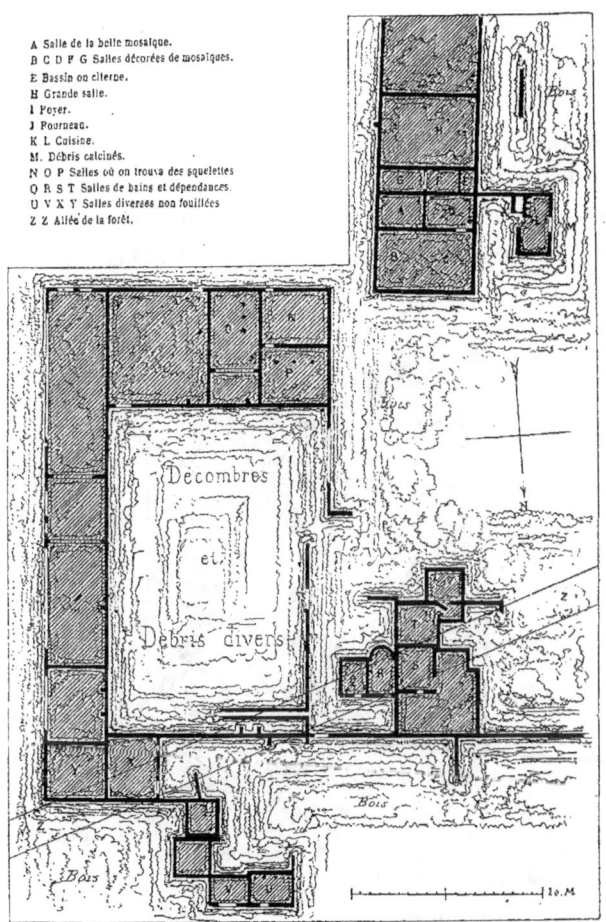

Plan des ruines gallo-romaines des Chagniats.

Ces fouilles, mal conduites, sont restées inachevées, abandonnées, et la légende que nous trouvons accolée au croquis du plan peut seule nous guider un peu. Les appartements H, G, F, A, D, B, C chauffés par le calorifère que nous connaissons, paraissent avoir été les salles à manger à proximité des cuisines, et donnant, ainsi que les pièces N, O, P, sur un grand jardin. Le péristyle se trouvait nécessairement au centre, et les substructions, en amorce intérieure, servaient certainement d'assiette aux colonnes du portique; au pour-

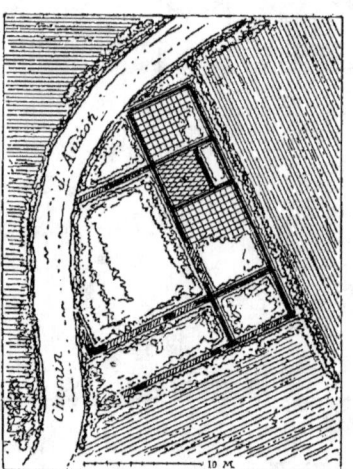

Plan des ruines d'Auxon.

tour, les pièces d'habitation, y compris le bain avec tous ses accessoires.

Où se trouvait l'atrium? il faudrait une étude de restauration pour le retrouver.

Dans la salle H fut trouvée la plus belle mosaïque

dont nous donnons un croquis dans le chapitre de la construction.

A six kilomètres plus loin et à cinq cents pas d'Auxon, on a retrouvé une petite villa fort intéressante et dont voici le plan.

Il y a cinquante ans les murs s'élevaient encore à

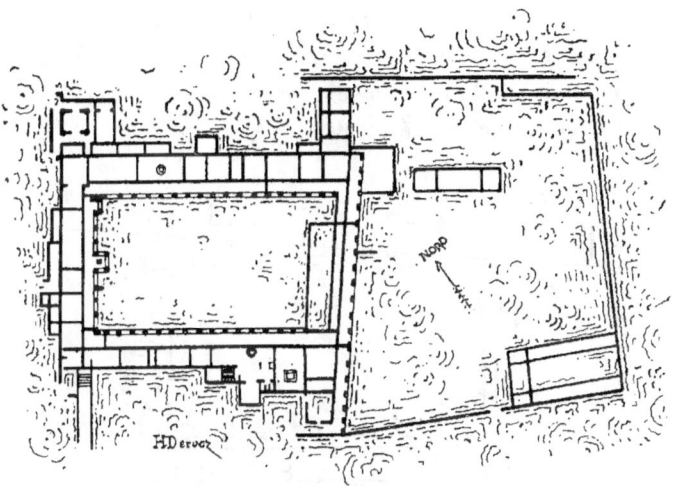

Villa dans le Sussex (Angleterre). Plan.

environ 1 mètre au-dessus du sol; ils sont aujourd'hui enfouis sous une couche de terre végétale, recouvrant un assez vaste espace, composé d'amas de décombres.

En 1863, des fouilles mirent à découvert la partie ci-contre, où de belles mosaïques, données dans un chapitre antérieur, furent trouvées; puis, ces fouilles abandonnées par la société qui les avait entreprises, le propriétaire fit servir les mosaïques à l'empierrement d'une route.

Suivons encore quelques fouilles intéressantes. A Bignor, en Sussex, car l'Angleterre comme la France a subi le joug de la vieille civilisation classique, on a retrouvé une villa importante et d'autant plus intéressante, que les détracteurs de l'emploi de l'atrium dans nos climats devront reconnaître que son application sous le ciel de la brumeuse et pluvieuse Albion est un argument difficile à réfuter.

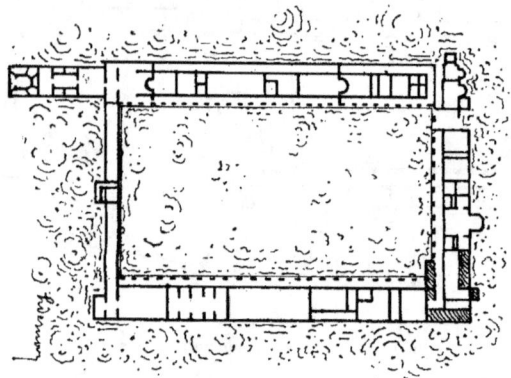

Villa de Mienne (Eure-et-Loir). Plan.

Rentrons en France, dans la villa de Mienne (Eure-et-Loir).

Puis, voici la villa du Lodo, commune d'Arradon, dans le Morbihan.

Celle de Vaton, près Falaise.

Enfin, voici le plan général d'un village du IIe siècle,

tel que ces vestiges se présentent le plus souvent, et dont les dispositions de mur accusent bien nettement l'application du même système de construction.

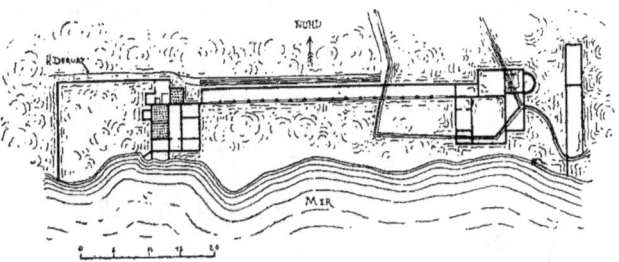

Villa d'Arradon (Morbihan). Plan.

Voulez-vous des villes entières ?

Allez à Verdes, par exemple, et faites ce voyage vers

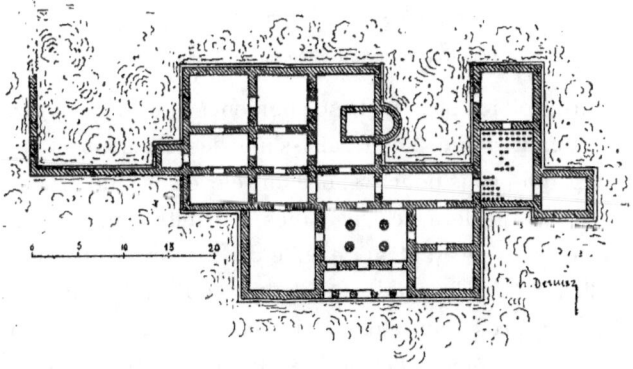

Villa de Vaton (Calvados). Plan.

la fin de juin : vous verrez alors, sur le tapis vert des plaines couvertes de blé, le plan d'une ville se dessiner en herbes jaunes et flétries. A 0$^m$,60 sous le sol se trouvent les maisons, rasées elles-mêmes à 0$^m$,60 au-dessus de leur sol de rez-de-chaussée. Quand la chaleur dessèche la terre, le sol, au droit de ces arases de maçonnerie, ne puisant plus d'humidité dans ses profon-

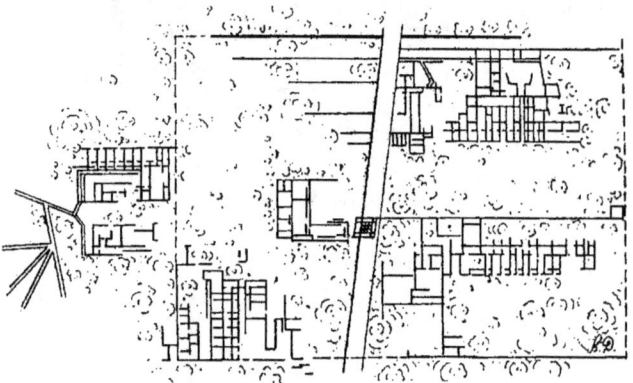
Plan d'un village gallo-romain en Champagne.

deurs, voit les blés qui le surmontent se flétrir et jaunir, dessinant d'une façon saisissante les maisons et les rues, dont vous pourrez faire un relevé des plus exacts.

Vous parlerai-je des villes nouvellement découvertes près de Nantes, de celle de Sançay, et autrefois celles de Jublains, de Lillebonne, de Landunum, de Lescar, près Pau, etc.; et si vous voulez en découvrir une vous-même, allez à Frémur, par exemple, près Angers, où tout le périmètre d'un Therme, encore admirablement conservé jusqu'à 1 mètre au-dessus du sol, est environné de monticules qui ne sont autres que

Rendez-vous de chasse de François-I*er*, à Fontainebleau. Réédifié au cours la Reine.

Habitation du prince Napoléon, avenue Montaigne. Perspective.

des ruines importantes. Désigner toutes celles connues serait une nomenclature trop longue à faire; de Caumont en a publié la liste, avec plans à l'appui, dans son bel ouvrage l'*Abécédaire de l'époque gallo-romaine*. Mais de façon générale, quand vous rencontrerez dans les plaines ou dans les bois un tumulus de forme restreinte et qui ne peut sérieusement être une excroissance normale du sol, regardez attentivement s'il n'existe pas un coin de mur, ou si la surface du sol n'offre pas à votre vue des débris de tuiles à rebord, ou si mieux encore la végétation est maigre et faite de ronces et d'épines, fouillez alors sans crainte, il s'y trouve une ruine gallo-romaine souvent très complète et admirablement conservée.

Pour vous, jeunes gens qui voulez étudier, il y a là sous vos pieds de magnifiques études de restauration à entreprendre, sans compter la joie suprême et les hautes leçons que vous puiserez à converser avec les ruines des monuments qui ont abrité vos pères à une époque de gloire et de haute civilisation.

La France a donc bien connu la maison des vieux peuples civilisés; elle l'a connue exclusivement pendant six siècles; elle n'a pas eu d'autres habitations; et ne croyez pas que l'aspect décoratif extérieur de ces habitations eût dû vous faire regretter nos maisons actuelles.

La forêt de Fontainebleau nous en a conservé un spécimen connu sous le nom de rendez-vous de chasse de François I$^{er}$, et dont la façade fut démolie pierre par pierre et reconstruite au cours la Reine (Paris). Cette façade, que nous présentons ici, n'a-t-elle pas tous les caractères de la façade d'une maison gallo-romaine habillée en style Renaissance? Évidemment l'architecte qui l'a créée s'inspirait des ruines encore debout à cette époque, et il paraît difficile de contester les points de parenté de cette façade avec celle de la maison qui nous occupe.

Enfin, de nos jours, un seul architecte français, Normand, a eu l'heureuse fortune de restituer une habitation de cette époque pour le prince Napoléon, dans l'avenue Montaigne, et voici le parti architectural qu'il a puisé aux sources antiques.

Cette belle construction ne peut s'appliquer évidemment qu'à des constructions de premier ordre, et la dépense qu'elle entraîne nous éloigne trop de notre sujet pour nous y arrêter longuement. Cependant nous ne pouvions mieux terminer ce chapitre que par la publication de ce document qui, d'un seul bond, nous ramène du II$^e$ siècle au XIX$^e$ siècle, et au but de cet ouvrage, qui est d'appliquer à nos habitations tout ce que nous venons d'apprendre de la science passée et ce que nous savons de la science moderne.

FIN DU LIVRE I

# LIVRE DEUXIÈME

## LA MAISON MODERNE

GAULE — FRANCE

PRINCIPES DE CONSTRUCTION
POUR LES HABITATIONS MODERNES

*Association de la science moderne
à la science ancienne*

# CHAPITRE PREMIER

## PLAN DES MAISONS MODERNES

### LEUR HISTOIRE

Vestibule couvert ou atrium de la maison.

# PLAN DES MAISONS MODERNES

## LEUR HISTOIRE

Je voudrais bien, avant de vous initier aux petits secrets de la restauration d'une maison civilisée appliquée à nos mœurs actuelles, vous démontrer que je ne suis pas un novateur bien féroce, mais tout au plus un observateur; que cette maison que je viens vous présenter comme une chose toute nouvelle, elle existe tout autour de vous. En agissant ainsi je suis, notez-le bien, très habile, car je vais désarmer quantité de mes détracteurs.

Nous sommes Gaulois, c'est-à-dire frondeurs de caractère, et n'aimons pas les théories nouvelles; nous sommes aussi un peu vaniteux et n'admettons guère les leçons. Donc, en vous exposant que je vais simplement nettoyer une des maisons les plus communes de nos petites villes et rafraîchir les origines de son plan, je ne serai plus un « inventeur », un monsieur qui « veut en savoir plus que les autres », et on m'écoutera. Malheureusement je vais être conduit à vous démontrer aussi que les plans de nos maisons actuelles ont deux origines : l'une « civilisée », l'autre « sauvage », et que des deux plans, le plus suivi et le plus à la mode, c'est le « sauvage. » Ne vous récriez pas trop, écoutez-moi plutôt un instant, et, après, vous reconnaîtrez le bien fondé de mes critiques.

Entrez donc, je vous prie, dans le gentil petit atrium

Prieuré de Saint-Jean. Façade sur le cloître.
Avallonnais (Yonne), xii<sup>e</sup> siècle.

de ma demeure d'artiste qui veut prendre ses invalides dans l'habitation de ses rêves, et, assis dans de bons fauteuils, nous allons causer en reprenant haleine.

Vous vous rappelez, sans doute, les quelques mots d'histoire qui servent de préface à ce livre modeste, et vous imaginez bien, n'est-ce pas, qu'après cette formidable destruction de l'empire romain, le commerce, l'industrie, l'agriculture, absolument anéantis, laissèrent bien peu de ressources aux vainqueurs pour assurer leur existence.

Comme il a toujours été et sera toujours en pareil cas, la société nouvelle s'est alors décomposée en trois

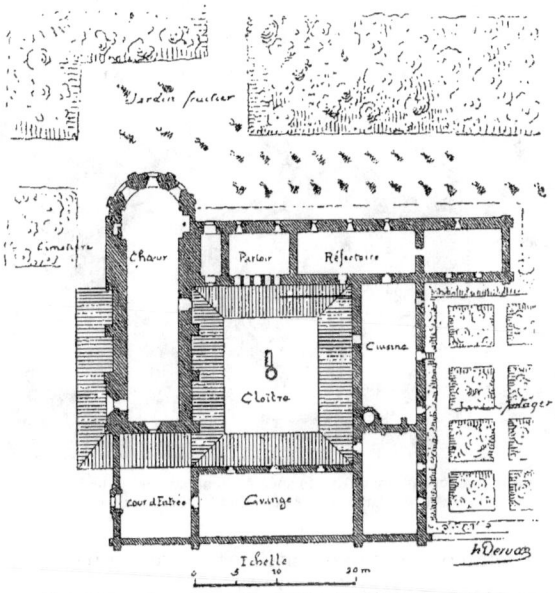

Maison romaine appropriée aux besoins du nouveau culte.
Plan du Prieuré Saint-Jean (Avallonnais, Yonne), XII° siècle.

groupes : 1° les Prêtres; 2° les Chefs enrichis des dépouilles; 3° le Peuple besogneux; et chacun de ces trois groupes se construisit des habitations différentes.

Les Prêtres se firent élever des couvents, les Chefs des châteaux forts, et le Peuple s'éleva lui-même des cabanes.

220  L'ART DE BATIR SA MAISON

Dans le couvent, on devait vivre un peu comme les peuples civilisés disparus; et le plan de ce couvent fut exactement le plan de la maison romaine, avec atrium central devenu le « cloître. »

Les pièces d'habitation furent maintenues au rez-de-chaussée et dans un étage au plus.

Dans le château fort, on devait se battre; le prin-

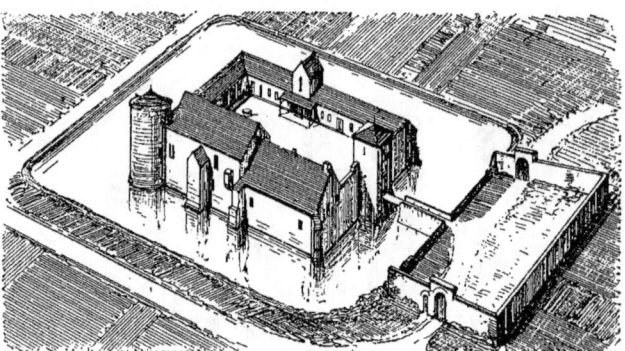

Plan de la maison romaine transformée en château fort pour les besoins de la défense. Château de Cisery (Avallonnais, Yonne), xiiie siècle.

cipe du plan de la maison civilisée, c'est-à-dire l'atrium central avec ou sans portique au pourtour, fut conservé, mais il s'agrandit et devint la cour d'honneur. Les bâtiments du pourtour se développèrent en hauteur avec tours, guettes, remparts, etc.

Puis, autour du château fort, les chefs du sous-ordre vinrent s'établir avec leur famille, et le plan de leur maison fut encore celui de la maison romaine : peu d'ouvertures sur la rue et, au centre, une cour dallée avec quelques plates-bandes de fleurs et un puits à margelle de pierre, souvent très décorée.

La pauvreté, l'ignorance, l'absence d'architectes furent cause que la couverture et la décoration de cette

Abandon du plan de la maison romaine. Vieilles maisons en pans de bois à Troyes, nées des besoins de la défense (xvie siècle).

cour disparurent; le maçon du temps copiait servilement la forme du gros-œuvre des maisons ruinées qui lui servaient de modèle.

Enfin, autour de ces habitations, les serviteurs et

les soldats se groupèrent ou plutôt plaquèrent, dans les intervalles de ces habitations, leurs demeures, sans autre règle ni forme que de se rapprocher et se resserrer le plus possible près du rempart dont les défenses les abritaient contre les incursions journalières des bandes d'aventuriers.

Or, ce triple groupement existe encore absolument intact aujourd'hui dans nos petites villes de province, et aucune de nos assertions ne peut être contestée. Et si vous reconnaissez avec moi que, parmi ces trois plans, le « sauvage » est celui du malheureux qui plaquait son gîte comme il pouvait dans les vides, entre les habitations de ses chefs; que cette habitation est cette maison en pans de bois formant pignon sur rue, sans profondeur, sans air ni jour sur les derrières, et dont les pièces s'agrandissaient un peu sur la rue par des encorbellements très pittoresques, il est vrai; que ce pittoresque a séduit les artistes modernes, et que nos petites maisons de villes actuelles sont bâties sur ce type étrange; vous reconnaîtrez, je l'espère, le bien fondé de mes affirmations sur l'emploi à la mode du plan « sauvage. »

Et maintenant, sortons un instant de la ville et parcourons la campagne.

Êtes-vous chasseur? Si oui, vous avez sans nul doute rencontré sous bois une hutte de charbonnier, et, quelqu'habitué que vous soyez à cette vue, l'évocation de l'homme primitif et de son habitation rustique est instantanée et irrésistible. Il sortirait de cette hutte un peau-rouge armé de son tomahawk, que cela vous semblerait tout naturel. Rien de civilisé dans cette construction : une charpente grossière faite de boulins est hourdée, ou si vous aimez mieux, maçonnée en terre battue ; la fumée du feu s'échappe par un trou réservé au sommet, et une porte basse, faite de claie

Plan originel de nos maisons actuelles. Hutte de charbonnier.

d'osier, en ferme l'accès ; tout l'ensemble est « sauvage » au possible. Eh bien, entrons maintenant au premier hameau venu : là, que voyons-nous ? Des maisonnettes carrées à pignon, bâties de mauvais matériaux agglutinés par du mortier de terre et recouvertes de toitures en chaume qui traînent à terre leurs rives effilochées. Une porte basse donne accès dans une pièce unique où la cheminée à manteau fait face au lit, enveloppé de rideaux de serge; au milieu, une table et ses deux bancs de bois.

Enfin, une petite porte intérieure communique à une étable accolée contre cette triste demeure dont le sol est fait de terre battue.

Entre cette demeure et celle du charbonnier, la

Plan originel de nos maisons actuelles. Chaumière.
Hutte de charbonnier améliorée.

différence est peu sensible : plus de développement dans les proportions, plus de recherche dans le choix des matériaux, voilà tout. Puis le paysan s'enrichissant a doublé cette demeure en largeur d'abord, en profondeur et hauteur ensuite, pour former cette habitation que nous connaissons tous, à savoir : une maison carrée dont la porte milieu donne sur un couloir qui dessert deux pièces à gauche et deux pièces à droite, avec un escalier au fond, conduisant au premier.

Déclarer que jamais ce constructeur ignorant n'a pensé renouer la chaîne des traditions passées, en élevant ce genre de maison, est puéril, et cependant c'est sur ce thème aux origines si incontestablement « sauvage » que la villégiature actuelle brode les

Plan originel de nos maisons actuelles.
Maison carrée du paysan enrichi. Chaumière améliorée.

variations les plus éclatantes par le luxe et le confort. Aussi, si vous enlevez à ces productions brillantes leurs riches tentures, leurs fines boiseries, leurs peintures, leur mobilier somptueux, vous retrouverez l'origine « charbonnière » de leurs plans, et comme conséquence, enfin, cette vérité triste, à savoir qu'à la ville comme à la campagne, le plan de nos demeures n'a rien des civilisations passées, et que tous les progrès du genre humain sur cette question, pendant d'aussi longs siècles, sont perdus pour nous.

Là, aussi, doit être la raison du temps d'arrêt que semble subir l'application des arts à nos intérieurs.

Plan originel de nos maisons actuelles. Maison carrée du paysan améliorée.
Maison de campagne de Viollet-le-Duc à Lausanne.

Pour l'homme riche, en effet, qui construit, le seul moyen admis aujourd'hui de paraître somptueux c'est, ainsi que nous l'avons déjà dit, de faire une habitation de proportions considérables. Ce programme rempli, ses ressources disponibles sont épuisées, et il s'arrête d'autant plus volontiers que cette grande demeure est en réalité très vide et des plus tristes; et que, si par hasard des décorations artistiques sont exécutées, elles le sont dans des pièces fermées où il entre accidentellement, et de la vue desquelles il ne jouit pas.

Dans la maison ancienne, au contraire, le programme étant le même, le luxe se traduit par la richesse de l'ornementation, et cette ornementation s'appliquait surtout aux parties bien en vue et au milieu desquelles se passait la vie des habitants. Pour l'atrium, les belles mosaïques, les belles peintures murales, les belles tentures, les beaux bronzes; pour le péristyle, les belles plantes, les statues, les exèdres, les colonnes rostrales; pour la salle de bains, pour les salons, pour les salles à manger toutes ouvertes sur le péristyle, le luxe des décorations savantes.

Ainsi s'explique l'étonnant développement des arts somptuaires dans les civilisations anciennes, développement encore aidé par les religions qui poussaient les peuples aux jouissances matérielles.

A la rescousse donc, peintres, sculpteurs, ornemanistes, mosaïstes, stucateurs, toute cette belle phalange enfin des élus de l'intelligence humaine.

Il ne faut plus que la fortune publique se gaspille à élever des monceaux de pierre où la vie humaine s'écoule sombre et taciturne; il faut, au contraire, que dans une habitation très simple de plan, bien ensoleillée et aérée, vous soyez les aides du luxe et du confort, et que la quotité des œuvres d'art fasse place à la quotité des chambres à coucher inutiles et vides, des casernes que l'on baptise du nom de château!... Dans cette tâche de rénovation, vous devez être des aides valeureux, et pour que vous soyez aussi des aides convaincus, nous allons, si vous le voulez bien, quitter nos fauteuils et reprendre enfin le cours des démonstrations pratiques, qui nous montreront la science moderne s'accouplant à la science ancienne pour créer une habitation charmante.

Tout ce que nous allons dire dans ce chapitre peut cependant s'appliquer à n'importe quelle habitation; mais suivant la logique de nos théories, nées de nos recherches archéologiques, nous prendrons pour base de nos études le plan d'une maison assez modeste, comme il en existe encore des quantités dans nos vieilles petites villes françaises, et qui, nous l'avons vu plus haut, ont été bâties par les petits seigneurs, lors de la reconstruction des villes de la Gaule, après l'invasion du v$^e$ siècle.

Ainsi donc que nous le disions en tête de ce chapitre, nous allons nettoyer ce plan en ravivant ses formes originelles, puis enfin le construire à l'aide de procédés puisés alternativement et dans le vieux monde et dans le nouveau.

Les ruines de la villa de Bapteste étant trop considérables pour notre programme, c'est dans le Nivernais, à Auxon, que nous prendrons les notes et les indications à l'aide desquelles nous avons dressé le plan de la maison dont nous vous avons invités à suivre la construction, et dans la description de laquelle nous entrons maintenant pour ne plus la quitter.

FIN DU CHAPITRE I

# CHAPITRE II

## PLANS, COUPE, ÉLÉVATION D'UNE MAISON

### RÉSUMANT DANS SA CONSTRUCTION
### LA SCIENCE ANCIENNE ET LA SCIENCE MODERNE

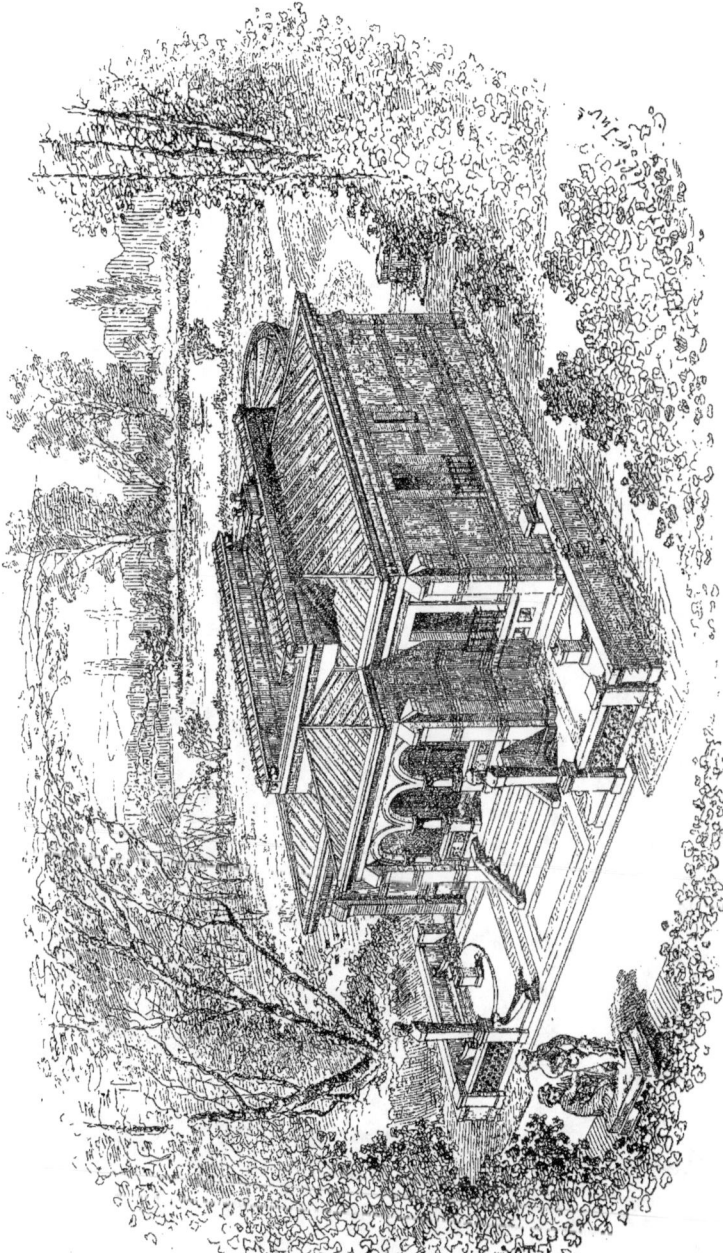

Perspective à vol d'oiseau de la maison.

# PLANS, COUPE, ÉLÉVATION

## D'UNE MAISON

RÉSUMANT DANS SA CONSTRUCTION
LA SCIENCE ANCIENNE ET LA SCIENCE MODERNE

En avant, une cour pavée de briques, de carreaux de terre cuite, de mosaïque ou de marbre, est enclose d'un petit bahut de pierre ornementé sur le devant : deux bancs de pierre à chacune des extrémités complètent sa décoration intérieure. Cette cour a pour but utile de permettre l'entrée et la sortie de la maison, sans fouler immédiatement le sol nu : elle constitue aussi une place découverte où les enfants peuvent prendre leurs ébats quand la terre détrempée ne permet pas l'entrée du jardin. Elle sert enfin d'accès au porche couvert sous lequel se trouve la porte de la maison.

Ce porche est le complément indispensable des habitations, dont il protège l'entrée. Par le mauvais temps surtout, le visiteur peut attendre sans maugréer contre la lenteur du domestique qui lui ouvrira la porte, et pour sa sortie, cet abri lui permet de prendre tranquillement ses précautions dernières contre les intempéries. Les marquises vitrées dont on affuble aujourd'hui les dessus de porte, marquent déjà le re-

Termes à l'entrée de la cour.

tour vers les bonnes vieilles traditions, mais elles ne sauraient rendre des services aussi complets.

La porte ouverte, nous pénétrons dans un petit vestibule qui nous conduit à la cour vitrée dont il isole et protège l'accès. Cette cour ornée de portiques, de

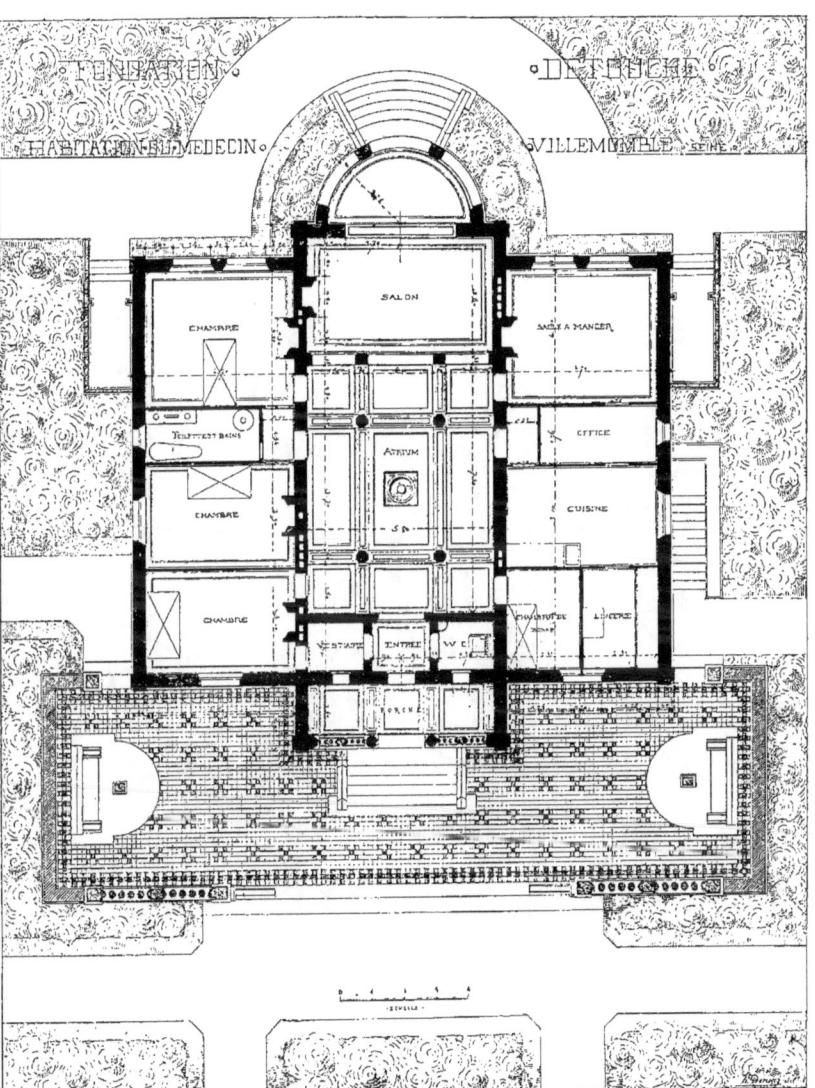

Plan général de la maison.

plantes rares, de mosaïques, de tentures, de marbres et de peintures, est protégée au centre par un vitrage mobile, et, dans le sol correspondant au vide, une lé-

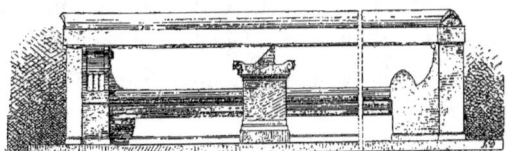

Banc de la cour.

gère dépression forme un bassin qui reçoit les quelques gouttes d'eau qu'un orage subit y déverserait avant la clôture du châssis : une petite vasque de

Vasque d'eau dans l'atrium.

pierre fine ou de marbre orne le centre de ce bassin minuscule, et les bruissements de son jet d'eau aident à la gaîté et à la fraîcheur du lieu.

Dans l'axe, en face l'entrée, trois grandes portes

garnies de glaces et de portières aux plis largement drapés, conduisent le visiteur dans la pièce commune où se tient la famille. De larges baies, ouvertes sur un plan circulaire, donnent à cette pièce l'aspect d'un exèdre couvert d'où la vue s'étend sur les horizons en contre-bas de la colline, à mi-côte de laquelle est placée la maison.

Là, près du bureau du chef de la famille, la femme entassera ces mille riens qui occupent son existence aux heures du repos, et, de ce point central, la surveillance sera complète sur toutes les parties de la maison, grandissant ainsi l'autorité et le prestige du *pater familias*.

De ce salon commun, nous entrerons dans la salle à manger à droite, laquelle est séparée de la cuisine par un office et un double dégagement qui isole le service du domestique de la cour centrale. Attenant à cette cuisine, dont un escalier assure la communication avec la cave, se trouve une petite lingerie et, auprès, la chambre de la domestique, dans le voisinage immédiat de la porte d'entrée.

Si nous rentrons au salon par la cour centrale et que nous prenions la porte de gauche, nous pénétrons dans la grande chambre à coucher de la maison, celle des maîtres.

Cette chambre, le salon et la salle à manger représentent les trois pièces principales d'une habitation, et toutes trois prennent de larges ouvertures sur les

Élévation géométrale de la maison.

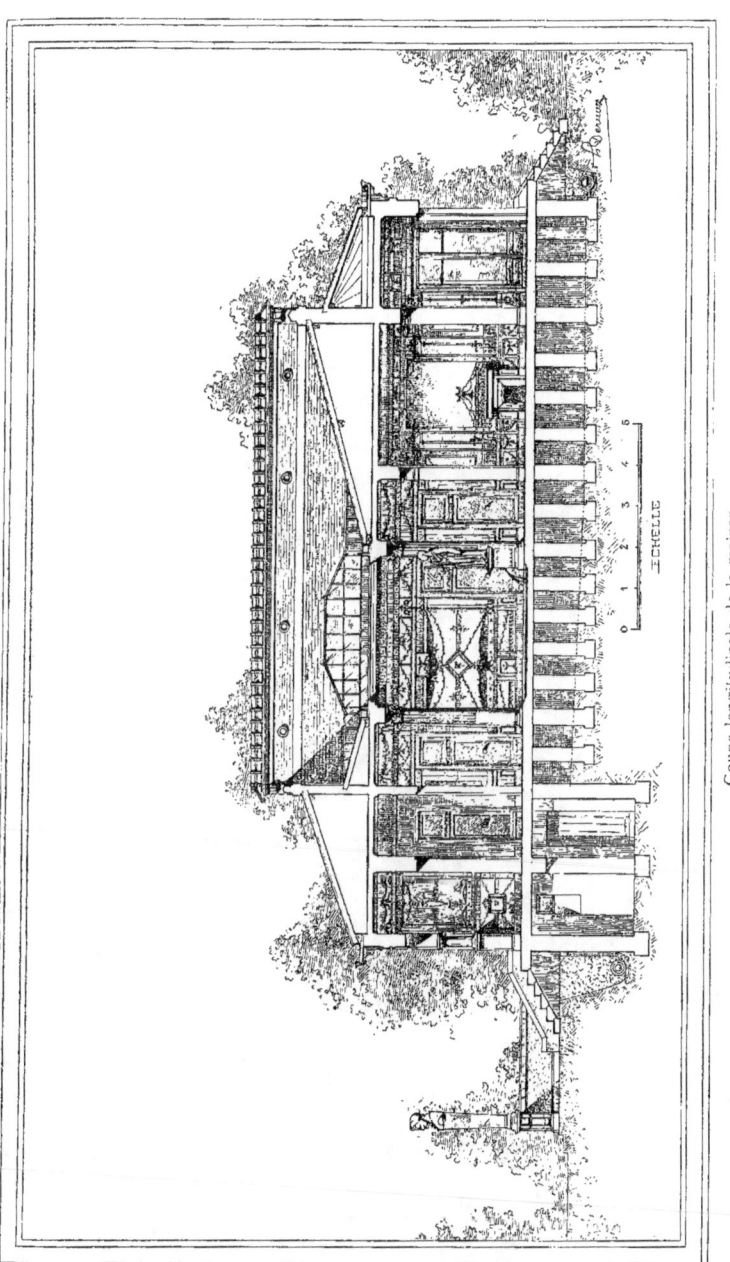

Coupe longitudinale de la maison.

horizons qui dominent le site sur lequel est élevée notre construction.

Sur cette chambre s'ouvre une pièce dans laquelle sont installés une baignoire, une douche, un bain de siège à douches ascendantes et une petite cabine à bain de vapeur.

Enfin, s'ouvrent successivement sous le portique de la cour, deux chambres à coucher ainsi que des water-closets et un vestiaire avec double porte sur le petit vestibule.

Ainsi disposée et aménagée, cette habitation comporte un nombre de pièces très suffisant pour contenir une famille moyenne avec toutes ses nécessités. De plus, l'ameublement peut en être assez économique, tout en permettant de transformer la cour et ses portiques en une sorte de petit musée où les souvenirs de famille trouveront leur place naturelle pour faire suite au salon qui se trouve, dans cette disposition, n'être plus qu'un prolongement ou plutôt une addition pour les jours de fête dans la famille. En effet, il suffira de disposer la table sur la petite vasque (de hauteur calculée dans ce but), après en avoir arrêté le service d'eau, pour avoir une magnifique salle à manger avec service de réception des invités dans le salon. Ce serait encore une véritable salle de bal, si besoin était.

Nos recherches sur les habitations romaines, décrites au chapitre III, contiennent tous les éléments nécessaires pour apporter à ce plan toutes les modifications possibles dans ses dimensions générales, au point de vue de besoins plus grands ou plus modestes, et nous resterons en conséquence sur ce programme pour l'examen des procédés de construction.

Si, cependant, on voulait élever des étages, ainsi que le comporte le plan que nous donnons plus loin, le portique de l'atrium devient une galerie dans l'étage, comme le montre cet intérieur oriental, si coloré, du château d'Hydra, qui sert de résidence au représentant de la France en Algérie.

FIN DU CHAPITRE II

Maison en étage. Palais du gouverneur de l'Algérie, dit Palais d'Hydra. Atrium rez-de-chaussée.

Maison en étage. Palais d'Hydra. Atrium étage.

# CHAPITRE III

## CONSTRUCTION DE LA MAISON

EMPLACEMENT

EAU — EMPOISONNEMENT DES EAUX NATURELLES

CRÉATION DE L'EAU POTABLE

# CONSTRUCTION DE LA MAISON

## EMPLACEMENT

Tout d'abord, il faut se préoccuper de choisir l'emplacement de sa future maison, au point de vue de l'orientation et de l'altitude.

### ORIENTATION

La première condition d'une bonne orientation est d'éviter soigneusement les localités où, par les soirées d'automne, la terre s'enveloppe le soir de brouillards blanchâtres, indice de terrains humides où la fermentation putride est permanente et où le renouvellement de l'air est trop lent pour débarrasser l'atmosphère des impuretés dont la souillent les émanations du sol; ces émanations entretiennent aussi une humidité dont les conséquences physiologiques sont aujourd'hui démontrées.

Outre son action sur les rhumatismes, cette humidité de l'atmosphère prédispose aux affections catarrhales et surtout à la phtisie pulmonaire.

Cette situation particulière écartée, nous dirons que l'exposition nord procure l'avantage d'une température peu variable, modérée en été, rigoureuse en hiver, et celui d'un air sec, élastique et transparent. L'exposition midi donne une lumière et une chaleur plus intense et plus prolongée, mais rend humides, par évaporation, les lieux qui y sont exposés et leur donne un ciel brumeux et changeant. Dans les lieux exposés à l'est, les brouillards et l'humidité du matin se dissipent rapidement; dans ceux à l'ouest, l'influence solaire est tardive, mais cependant ces deux dernières expositions tiennent le milieu entre les accidents excessifs du nord et du midi.

C'est donc l'exposition est qui offre la meilleure orientation.

Voyons maintenant le choix de l'emplacement au point de vue de l'altitude.

### ALTITUDE

Pour les mêmes raisons développées plus haut, il faut éviter absolument le pied des montagnes, des collines et des terrains disposés en terrasses : les eaux supérieures s'y infiltrent et déterminent un haut degré d'humidité. Sur le sommet des montagnes et des plateaux, la circulation énergique de l'air serait une condition de salubrité, mais le refroidissement par rayonnement céleste et la violence du vent doivent faire rejeter aussi cet emplacement.

La meilleure situation sera celle qu'offrirait un renflement à mi-côte, dit dos de selle, dominant, à l'est, une vallée pas trop resserrée et où l'air se puisse renouveler facilement.

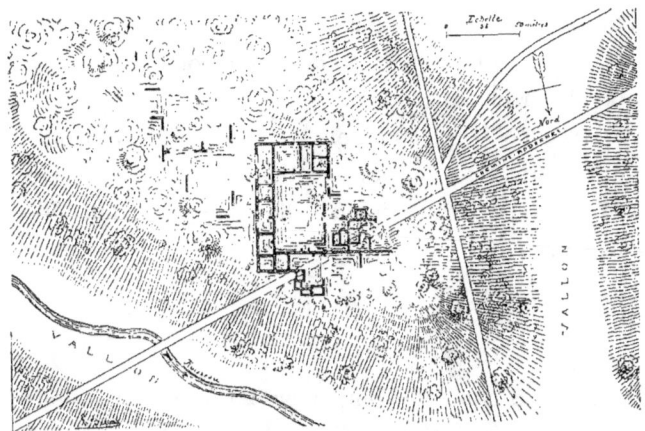

Plan des ruines des Chagniats (Yonne).

Prenons encore, à ce sujet, une leçon de nos pères : examinons ces vieilles ruines gallo-romaines de la vallée des Chagniats, dans ce beau pays du Nivernais où les amateurs de villégiature de cette époque allaient en foule construire leurs villas. C'est sur un dos de selle, abrité des vent du nord et du midi par des montagnes plus élevées, qu'était bâtie cette villa, dont la façade exposée à l'est dominait le vallon où serpente un délicieux cours d'eau. Ainsi que nous l'avons déjà vu, trente-quatre squelettes ont été retrouvés dans les ruines noircies, avec des armes à la main, témoignant ainsi après quinze siècles des brutalités de l'invasion.

Dans toutes ces ruines, ainsi que nous l'avons vu déjà, on constate en général la présence d'une canalisation très complète d'un service d'eau important, et l'absence de source dans le voisinage semble nous poser un point d'interrogation en nous cachant un secret perdu.

Avec cette question, en quelque sorte palpitante, vont commencer nos applications de la science moderne à cette restitution si attachante des demeures civilisées.

## EAU

Dans le choix de l'emplacement destiné à la construction de notre habitation, nous avons négligé la question « eau » comme étant de celles qu'il fallait résoudre au point de vue de l'alimentation domestique, contrairement à toutes les habitudes reçues, imitant peut-être en cela aussi un usage des civilisations anciennes. Et, en effet, nous allons voir que la qualité des eaux naturelles est essentiellement variable et plus souvent mauvaise que bonne.

En thèse générale, les sources sont de deux sortes : « superficielles » et « profondes. »

### SOURCES SUPERFICIELLES

Les sources « superficielles » doivent leur origine à l'infiltration des eaux pluviales au travers des couches perméables du sol composées d'humus végétaux : elles sont arrêtées dans leur marche descendante par des couches de glaise imperméable qui les rejettent sur le sol au pied des montagnes. Elles contiennent, en conséquence, une forte proportion de matières putrescibles, et doivent, par ce motif, être rejetées des usages domestiques.

### SOURCES PROFONDES

Si, au contraire, l'eau pluviale d'infiltration ne rencontre pas de couches imperméables, elle gagne les profondeurs du sol : là, elle se canalise naturellement par des conduits souterrains reliant des réservoirs qui s'alimentent mutuellement par des siphons naturels, lesquels servent aussi à son retour à la surface du sol, pour constituer des sources considérables ou plutôt de véritables rivières telles que la fontaine de Vaucluse, la fosse Dionne, etc. Dans tout ce long parcours, ces eaux se filtrent, se dépouillent des corps étrangers qu'elles tenaient en suspension ; puis elles se chargent, par voie de dissolution, de sels calcaires ou autres qui leur donnent des propriétés particulières, ferrugineuses, sulfureuses, etc. En réalité, très peu sont réellement propres à l'alimentation humaine et il est prudent de les faire analyser avant de s'en servir. De plus, leur contamination est facile, car, le plus souvent, leurs nappes profondes sont atteintes à l'aide de puits qui sont autant de bouches d'égouts où se déversent toutes les impuretés imaginables, tels que suintements de fumiers, de fosses, etc.

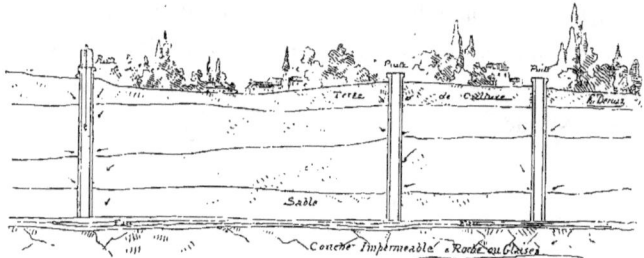

Les puits égouttent les terrains qu'ils traversent et empoisonnent les sources profondes.

Sans compter les égouts naturels du sol végétal perforé par ces puits, qui se transforment ainsi en véritables drains, dont le fonctionnement actif est nettement indiqué par l'humidité visqueuse et verdâtre des parois le long desquelles l'eau d'infiltration ruisselle abondamment les jours de grandes pluies, il semble vraiment que le constructeur est frappé d'imbécillité quand il obéit à la routine, car la prudence la plus élémentaire indique pour ces murs une construction étanche, devant résister à toutes pénétrations des eaux souterraines, alors que, bien au contraire, dans la pratique, on les construit en pierre sèche, comme si on voulait égoutter tous les terrains d'alentour. Et, en fait, il suffit d'examiner un instant le croquis ci-contre pour se bien persuader que toutes les eaux des sols environnants viennent se déverser dans les puits, au grand détriment de la santé de ceux qui persistent à boire de leurs eaux empoisonnées. Et non seulement on y voit affluer les eaux d'égouts, mais encore celles provenant de tous les réceptacles à immondices créés par l'incurie et l'indifférence humaines autour des habitations. En effet, toutes les fosses fixes, tous les trous à fumier où, sous prétexte d'engrais, on fabrique des liquides étranges sous le nom de « purin », déversent leurs liquides immondes dans le puits, qui toujours se trouve situé dans la cour de la maison, non loin de ces réceptacles hideux. Au début, l'eau se filtre à travers les sols, entraînée par sa pesanteur, mais la continuité et la persistance de l'écoulement finissent par creuser des sortes de conduits plats qui s'accusent dans le sol par veines rougeâtres de un ou deux centimètres d'épaisseur sur des largeurs variables, et toujours ces veines gagnent le puits voisin. L'explication en est simple : nous verrons plus loin que les gaz souterrains, comprimés par les nappes d'eau des jours de grande pluie, étant nécessairement sollicités par les vides du sol, rencontrent sur leur chemin ces écoulements de fosses et de fumiers, et les poussent peu à peu dans la direction du vide où ils se rendent eux-mêmes sous la pression dont nous venons de parler. Il y a bien longtemps que nous faisons fouiller le sol pour y construire, nous n'avons jamais rencontré un puits sans trouver les fameuses veines rougeâtres dont il est question plus haut, et nous voudrions voir nos observations devenir concluantes au point de vue de la répulsion que doit inspirer l'eau des puits, car malheureusement la santé des habitants est absolument à la merci d'un pareil breuvage. Que de deuils dans les familles n'ont pas d'autre origine !

## EMPOISONNEMENT DES EAUX NATURELLES

### I. L'EAU DE SOURCE ET LA FIÈVRE TYPHOÏDE

En voulez-vous des exemples lamentables ?

Commençons par un exemple d' « eau de fumier. »

En 1880, la ville d'Auxerre fut atteinte, dans certains de ses quartiers, d'une violente épidémie de fièvre typhoïde : toutes les écoles furent licenciées, la majeure partie des habitants abandonna ses foyers, et cette épidémie, qui resta localisée dans la ville d'Auxerre, eût été une énigme pour la science sans les recherches curieuses du docteur Dionis. Ayant fait la remarque que les quartiers contaminés étaient tous desservis par les eaux de la source de Veaux, commune voisine d'Auxerre, il suivit patiemment et minutieusement toute l'installation de la canalisation, pour parvenir à la source même, sans trouver rien qui pût expliquer l'origine de l'épidémie. Cette source prend naissance dans une sorte de petite caverne rocheuse, située au-dessous d'un petit plateau sur lequel est bâtie une habitation de fermier avec ses dépendances, au nombre desquelles se trouvait naturellement un trou à fumier. Pour s'assurer s'il n'y avait pas communication entre ce trou à fumier et la source, le docteur Dionis fit jeter dans le voisinage une certaine quantité d'eau rougie à l'aide d'aniline, et quelques heures après il constatait sur les parois de la grotte des infiltrations d'eau rouge, indiquant bien nettement la porosité de la roche et la communication de la source avec le trou à fumier.

Continuant son enquête, le docteur apprit qu'un cas de fièvre typhoïde s'était produit dans la maison du fermier, et que les déjections du malade avaient été jetées sur le fumier, ainsi qu'il est d'usage à la campagne.

Acte bien inoffensif, direz-vous : vider un vase de nuit sur le fumier, la belle affaire! Eh bien, en voici la conséquence. Les selles d'un malade atteint de fièvre typhoïde contiennent en quantité le « microbe » de cette fièvre, ce que la science appelle aujourd'hui le bacille ou ferment morbide, lequel se développe avec une très grande rapidité dans certains milieux propices à sa culture, notamment les eaux croupies. Aussi les vases vidés sur le fumier de la maison de Veaux ont-ils eu pour résultat de transformer ce fumier en une vaste pépinière de bacilles typhoïdiques, lesquels, traversant la roche dans l'eau d'infiltration, sont venus contaminer la source qui alimentait une partie d'Auxerre et développer soudainement, et avec une intensité presque unique, une épidémie qui a coûté la vie à quinze ou dix-huit cents personnes.

Apprendre que deux milliers de personnes sont mortes dans une épidémie, c'est assurément terrible, mais l'imagination même n'est pas frappée avec la même intensité que par les cas particuliers : c'est seulement sinistre. Voulez-vous de l'horrible? en voici.

## II. L'EAU DE PUITS ET LA FIÈVRE TYPHOÏDE

Dans le courant d'octobre 1886, les nombreux amis de M. Fernet, inspecteur général de l'Instruction publique, et dont le nom appartient au public à cause de ses beaux ouvrages de sciences, recevaient avec stupeur une lettre de faire-part, annonçant le décès de ses trois filles, âgées de quinze ans, vingt ans et vingt-trois ans, mortes à sept jours d'intervalle l'une de l'autre ; informations prises, le père et la mère étaient eux-mêmes presque mourants, et l'une des domestiques était morte quelques jours auparavant. Cet accident épouvantable, et qui appartient aujourd'hui au domaine de la science, a été étudié par M. Brouardel qui a rendu compte à l'Académie des sciences du résultat de ses recherches. Nous extrayons de son rapport les passages suivants :

« ... Sur *vingt-trois* personnes de Paris ou de Versailles, venues habiter à Pierrefonds TROIS maisons contiguës sises rue du Bourg, VINGT *ont été atteintes de la fièvre typhoïde, douze* très gravement (sur lesquelles quatre ont succombé, les filles et la bonne de M. Fernet) et *huit* légèrement. Ce groupe de maisons n'était pas d'ailleurs frappé pour la première fois ; *cinq fois au moins déjà, de 1874 à 1883, il avait été visité de la fièvre typhoïde.*

» La nappe d'eau qui alimente ces maisons passe, pour y arriver, au-dessous des fosses d'aisances, ou longe leurs parois, et les puits d'où cette eau provient sont distants de 9 mètres et de 20 mètres d'une fosse commune à deux des maisons infectées, *fosse non étanche*. Ils sont placés à 1$^m$,70 au-dessous de cette fosse. De là un mélange permanent de matières excrémentielles avec l'eau servant à l'alimentation.

» Une coutume locale augmente encore le danger. On conduit directement dans ces fosses perméables l'eau qui tombe sur les toitures ; en sorte que, lorsque survient une pluie abondante, l'eau envahit les fosses, délaye les matières et les entraîne dans les couches des terrains périphériques. Là, cette eau souillée rencontre les puits et sert de nouveau à l'alimentation. »

M. Brouardel rend compte ensuite de l'examen microbiologique de l'eau par le docteur Chantemesse, directeur du laboratoire de bactériologie à la Faculté de médecine.

Or, dans l'eau de la maison où il y a eu quatre morts, et où la fontaine est située à 20 mètres de la fosse la plus voisine, M. Chantemesse a trouvé les bacilles de la fièvre typhoïde au nombre de 25,000 par litre d'eau.

Mais M. Chantemesse ne s'en est pas tenu là. Le caractère spécifique de ces bacilles étant contesté, les docteurs ont fait une piqûre dans la rate des malades atteints de la fièvre typhoïde.

« Traitées comme les eaux de Pierrefonds, les gouttes de sang ainsi obtenues ont donné des colonies dont le développement, les caractères, le mode de culture et la coloration sont identiques aux colonies isolées dans l'eau de Pierrefonds. »

Enfin, M. Brouardel constate que les matières organiques, pendant le trajet de la fosse aux puits, ont été détruites, alors que les bacilles de la fièvre typhoïdes subsistaient.

### III. L'EAU DE PUITS ET LE CHOLÉRA

Et ce n'est pas seulement la fièvre typhoïde dont l'eau véhicule les ferments, mais aussi le choléra. En voici un exemple très curieux :

Ici, encore, nous abriterons nos théories derrière

l'autorité de vieux docteurs, dont la science seule égalait le dévouement ; et leur bonhomie, rehaussée d'une forte dose de vieille philosophie gauloise, donnait à leurs récits un tel caractère de vérité, que l'impression ressentie restait fortement gravée dans l'esprit. Nous détachons, parmi tant d'autres, trois anecdotes qui puissent nous servir à fortement marteler dans votre esprit la terreur que nous y voudrions enraciner contre les mauvaises eaux.

Dans le courant de juillet de l'année 1865, le docteur Boussard, qui exerçait la médecine à Saint-Florentin (Yonne), était appelé au village de Percey pour un cas de maladie urgent. En arrivant, il trouve d'abord la pièce commune remplie de paysans se disputant du linge en partage, et il apprend d'eux que, sur cinq personnes dont se composait la famille, deux étaient mortes presque subitement quelques jours auparavant, et que les trois autres, très malades, étaient couchées et attendaient sa visite. Très vivement intrigué, le docteur entre près des malades et se trouve en présence de deux moribonds au corps cyanosé et presque froid déjà : le troisième, un homme jeune et vigoureux, était secoué et tordu par d'affreuses crampes. Les symptômes étaient tels que l'hésitation n'était pas permise, il se trouvait en présence de cas foudroyants de « choléra asiatique. » Faire place nette des importuns fut facile en déclinant les titres et qualités de la maladie, et il put procéder aux soins, inutiles du reste, qu'il avait à prodiguer. Les trois malades moururent, et il fit fermer pendant quelque temps la maison, après l'avoir fait désinfecter.

Un soir qu'il nous racontait ce fait singulier, il s'étendit longuement sur ces invasions subites et locales d'un fléau qu'il connaissait trop bien, ayant eu à le combattre, en qualité d'interne des hôpitaux, aux jours néfastes où, vers 1837, il envahit pour la première fois Paris. Aussi émettait-il des doutes sur l'origine asiatique de cette affection, et sa haute science, qui avait fait de lui une grande personnalité dans l'Yonne, percevait là un mystère dont il cherchait la clef. « Tous les ans, nous disait-il, je rencontre de ces cas subits, foudroyants, et qui restent sans écho dans la population environnante; leur fameux « choléra asiatique » paraît ressembler à un empoisonnement, mais le poison m'échappe : et cependant j'ai fait la résection des os dix ans avant Maisonneuve, et si Dieu me prête vie, je saurai pourquoi le soi-disant choléra me tue mes clients sans mot dire. Et tiens, ajouta-t-il, l'année dernière semblable accident m'est arrivé au « Moulin Poulet », c'est tout un drame; écoute :

» Un soir d'août, un homme qui passait sonne à la porte, et sans même donner son nom, dit à ma domestique qu'on me demandait au « Moulin Poulet », vieille ruine d'un moulin auquel le canal de Bourgogne a enlevé son eau lors de sa création. Tu sais que par habitude je n'aime pas faire attendre, les malheureux surtout, et prenant ma canne, je m'en allai philosophiquement à pied, après avoir allumé un cigare : il était dix heures du soir environ, et le ciel, roulant de gros nuages noirs et menaçants, semblait verser de l'air embrasé.

» Je pris par les bords du canal pour gagner ce vieux moulin distant d'environ trois kilomètres, sans prendre assez souci de l'horizon que zébraient des éclairs lointains. Arrivé à mi-chemin, l'orage qui avait menacé toute la soirée, éclate tout à coup avec une violence extraordinaire sans qu'une goutte de pluie l'ait annoncé et l'accompagne : c'était ce que nos paysans appellent un orage sec. Pris sur ce chemin de halage avec l'eau à ma gauche et une rangée de hauts peupliers d'Italie à ma droite, j'étais trop avancé pour reculer; mais, si habitué que je sois à braver le temps, je ne m'étais jamais trouvé à pareille fête; les éclairs aveuglants succédaient aux éclairs, les coups de foudre aux coups de foudre et les peupliers, frappés à chaque instant, faisaient pleuvoir une grêle de branches que la tourmente leur arrachait. C'était terrifiant, et la philosophie du « vieux docteur », comme on m'appelle ici, était, mon cher enfant, soumise à une rude épreuve. J'envoyais à tous les diables le « Moulin Poulet » et ses malades, et j'en arrivais à marcher affolé sans plus trop savoir où j'étais, quand un éclair formidable, suivi d'un coup de foudre plus effroyable que les autres, brisa un peuplier à trente pas de moi en même temps que la satanée masure où l'on m'attendait était enveloppée d'une auréole magnifique au milieu du coteau de vignes que tu connais : puis, plus rien que la nuit noire ! Traversant à tâtons le vieux lit desséché de la rivière, je parvins tant bien que mal à la porte de la cour et me croyais sauvé, d'autant mieux que les premières gouttes d'une pluie diluvienne commençaient à tomber, quand je remarquai non sans étonnement que rien ne remuait et qu'aucune lumière ne brillait à l'étage, le rez-de-chaussée étant resté comme autrefois inhabité. Je m'avançai vers la porte donnant accès sur un escalier en échelle de meunier, et j'appelai : rien ne me répondit que le mugissement de la tempête ! Il faut te placer ici dans ma situation et te rendre compte de l'état d'esprit d'un homme qui vient de subir seul, dans la nuit, un assaut comme celui que je venais de soutenir ; nous sommes, grâce au ciel, solidement bâtis avec le cœur haut et le bras énergique, mais vois-tu, mon cher enfant, c'est une terrible chose que la tempête dans la nuit, en pleins champs !

» Tout décontenancé par ce silence incompréhensible, je cherchai des yeux à scruter les profondeurs de l'escalier aux lueurs des éclairs et commençai à monter, un peu sur la défensive tout machinalement, quand un coup de vent furieux, suivi d'un éclair fulgurant et d'un coup de tonnerre à l'unisson, ferme la porte avec un bruit sinistre auquel répond au haut de l'escalier un cri d'agonie. Me redresser vivement, m'arrêter les bras tendus, crier : Qui va là ? Qui tue-t-on ici ? Est-ce un coupe-gorge ? fut presque instantané, et puis plus rien que le bruit assourdi de la tempête qui faisait rage au dehors !...

» Absolument bouleversé, mais ayant repris mon énergie en entendant l'appel suprême, je montai précautionneusement en garde contre toute surprise et m'avançai à tâtons dans une chambre, quand je sentis sous ma main un bois de lit que j'explorai en palpant. Tout à coup je sentis une forme humaine, et ma main rencontrant des chairs glacées, je fis un bond en arrière, renversant une chaise qui s'en alla choir dans une cheminée, faisant jaillir des cendres un faisceau d'étincelles qui me permirent de voir un cadavre sur le lit, mais la chambre vide.

» Saisir une « chènevotte » soufrée et l'enflammer aux tisons découverts fut l'affaire d'un instant, puis, allumant une chandelle qui gisait sur une table, je pus enfin inspecter les lieux.

» Une vieille femme était couchée, morte et glacée sur le lit, le corps cyanosé et convulsé ; puis le bruit d'un râle étouffé m'ayant une dernière fois secoué l'épiderme des pieds à la tête, je me précipitai dans une pièce attenante d'où était parti le bruit, et vis couché sur le lit un vieillard qui se tordait en proie à d'affreuses convulsions !...

» Un peu rassuré et riant à moitié de mes terreurs, je commençai de m'éponger, car j'étais en nage, et, après un instant de repos, je fis l'inspection de ce moribond incapable du reste de répondre à aucune question.

» Et, pas d'erreur possible, le « choléra asiatique » achevait son œuvre !

» Chercher à réchauffer ce malheureux était le seul remède possible, là surtout où il n'y en avait pas d'autres, et je me mis en mesure de le frictionner et de lui appliquer le traitement hydrothérapique à l'aide d'eau froide. Je mis donc habit bas, cherchai le sceau d'eau qui était vide, rallumai le feu et gagnai la cour à la recherche du puits. Là, nouvelle bataille avec la tempête qui éteignit ma lumière, me mouilla jusqu'aux os et me claqua à nouveau la porte au nez ; mais j'en eus encore raison et revins enfin avec mon sceau plein d'eau.

» Oh ! l'horrible nuit je passai là, seul avec un cadavre et un moribond que je frictionnais, lotionnais et roulais dans ses couvertures alternativement pour obtenir et ramener un peu de chaleur dans le corps glacé !...

» Je partis au petit jour, brisé de fatigue, mais avec la conscience d'avoir rempli mon devoir une fois encore, ranimé et consolé un vieillard que je laissais bien malade toutefois.

» Aussitôt rentré, j'envoyai un domestique avec des secours de toute sorte, mais la mort termina son œuvre dans la journée, et ce maudit choléra, né et mort dans ce coin désolé, ne laissa aucune autre trace de son passage. »

Et le « vieux docteur » d'ajouter : « Comme il n'est pas venu de Calcutta exprès pour ces deux vieux du « Moulin Poulet », d'où sort-il? »

Nous prétendons, nous, qu'il sortait et sort chaque année des puits qu'empoisonne périodiquement l'égout des terres végétales au travers de la maçonnerie sèche des parois. Et voici une observation concluante du docteur Rathier, qui nous l'a communiquée sous une forme à laquelle nous laisserons toute son originalité :

« Paris, 31 janvier 1887.

» C'est au hameau de Puits-de-Bon, dépendant de la commune de Noyers (Yonne), qu'une épidémie présentant tous les symptômes du choléra a enlevé, en quelques jours, douze habitants, si j'ai bonne mémoire.

» Bien que bâti sur un plateau assez élevé, Puits-de-Bon forme cuvette, et tous les égouts des chemins, tous les « jus de fumier » se déversent dans des citernes où boivent les bêtes, et dans de soi-disant puits, lesquels alimentent les paysans, habitués, il est vrai, à ce liquide.

» Les eaux sont toujours saumâtres.

» Il y eut, en 1884, un orage qui troubla encore davantage ces eaux infectes; ce fut l'origine de l'épidémie.

» Il m'a suffi, dans mon excursion au hameau, de

faire tirer de chaque puits et citerne un verre d'eau, et de mettre les liquides par gradation de couleur sous les yeux des habitants, pour les convaincre que la maladie n'avait d'autre cause que l'altération des liquides. Ils remplacèrent leur boisson habituelle par des eaux minérales, et l'épidémie cessa instantanément.

» Lorsque, peu après, Paul Bert, accompagné du Préfet, visita les lieux, il se fit, sur mon indication, envoyer un tonneau d'eau à Auxerre, mais la douane arrêta le liquide à l'entrée de la ville et, oncques n'entendit plus parler de rien.

» A vous, mon cher Boussard, etc.

» D<sup>r</sup> RATHIER,

» *Député de l'Yonne.*

» *P.-S.* — Le Préfet fut décoré quelque temps après son expédition! »

L'eau des puits est là bien prise sur le fait : et, quand une fois la terrible maladie a fait son apparition, les évacuations des malades en portent le germe dans les fosses et les fumiers, pour de là gagner l'eau des puits et de là, enfin, les populations.

Et pour que les humains condamnés à l'eau de puits n'envient pas le sort de ceux d'entre eux condamnés à l'eau de rivière, voici ce que, dans sa séance de janvier 1887, le Conseil d'hygiène de la Seine approuvait.

IV. L'EAU DE RIVIÈRE ET LES ÉPIDÉMIES

Dans sa dernière séance, le Conseil d'hygiène publique et de salubrité de la Seine a approuvé un rapport de M. Léon Colin, un de ses membres, sur le régime des eaux potables à Paris. Nous extrayons de cet intéressant travail quelques renseignements que nous croyons utile de publier.

On sait que Paris est alimenté par les eaux de la Vanne, de la Dhuis, de la Seine et de l'Ourcq. Les eaux de la Vanne et de la Dhuis sont seules potables ; quant aux autres, qui sont chaudes en été, froides en hiver, troubles ou louches en toutes saisons et contaminées par les résidus industriels et les déjections humaines, on doit les tenir pour très pernicieuses : elles peuvent en effet, favoriser l'entretien et le transport des germes spécifiques susceptibles d'engendrer des maladies épidémiques.

D'autre part, MM. Chantemesse et Widal ont fait une très intéressante étude sur le rapport qui existe, à Paris, entre l'apparition et le développement de la fièvre typhoïde et la consommation de l'eau de rivière:

« On connaît le résultat de l'enquête récente de Compiègne; il fut alors prouvé que les personnes qui avaient été atteintes par la maladie buvaient de l'eau d'un puits contaminé par des infiltrations souterraines, et que cette contamination coïncidait avec la présence de bacilles recélant le germe de l'infection. A Paris, il y a, dans divers quartiers, des puits, des fontaines qui communiquent avec la nappe souterraine et qui peuvent, lorsque celle-ci est souillée, devenir des agents de propagation de la fièvre typhoïde. Une autre cause beaucoup plus efficace de propagation est la distribution de l'eau de rivière.

» L'épidémie de 1882, qui a enlevé 3,352 personnes, a oscillé, dans ses allures, suivant la consommation plus ou moins grande des eaux de l'Ourcq, de la Seine et de la Marne. Dans les casernes de sapeurs-pompiers où l'on buvait de l'eau de rivière, la morbidité a été de 17 pour 100, tandis qu'à la vieille caserne de la rue Jean-Jacques-Rousseau, où l'on buvait de l'eau de la Vanne, la morbidité a été de 0,7 pour 100. L'épidémie de 1885 offre des phénomènes plus significatifs : dix-huit à trente jours après la distribution de l'eau contaminée, la courbe de la maladie opère son ascension; la période d'incubation a été normale. Dans les casernes des sapeurs-pompiers, les eaux de source ayant remplacé l'eau de rivière, la morbidité tombe de 7 à 2 et même 0 pour 100. L'ascension de la courbe s'est opérée au mois de juillet, et c'est en juin qu'on avait donné l'eau de rivière.

» L'épidémie de 1886 a donné la confirmation de ces faits. La période d'incubation a été courte; l'infection de l'eau devait être intense. En 1887, nous avons eu une épidémie dont les rapports avec la distribution de l'eau de rivière ne peuvent être méconnus. On ne saurait invoquer ici ni les chaleurs de l'été, ni les retours mystérieux du mal à certains mois de l'année. On distribue depuis le 24 janvier de l'eau de rivière dans tous les quartiers; il n'y a pas d'autre cause à chercher de l'épidémie.

» On dit : Lorsque Paris ne buvait que l'eau de rivière, la fièvre typhoïde n'y faisait pas plus de ravages. Mais il faut songer qu'aujourd'hui certaines personnes protégées contre le mal par la consommation de l'eau de source, perdent tout à coup leur immunité quand on les force de recourir à l'eau de rivière. D'ailleurs, les statistiques de 1854 et des deux années suivantes atteignent des nombres que l'on ne dépasse pas dans les épidémies les plus meurtrières de la période actuelle.

» Les oscillations de la nappe souterraine sont également en rapport avec le développement de la fièvre typhoïde. Pettenkofer a raison, d'une manière générale; mais ce qu'il faut considérer, ce n'est pas la hauteur de la nappe du lieu où règne la maladie, mais du point où est recueillie l'eau alimentaire. C'est ainsi que la nappe de la rue Cadet n'a pas offert d'abaissement très notable durant les épidémies de 1886 et de 1887, tandis que, sur des points plus rapprochés de la Seine (rue Guénégaud), il y a eu un abaissement considérable au moment ou à la veille des épidémies. Cet abaissement correspond à la diminution du débit de la rivière et à l'accumulation, sous un plus petit volume, des germes nocifs qu'elle peut contenir. »

### V. COMMENT LES RIVIÈRES SONT SOUILLÉES DÈS LEUR SOURCE

Il faut conclure de tout ceci que les eaux de rivières sont toutes souillées par les égouts et les déjections : elles le sont encore avant même de sourdre à la surface du sol. Pour vous édifier sur la possibilité de ces accidents, il nous revient en mémoire une excursion dont l'histoire vous édifiera à ce sujet.

C'était vers 1865 : un paysan du petit hameau de la Guinand, dans l'Aube, en pleine forêt d'Othe, creusait un puits pour alimenter sa maison, quand, arrivé à 40 mètres environ de profondeur, il entendit des bruits souterrains qui l'effrayèrent et lui firent abandonner son travail.

Un ancien sous-officier plus courageux y descendit à son tour, et d'un coup de pioche fit écrouler une paroi du puits : une chute, peu grave, le jeta dans une galerie souterraine au fond de laquelle coulait un ruisseau, mais dont tous les échos étaient éveillés par des clameurs effrayantes. Malgré toute sa bravoure, il se fit remonter à la hâte, se croyant toute une légion de diables aux trousses. Averti par ces braves gens, nous allions immédiatement de Saint-Florentin à la Guinand, où nous tentions une excursion dans ce puits, accompagné du propriétaire. Nous descendîmes à cheval sur un bâton amarré à l'extrémité d'un cordage, munis de perches et de lanternes. Les bruits qui remplissaient la galerie où nous arrivâmes, après une descente de 40 mètres environ, étaient réellement effrayants, et leur nature absolument indéfinissable était bien propre à épouvanter de pauvres paysans.

D'où pouvaient bien venir ces bruits étranges, fut la première question que nous voulumes résoudre, et bravement, la lanterne d'une main, une grande perche de l'autre et une hachette à la ceinture, nous nous engageâmes dans la galerie. Cette galerie, haute de 6 pieds environ, large de 3 à 4 pieds, était taillée dans la pierre blanche et avait un peu la forme d'un égout : au fond, coulait un ruisseau de $0^m,30$ de profondeur environ. Après une marche assez facile de dix minutes, nous arrivâmes à une salle ronde de contours et de plafond et dont tout le plancher était représenté par une nappe d'eau merveilleusement claire et limpide : nos perches disparaissaient entières sans rencontrer de fond. Nous nous trouvions là en présence d'une arrivée de siphon naturel, dont le débit alimentait le ruisseau que nous venions de remonter : deux stalactites pendaient au plafond, nous les avons détachées avant de retourner sur nos pas, toujours à la recherche des origines de ces clameurs étranges dont la poursuite incessante agissait réellement, à la longue, sur notre imagination. Cette première galerie nous conduisit dans une seconde de dimensions doubles, et où le ruisseau devenait nappe d'eau de 0$^m$,60 de profondeur environ. Nous nous y engageâmes bravement, sondant avec soin les profondeurs de ces eaux mystérieuses, et, après un petit quart d'heure de cette marche pénible, nous arrivâmes enfin devant une véritable petite cataracte qui nous donna la clef du mystère.

C'était aux ondes sonores, produites par le bruit de la chute d'eau, qu'étaient dus les bruits qui nous intriguaient si fort. Les galeries, transformées en véritables tuyaux d'orgue, conduisaient partout, non plus le bruit de la chute, mais la « musique » produite par elle : de là l'impossibilité de définir leur origine.

La chute, qui mesurait 8 mètres 50 environ de hauteur, amenait les eaux d'une galerie supérieure analogue aux autres : redescendant, nous vînmes aboutir à une dernière salle ronde de 8 ou 10 mètres de diamètre et dans laquelle les eaux, reprises par un nouveau siphon, disparaissaient sans produire la moindre ride à la surface de cette nappe souterraine, pour reparaître à deux lieues de là, à Cérigny, sous forme d'une source considérable, laquelle donne naissance à la Vanne, dont les eaux alimentent Paris.

Dans ces galeries étranges, nos lanternes brûlaient mal, et celle de mon guide vint même à s'éteindre au moment où il regagnait le puits avec une hâte singulière. J'arrivais à peine à sa suite à l'orifice bas où nous attendait notre corde, que déjà il remontait, excitant de la voix les hommes qui tournaient le treuil. Un peu surpris de ce brusque départ, j'attendais seul, dans la galerie, le retour de la corde, écoutant et analysant la singulière musique qui nous avait si étrangement surpris au début de cette excursion. Étrange elle est, en effet, avec ses clameurs désordonnées de musique satanique, cédant tout à coup le pas à des mélopées plaintives qu'un musicien noterait avec profit. L'immobilité, la solitude et l'impression causée par ce concert véritablement infernal ne laissaient pas que d'agir sur ma virilité : vrai, j'aurais voulu être autre part; quand tout à coup j'entends près de moi un frôlement et aussitôt me sens saisi par l'épaule. Jeter un énergique « qui va là ? » et d'un seul bond me trouver à trois pas, ma hachette à la main, fut l'affaire d'une seconde, mais ma surexcitation guerrière se termina dans un éclat de rire en voyant seulement devant moi, dans le jour éteint du puits, la corde qui descendait et dont l'extrémité, frôlant d'abord la paroi du mur, m'était tombée à cheval sur l'épaule, produisant l'impression d'une étreinte. Je la saisis avec empressement, et ce fut avec une véritable joie que je me sentis hisser, mais poursuivi toujours par les clameurs d'en bas, qui allaient en s'éteignant peu à peu. Arrivé dans la cour, j'eus l'explication de la fugue de mon guide, en le voyant étendu sans connaissance entre les mains des femmes qui lui faisaient respirer du vinaigre : la terreur l'avait envahi peu à peu pendant notre excursion, et la détente nerveuse, quand il reprit pied dans sa cour, produisit un évanouissement assez long.

C'est une belle excursion à faire pour ceux de nos lecteurs qui nieraient les canalisations naturelles, mais elle n'est possible qu'en septembre et octobre, à l'époque des basses eaux; l'hiver, les galeries se remplissent et l'eau monte de 20 mètres dans le puits.

Mais revenons à notre sujet, pour conclure que les sources naturelles, rarement bonnes et plus souvent dangereuses pour l'alimentation dans la réalité des faits, ne sont, dans leur origine, que des eaux de vaisselle de la cuisine de dame Nature. Que leur valeur alimentaire est subordonnée à leur nettoyage plus ou moins complet par le filtrage naturel. Que, de plus, elles sont assez rares et qu'il est difficile de subordonner le choix d'un emplacement de maison à la nécessité d'un tel voisinage. Donc, nous choisirons cet emplacement sans souci d'aucune source, et nous créerons nous-même l'alimentation de notre demeure en eau potable.

## CRÉATION D'UNE SOURCE D'EAU SCIENTIFIQUEMENT EXCELLENTE

Nous avons pour obtenir ce résultat deux moyens : l'un naturel, l'autre artificiel. Voyons d'abord le moyen le plus à la portée de tous et en tous lieux, et que

M. Rouby ingénieur, a rendu des plus pratiques par sa simplicité.

L'eau de pluie, dite eau météorique, a pour origine les évaporations produites à la surface du sol par la chaleur solaire, évaporations qui, nous le savons, ont pour résultat immédiat de nettoyer les parties aqueuses, enlevées sous forme de vapeurs, de toutes espèces d'impuretés. Ces vapeurs formeront les nuages, jusqu'à ce qu'un abaissement subit de la température amène leur résolution sous forme d'eau de pluie qui n'est, en réalité, que de l'eau distillée pure, il est vrai, mais par cela même impropre à la boisson. Pour l'utiliser elle-même, nous devons donc l'emmagasiner suivant les procédés de la nature, après, toutefois, lui avoir rendu les propriétés particulières à l'eau potable, c'est-à-dire un peu de matières minérales, notamment carbonate de chaux et fer.

Pour obtenir ce résultat, nous opérerons de la façon suivante :

Dans le voisinage de notre future maison, nous creuserons, à $0^m,80$ de profondeur, une surface de terrain dont la superficie en mètres sera subordonnée à la quotité de litres d'eau dont nous ferons journellement usage, et aussi à la quotité d'eau météorique qui tombe journellement à la surface du sol. Or il tombe annuellement en Europe :

Angleterre ouest. . . . . . . . . . 0$^m$,916
Angleterre sud. . . . . . . . . . 0$^m$,687
France et Italie sud. . . . . . . 0$^m$,814
Italie nord . . . . . . . . . . . . . 0$^m$,908
France nord et Allemagne. . . . 0$^m$,678
Suède et Norwège. . . . . . . . 0$^m$,476
Russie. . . . . . . . . . . . . . . 0$^m$,904

Nantes est le point de l'Europe où il pleut le plus, 1$^m$,292 par an.

A Paris, il tombe annuellement 0$^m$,570 d'eau.

La moyenne de toutes ces chutes donne 1 litre et demi d'eau par jour et par mètre superficiel, et c'est ce chiffre qui servira de point de départ à notre calcul.

Si donc nous estimons à 25 litres la consommation journalière par habitant, il nous faut prévoir 100 litres par jour pour les quatre personnes dont se compose en moyenne un ménage.

Nous prendrons alors un terrain de 8 mètres de longueur sur 12 mètres de largeur, et nous creuserons, sur toute la surface, une excavation de 0$^m$,80 de profondeur ayant la forme d'une cuvette, qui ramènera les eaux sur l'axe longitudinal. Puis, dans cet axe et en contre-bas, nous excaverons l'emplacement d'un réservoir ayant la forme d'un conduit ordinaire circulaire, dont on calculera le volume de telle sorte qu'il tienne une provision d'eau suffisante pour alimenter la maison pendant deux grands mois, à raison de

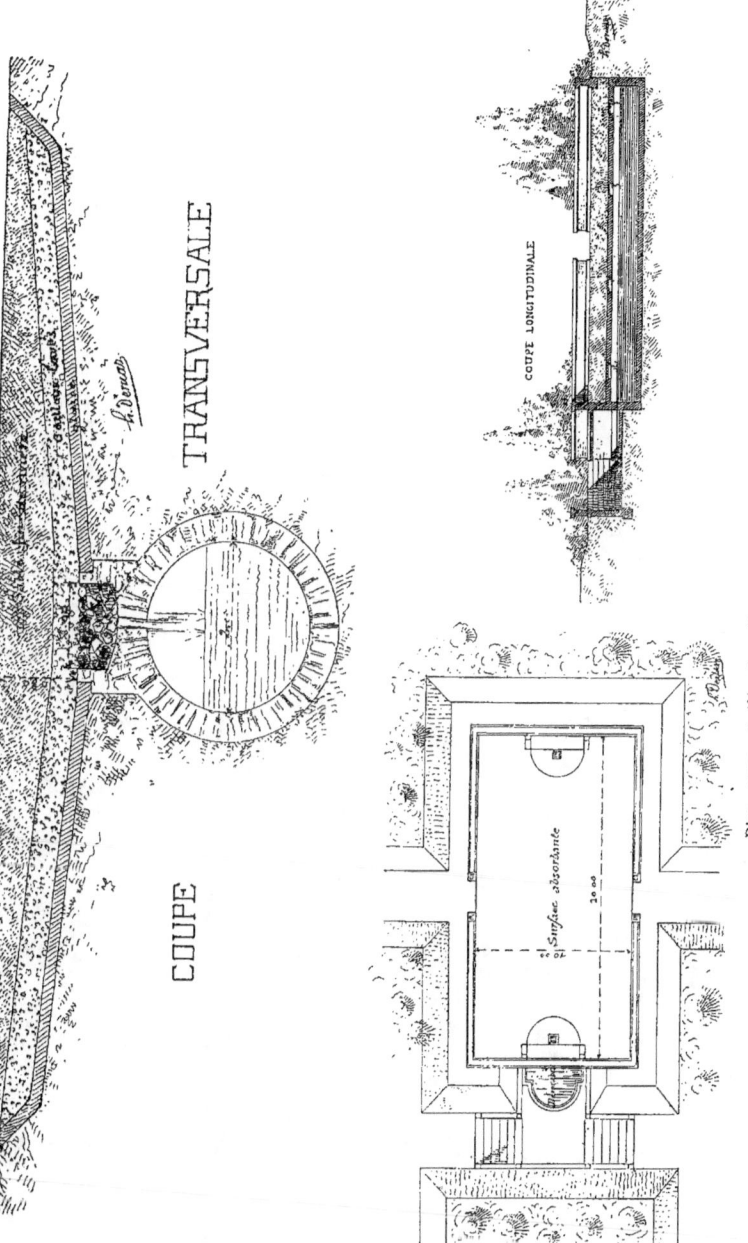

Plan, coupe et élévation d'une source artificielle.

100 litres par jour, soit 6,000 litres pour 60 jours. Ordinairement on calcule une réserve du tiers de la consommation annuelle. Dans ce but, nous commanderons, à la première tuilerie venue, des tubes en grès vernissé, mais plus pratiquement nous construirons en béton de ciment un réservoir circulaire de $0^m,50$ de diamètre, et nous en appliquerons bout à bout environ 10 mètres de longueur, qui nous donnent un volume de 7,500 litres ; ces tubes, bien fermés aux joints par du ciment métallique, seront posés sur une assiette de béton de $0^m,30$ d'épaisseur, bien pilonné et bien dressé, pour éviter les tassements qui briseraient les conduits. Peut-être, dans ce but, pourrait-on augmenter le diamètre pour diminuer la longueur de ce réservoir, que sa forme circulaire protège contre les pressions, et qui n'a que le tassement sur le sens de la longueur à redouter. De plus, ces tubes sont munis, dans le sens de l'axe, à la partie supérieure par rapport au lit de pose, d'une sorte de large rigole, mise en communication avec l'intérieur du tube par des regards ménagés de place en place, rigole que nous appellerons le « laboratoire. » Enfin, le fond de notre bassin sera enduit d'une couche de glaise de $0^m,20$ environ, bien tassée et bien homogène et dont la surface viendra se raccorder aux rives supérieures de notre « laboratoire », au fond duquel nous déposerons alors, avec addition de sable fin, des fragments de pierre blanche mélangés de parcelles de mi-

nerai de fer; puis, sur le tout, nous disposerons un premier lit de 10 centimètres environ de cailloux de silex, de la grosseur d'un œuf, et nous comblerons enfin le vide restant par du sable fin de silice pur, autrement dit de silex concassé.

Et, maintenant, il ne nous restera plus qu'à attendre la pluie, dont nous connaissons les qualités exceptionnelles de pureté, puisqu'elle est le produit de la résolution des vapeurs atmosphériques ou « nuages. »

Mais, en traversant notre atmosphère, elle se charge de poussières infectieuses, d'organismes microscopiques et de germes, dont il nous faut la dépouiller, en même temps que nous devrons lui donner de 500 à 800 milligrammes de matières minérales et de 5 à 7 volumes de gaz pour 100 pour en faire le type des eaux potables par excellence, et ce résultat, nous allons l'obtenir par les dispositions que nous venons de décrire.

En effet, l'eau de pluie arrivant sur la surface sablée de notre source, va se filtrer à travers le sable siliceux qui la laisse passer sans en rien garder que les impuretés, et, rencontrant le lit de gros cailloux qui lui fait une canalisation où elle peut évoluer à l'aise, elle va glisser sur la surface de la glaise qu'elle ne peut traverser, puis gagner le « laboratoire » dans la rigole duquel elle coulera au travers des fragments de pierre blanche mélangés de parcelles de minerai de fer qui vont la minéraliser. Puis, par les regards de cette rigole, elle tombera dans notre réservoir circulaire qui la gardera fraîche et pure, parce qu'il est sous le sol, et que sa composition en ciment le protège des souillures et de la contamination, par contact, des eaux souterraines ordinaires.

Enfin, un double conduit en métal, plomb et étain, conduira cette eau dans la maison, où un appareil particulier très simple, que nous décrirons ultérieurement, la distribuera dans la maison, après lui avoir donné les 7 à 8 volumes de gaz pour 100 dont elle a besoin pour être excellemment bonne. Puis enfin, dans un endroit quelconque du jardin, un peu en contre-bas du réservoir, le trop-plein du réservoir viendra former une véritable source naturelle que l'on décorera à volonté.

Or, l'expérience et les observations climatologiques ayant appris, ainsi que nous l'avons dit déjà, que dans nos contrées il tombe en moyenne environ un litre et demi d'eau pluviale par jour et par mètre carré de terrain, notre terrain de 100 mètres superficiels produira journellement 150 litres d'eau potable avec une réserve de 7,000 litres environ dans notre réservoir. Ce système de sources est employé aujourd'hui pour l'alimentation des nouveaux forts de l'Est.

Ainsi se trouve résolue cette question capitale de l'alimentation d'eau de notre maison, en dehors de tout secours mécanique.

Notre dessin de cette installation montre mieux que toute description écrite le parti décoratif qu'il est possible de tirer de cette ingénieuse disposition des sources artificielles Rouby, qui fonctionnent notamment au Jardin d'Acclimatation de Paris, où vous pouvez aller en déguster les eaux moyennant 0 fr. 10 le verre. L'administration du jardin la livre à domicile dans Paris, à raison de 0 fr. 30 le litre, pour les qualités ferrugineuses qu'elle possède, grâce au minerai de fer déposé dans le laboratoire.

Il faut éviter avec soin, dans cette construction, d'employer du sable calcaire qui absorberait l'eau, au lieu de la filtrer, pour la rendre ensuite à l'atmosphère par voie d'évaporation.

Nous ne terminerons pas ce chapitre sans faire remarquer que cette source est une petite reproduction de la mécanique des sources naturelles, décrites en tête de ce chapitre, et qu'elle n'a rien de commun avec la « citerne. »

## CITERNE

La citerne, en effet, n'est qu'un réservoir souterrain, plus ou moins vaste, où les eaux pluviales des toits sont recueillies sans précaution aucune, après qu'elles ont lavé les impuretés de l'atmosphère et celles des surfaces de couvertures où les fientes d'oiseaux et les détritus de toutes sortes de végétaux fournissent un appoint considérable d'éléments infectieux. Ces eaux polluées et essentiellement putrescibles sont cause de quantité de maladies morbides que l'incurie moderne a laissées se développer, contrairement aux habitudes des anciens Gaulois qui en connaissaient tous les dangers. Vitruve nous apprend, en effet, que les eaux de citerne doivent être rejetées de la consommation parce qu'elles rendent aussi la voix « rauque. » De telles installations sont donc absolument primitives et inhumaines, et aucun architecte sérieux ne doit prêter la main à leur construction.

Nous avons dit, dans notre précédent chapitre, que les fouilles des villas isolées du IIIe siècle accusaient toutes des canalisations d'eau importantes, alors que dans la plupart des cas nulle source n'existait dans le voisinage : que le monde ancien semblait ainsi poser au monde une nouvelle énigme, un secret perdu à retrouver.

La source Rouby semblerait une réponse victorieuse à cette interrogation des archéologues, que déroute cette singularité sans cesse renaissante dans les fouilles des ruines.

Si nous avons rejeté l'eau de puits pour l'alimentation, elle est cependant fort utile pour l'arrosage des jardins, et, à ce point de vue, nous pouvons l'utiliser.

## ELÉVATION AUTOMATIQUE DE L'EAU DES PUITS

Pour l'arrosage des jardins, il nous faut en effet tenir compte des puits, car la valeur de l'eau est ici sans objet. Mais l'extraction de cette eau est en général assez pénible, sinon coûteuse. Aussi, sommes-nous très heureux de pouvoir encore sur cette question signaler un procédé fort original, très pratique, permettant de voir l'eau monter toute seule, sans bruit, bien tranquillement.

La rivière rêvée dans le jardin pour l'éducation et l'élève du poisson rouge devient possible grâce à ce procédé.

Il existe à Auteuil, dans la cour d'un ingénieur bien connu, M. Ch. Tellier, un certain poulailler dont le toit est exposé au midi, et, à quelques mètres de ce poulailler, une source jaillit de l'intérieur d'un réservoir qu'elle tient toujours plein et au delà, alors qu'aucune source naturellement jaillissante n'existe en cet endroit. L'eau de celle-ci est tout simplement celle d'un puits qu'il fallait naguère en tirer par les moyens ordinaires, et, pour cette besogne, le soleil suffit aujourd'hui. Disons plus simplement et pour serrer la chose de plus près : la chaleur atmosphérique, car les admirables récepteurs solaires Mouchot-Pifre n'ont pas d'emploi dans la circonstance. C'est bien plus simple, le toit du poulailler suffit.

Mais cette toiture peut couvrir toute autre chose qu'un poulailler, et nous supposerons simplement celle d'un appentis quelconque pour notre démonstration.

Source jaillissante Tellier, à Auteuil.

Car c'est l'action calorique de l'air sur la toiture qui détermine le mouvement ascensionnel de l'eau, et c'est l'action frigorifique de l'eau élevée qui assure la continuité de ce mouvement. La chaleur de l'air, le froid de l'eau, deux valeurs gratuites, et le rendement est de 1,200 litres d'eau à l'heure!

Vu du dehors, le toit du poulailler d'Auteuil ne serait, pour un visiteur non prévenu, qu'un toit métallique formé de dix bandes de tôle juxtaposées dans le sens vertical. En réalité, il est à double épaisseur, et chacune des bandes ainsi doublées forme un compartiment parfaitement étanche, contenant une solution d'ammoniaque. Ce corps n'est pas de rigueur; ce qui est de rigueur, c'est une solution volatile. Tellier donne la préférence à celle de l'ammoniaque, en raison de la facilité qu'on a d'en graduer la richesse et par conséquent la tension. L'ammoniaque est d'ailleurs un corps qu'il a longuement et profondément étudié au point de vue des applications possibles. Ses études à ce sujet forment tout un volume.

Exposée ainsi à l'influence de la chaleur atmosphérique, la solution renfermée dans les dix compartiments émet du gaz ammoniac, lequel se rend par un petit tube, dont est surmonté chacun de ces compartiments, dans une conduite commune ou « collecteur » courant le long du toit pour aboutir à un réservoir cylindrique dans lequel vient s'accumuler, à la pression dont on a besoin (une, deux, trois, etc., atmosphères), le gaz dégagé, et nous voici en possession d'une force utilisable.

Du réservoir cylindrique, le gaz ammoniac descend par un tuyau dans une sphère creuse installée dans la nappe du puits dont il s'agit de tirer l'eau.

Cette sphère contient un diaphragme en caoutchouc qui peut s'appliquer sur l'un ou l'autre de ses hémisphères, l'inférieur ou le supérieur, à leur face interne bien entendu.

Il s'applique sur l'hémisphère supérieur quand la boule est pleine d'eau ; car c'est l'eau qui, en y pénétrant, le refoule devant elle. Il s'applique sur l'hémisphère inférieur quand la boule est pleine de gaz, car c'est le gaz qui, en y pénétrant, le refoule devant lui. Inutile de dire que ces deux mouvements s'opèrent alternativement, tout le temps que l'appareil est en marche. Prenons les choses quand le diaphragme est collé contre la paroi supérieure, c'est-à-dire quand la boule est pleine d'eau, par conséquent.

C'est alors que l'ammoniaque arrivant exerce sa pression sur le diaphragme et le refoule contre la paroi inférieure ; ce qui n'est possible qu'à la condition que l'eau qui est de l'autre côté cède à la poussée. Elle y cède, en effet, non pour rentrer dans le puits, mais pour s'élever à la surface du sol par un tuyau d'ascension, lequel aboutit dans un réservoir.

L'eau expulsée, c'est au tour de l'ammoniaque de vider les lieux, c'est-à-dire la sphère, afin que de nouvelle eau puisse y entrer et être montée.

Or, le diaphragme porte à son centre un flotteur, lequel porte une tige, laquelle par son extrémité supérieure commande un tiroir dont les ouvertures sont affectées, l'une à l'introduction du gaz, l'autre à son échappement.

Quand le diaphragme est appliqué contre l'hémisphère supérieur, l'introduction est libre et l'échappement fermé ; c'est pour cela que, prenant les choses à ce moment, nous avons vu le gaz envahir la sphère ; tandis que, lorsque le diaphragme est appliqué contre l'hémisphère inférieur, l'introduction est fermée et l'échappement libre ; c'est ici que nous en sommes, et l'on voit comment le gaz, fuyant maintenant devant l'eau, c'est celle-ci qui va envahir la sphère.

Ainsi de suite, tour à tour, tant que sur les feuilles métalliques du toit à volailles s'exercera l'action de la chaleur atmosphérique.

Où va le gaz qui s'échappe de la sphère, après avoir exercé sa pression sur l'eau qu'elle renfermait ? S'il ne coûtait rien, on le laisserait se répandre dans l'air, et l'invention, telle que nous venons de la décrire, s'arrêterait là. Mais le gaz ammoniac est cher ; aussi, loin d'en rien perdre, le fait-on servir indéfiniment.

Pour cela, l'échappement le conduit par un tube plongeur au fond d'un récipient dans lequel est de l'eau qui tout de suite « l'avale », l'avidité de ce liquide pour ce gaz justifiant cette expression. Cependant ce n'est pas exactement de l'eau que l'ammoniaque rencontre dans le récipient, mais une très faible solution ammoniacale, une solution affaiblie, car elle arrive en ligne droite du toit, après y avoir émis sa vapeur par l'effet de la température qui y règne. S'y étant appauvrie sous l'influence de la chaleur atmosphérique, elle vient dans « l'absorbeur » (comme M. Charles Tellier nomme la capacité où nous la retrouvons) se refaire, réparer ses pertes, s'enrichir sous l'influence du froid de l'eau élevée. Voici comment :

Cette eau, l'eau de puits que nous avons vue d'abord emplir la sphère, puis, chassée par la pression du gaz, monter dans le tuyau qui la mène à la surface du sol ; cette eau froide, avant d'arriver à destination, passe par un serpentin logé dans « l'absorbeur » et que baigne entièrement la solution échauffée, appauvrie. Il va de soi qu'en parcourant cette route sinueuse, il prend de la chaleur au milieu dans lequel elle est ouverte et qui, par conséquent, se refroidit. Ce milieu, c'est la solution qui, à mesure que sa température baisse, retrouve son avidité pour l'ammoniaque, lequel est aussitôt absorbé, ce qu'il s'agissait d'expliquer. Ajoutons maintenant que, l'ammoniaque étant absorbé, sa pression est annihilée dans la sphère et l'eau peut y rentrer. Ouverture de l'échappement, fuite et absorption des gaz et suppression de l'effort qu'il exerçait sont des faits simultanés.

La solution ayant recouvré le degré qu'elle doit avoir pour fonctionner dans le toit comme source de vapeur, il n'y a plus qu'à l'y reporter. Cela pourrait se faire à la main chaque soir, et ce serait l'affaire de quelques minutes. Mais, pour ceux qui aiment les choses complètes, une petite pompe s'en charge. Cette pompe est reliée au même flotteur qui, du centre du diaphragme établi dans la sphère, commande les mouvements du tiroir. C'est ainsi que cela se passe à Auteuil. D'autre part, un flotteur situé dans le cylindre, où s'amassent les vapeurs fournies par les dix compartiments du toit, règle l'écoulement vers « l'absorbeur » du liquide épuisé de ces compartiments. Ainsi, du commencement à la fin, tout se fait mécaniquement; et tant qu'il y a de l'eau au fond du puits et du soleil sur l'horizon, tant que l'écart de température est suffisant entre l'atmosphère et l'eau souterraine, le mouvement ne s'arrête point.

L'appareil d'Auteuil donne 1,200 litres à l'heure. Transporté dans le Midi, il tirerait d'une profondeur de 20 mètres, 3,000 litres dans le même temps. Doublez, triplez la surface de ses feuilles (qui est de 4 mètres carrés pour chacune), vous augmenterez son travail dans le même rapport.

Et comme en réalité cette eau de puits vous ne l'utiliserez que pour mouiller la terre desséchée par le soleil, votre appareil fonctionnera toujours au moment précis où vous en aurez besoin, c'est-à-dire l'été. Ajoutons que, dans nos climats, le rôle du soleil ne cesse jamais bien longtemps : l'appareil de M. Ch. Tellier peut donc être considéré comme d'un usage constant.

Mais, direz-vous, ce double moyen d'alimenter d'eau la maison et le jardin a pour première obligation un jardin et un puits, deux choses qui limitent l'emploi de ces moyens : observation juste dont il nous faut tenir compte en donnant un troisième procédé indépendant de ces deux facteurs.

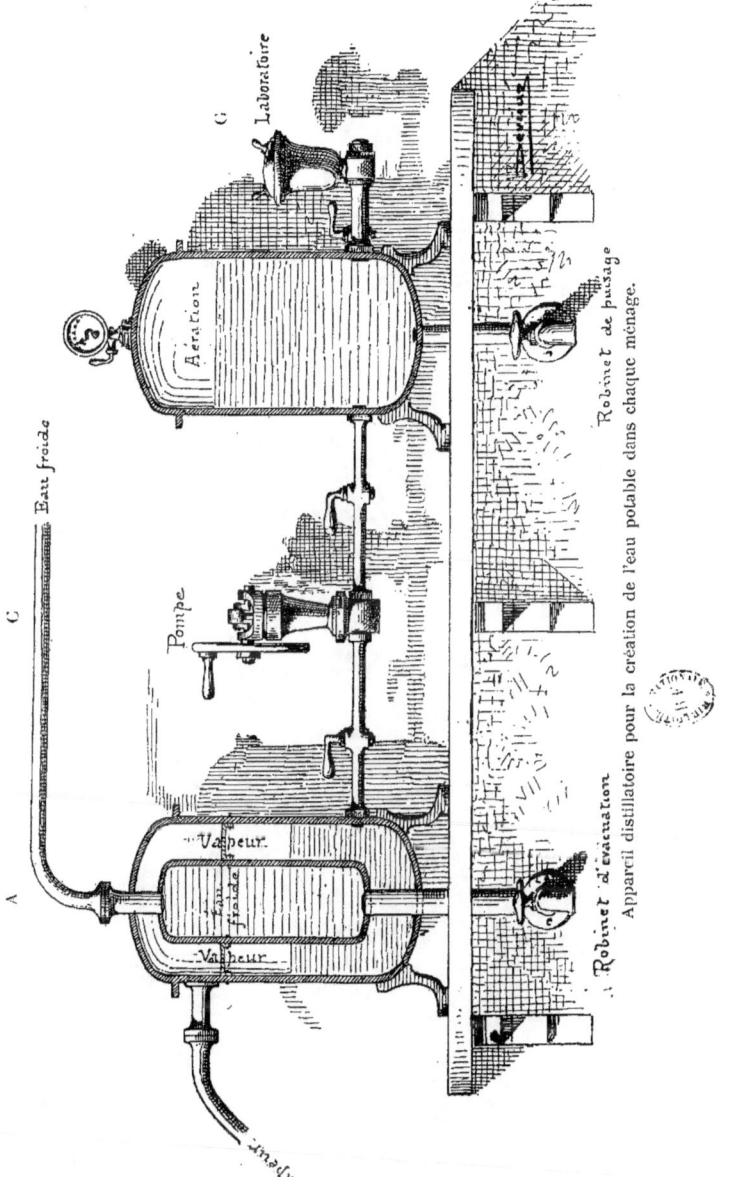

Appareil distillatoire pour la création de l'eau potable dans chaque ménage.

## PURIFICATION DES EAUX
## PAR LA DISTILLATION ET LEUR TRAITEMENT
## POUR EN FAIRE DES EAUX POTABLES

Pour cela, il nous faut un instant supposer notre maison construite et pénétrer dans la cuisine. Là, le visiteur aura son attention fixée immédiatement sur le petit appareil que nous allons décrire :

Sur une planche en tôle émaillée fixée au mur sont accrochés les objets suivants :

Un petit cylindre A est mis en communication avec un bouilleur d'eau ou plus pratiquement le bain-marie du fourneau de cuisine, dont les vapeurs d'eau bouillante viennent se condenser sur un cylindre B rempli d'eau froide, renouvelable automatiquement, lequel plonge dans le cylindre A. Ces eaux de condensation chimiquement pures et connues en science sous le nom « d'eaux distillées » sont, il est vrai, débarrassées de toute impureté, mais elles sont impropres à la boisson, faute d'air qui les rende digestives et faute surtout des matières minérales qu'exige l'économie animale pour « l'entretien » du squelette.

Or donc, pour donner à notre eau ces qualités absentes, nous l'aspirons par une petite mignonne pompe aspirante et foulante C, laquelle projette cette eau dans un second cylindre E. Le cylindre entièrement vide est muni d'un robinet à sa base et d'un manomètre à air comprimé à sa partie supérieure. Le robinet du bas ayant été fermé, l'eau projetée par la pompe refoule devant elle l'air contenu dans le réservoir et le comprime à la partie supérieure, où il forme un matelas élastique dont le manomètre indiquera la pression. Et cette pression servira elle-même à faire pénétrer l'air dans l'eau, en même temps qu'à la faire monter et circuler dans toutes les pièces de la maison. Sans effort aucun, la pression obtenue atteint facilement trois atmosphères, c'est-à-dire 27 mètres de pression, et l'eau sort pétillante de bulles d'air.

Voilà pour son aération et sa pression. Reste sa minéralisation.

Dans ce but, il existe en F, sur le côté du cylindre E, un petit récipient G à fermeture à vis et dont la communication avec ledit cylindre est commandée par un robinet K. Quand l'eau est en pression dans le cylindre, on dévisse le couvercle et on verse dans l'intérieur le dosage liquide ou solide que le médecin de la maison aura réglé lui-même, à la convenance du tempérament de l'habitant, et dont une provision permettra l'emploi régulier et journalier. Vous fermez alors le couvercle et ouvrez le robinet K : l'eau se précipite dans le récipient G, pour absorber et dissoudre la préparation qui lui donnera les qualités minérales, voire même gazeuses, qu'il aura jugées utiles.

Ce petit appareil, que nous avons imaginé nous-même, est simple, élégant, peu coûteux, et met l'usage de l'eau véritablement potable à la portée de tous.

Ayant ainsi résolu ce problème véritablement ardu et dont la solution doit être si féconde pour le bien de

Emploi du filtre de poche.

la santé humaine, nous suivrons la nomenclature de nos ennemis et de l'indication des moyens de nous protéger contre leurs attaques incessantes.

Et, cependant, nous ne terminerons pas ce chapitre sans vous donner un dernier conseil au sujet de cette question de l'eau, et ce dernier conseil s'appliquera aux excursionnistes, aux voyageurs, aux chasseurs et aux pêcheurs.

En effet, ceux-là ont besoin de boire, et leur besoin si souvent impérieux devra se satisfaire à l'aide de la première eau de rencontre, c'est-à-dire d'une eau mauvaise neuf fois sur dix.

Dans ce cas, il nous faut avoir recours aux filtres, et sous la condition absolue de les nettoyer souvent, très souvent même, leur usage est précieux.

Parmi les nombreux modèles offerts au public par

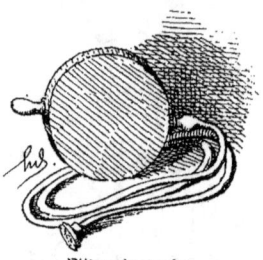

Filtre de poche.

l'industrie, il en est un qui joint à d'excellentes qualités épurantes celle d'être très pratique : il porte le nom de filtre de poche, dit de « montre », par suite de sa forme minuscule qui permet de le mettre dans son gousset. Son prix est de 12 francs.

Et voici enfin, pour cul-de-lampe de ce chapitre, la représentation de gouttes d'eau vues au microscope : une, A, d'eau distillée, les autres d'eau ordinaire, de puits ou de rivière; puisse cette vue vous inspirer une terreur salutaire.

FIN DU CHAPITRE III

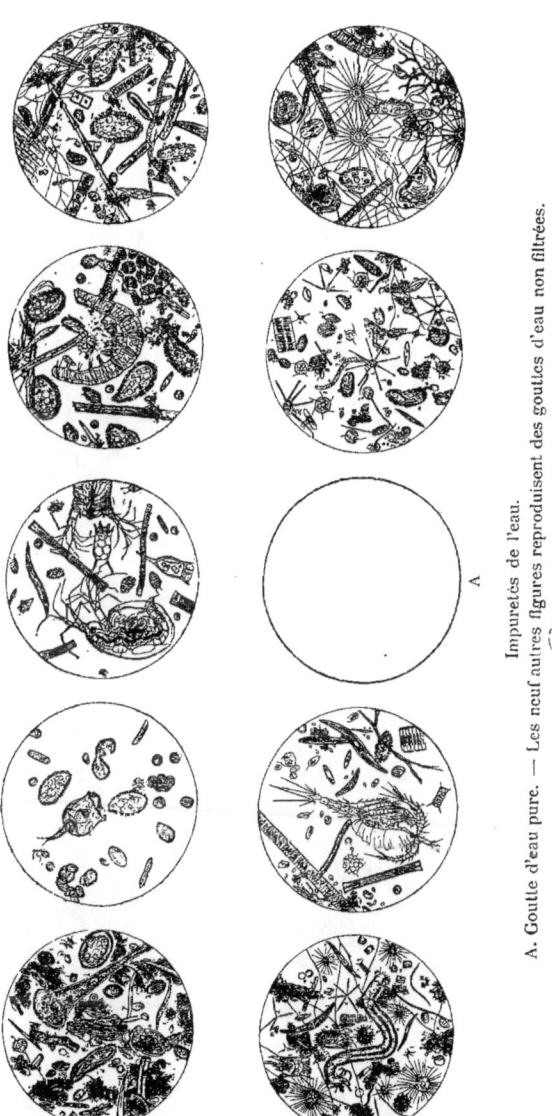

Impuretés de l'eau.

A. Goutte d'eau pure. — Les neuf autres figures reproduisent des gouttes d'eau non filtrées.

# CHAPITRE IV

## CONSTRUCTION DE LA MAISON

### LUTTE CONTRE LES PRINCIPES INFECTIEUX DU SOL

# CONSTRUCTION DE LA MAISON

## LUTTE CONTRE LES PRINCIPES INFECTIEUX DU SOL

### PLANTATIONS

Tout d'abord, nous respecterons le plus possible les arbres des alentours, car nous savons que, sous l'action de la lumière solaire, les végétaux décomposent l'acide carbonique contenu dans l'atmosphère, fixent le carbone et dégagent l'oxygène, lequel enfin oxyde, c'est-à-dire brûle toutes les impuretés de l'air, sur lequel il agit dans les mêmes conditions que le feu. Toutefois nous ne laisserons que des arbres pas trop touffus et assez espacés pour que le renouvellement de l'air soit facile sous leurs ombrages, où l'accumulation de matières organiques en putréfaction peut favoriser le développement des fièvres intermittentes et de la phtisie. Et ces conditions particulières seront remplies si nous laissons à l'air et au soleil une circulation suffisante pour assécher assez rapidement le sol, protégé par nos arbres.

### CONDUCTIBILITÉ

Si, enfin, nous écoutons encore la voix des chimistes, nous apprendrons avec profit que le sol est un mauvais conducteur de la chaleur, qu'il absorbe et émet très lentement ; que, de juillet à janvier, la chaleur se propage de haut en bas jusqu'à une profondeur de 20 mètres environ, et que, de janvier à juillet, elle remonte à la surface du sol. Voilà pour le grand mouvement régulier, conséquence de cette qualité de mauvais conducteur du sol ; puis, à côté de cette grande évolution, il existe le même mouvement, à la surface seulement, chaque jour et chaque nuit, à savoir, que plus la nuit aura été fraîche, plus la surface du sol rendra l'excédent de la chaleur reçue dans le jour et que sa mauvaise conductibilité ne lui aura pas permis de conduire dans les profondeurs souterraines.

### POROSITÉ

Il faut déduire de ce grand courant descendant et ascendant d'air chaud, que le sol, jusqu'à 20 mètres environ, est soumis à une oxydation constante, c'est-à-dire que, jusqu'à cette profondeur, les matières organiques sont soumises à la putréfaction, et que cet accident est considérablement accéléré dans les couches superficielles ; qu'enfin, alors que les couches superficielles sont très surchauffées, vers juillet et août, et qu'il survient de grandes pluies, la décomposition ou oxydation des matières animales est telle, que les grandes épidémies de fièvres typhoïdes, paludéennes et même le choléra, prennent leur plus grand développement.

De même que la chaleur, l'air circule dans le sol, il y circule même beaucoup plus facilement et il est le véhicule des produits gazeux de la décomposition des matières putrescibles ou oxydables. La quotité de cet air est en rapport direct avec la porosité du sol, c'est-à-dire qu'il y a d'autant plus d'air que le sol est plus poreux, plus léger, et d'autant moins qu'il est plus compact, plus lourd.

### PERMÉABILITÉ

Enfin, la perméabilité des sols à l'eau de pluie est très variable, et il est fort intéressant de connaître ce détail, car, si les sous-sols sont imperméables, l'eau séjourne dans la couche de terre superficielle et la contrée est humide. Le granit, le basalte, les roches métamorphiques, le schiste, le calcaire dur, les argiles, les marnes grasses et les terrains d'alluvion peuvent être considérés comme imperméables (1).

Au contraire, les grès, les sables et les calcaires non marneux, sont très perméables et les contrées où ils

---

(1) Voir pour plus amples détails, sur toutes ces questions scientifiques, l'*Hygiène dans la Maison*, du docteur Putzeïs.

dominent très salubres, à moins qu'ils ne soient souillés par des matières organiques, en forte proportion. Toutefois, dans le cas de terrains imperméables, la contrée peut être salubre si la déclivité du sol est suffisante pour que les eaux pluviales, après avoir traversé la couche de terres végétales, rencontrant la surface des sous-sols imperméables, soient rapidement entraînées vers la rivière ou le ruisseau qui fait, en ce cas, fonction de drainage naturel de la contrée.

### CAPILLARITÉ

En dehors aussi des conséquences générales de toutes ces observations pour l'étude de la salubrité de la contrée, il est encore un accident dont il faut nous défier tout particulièrement. Je veux parler de la « capillarité », ou propriété que possèdent les liquides de s'élever naturellement dans les canaux de section infiniment petite. Trempez un morceau de sucre, par un de ses angles, dans une tasse de café, et vous verrez immédiatement le café monter de lui-même dans la totalité du morceau. Ce phénomène naturel varie d'intensité avec la nature du sol : dans le calcaire, l'eau s'élève ainsi à une hauteur considérable au-dessus du niveau de la nappe d'eau souterraine, tandis que, dans le sable ou le gravier, la « succion » capillaire ne dépassera pas un pied : les matériaux d'origine ignée, comme les silex, la meulière, la lave, les marbres dont la fusion a détruit la contexture moléculaire, sont seuls exempts de cet accident, et doivent être préférés à tous autres pour mettre dans le sol.

Et, en thèse générale, nous ne placerons nos premiers matériaux qu'à environ 0$^m$,30 centimètres au-dessus du point où la capillarité, qui aurait pour origine une nappe d'eau souterraine, cesserait tout effet, car, en ce qui concerne l'humidité provenant des infiltrations d'eau de pluie, nous en aurons raison par l'établissement d'un drainage au pourtour de notre future maison.

Maintenant que nous connaissons nos ennemis, nous allons pouvoir enfin diriger utilement l'œuvre de nos terrassiers, en traçant le périmètre de la maison avec un mètre au pourtour en plus, afin de placer notre service de drainage; puis fixer la profondeur de la fouille, en nous basant d'abord sur l'usage à faire du sous-sol, et puis ensuite sur la résistance du sol, eu égard au poids de notre habitation.

### CAVES ET SOUS-SOL

Dans nos mœurs actuelles, il est d'usage de faire des caves sous les maisons, quelles qu'elles soient, et cet usage ne peut avoir d'autres origines que la transformation des foyers souterrains par économie et par oubli des lois de l'hygiène. Il nous faut donc démontrer qu'il est dangereux et pour le moins inutile.

Et, en effet, si nous nous reportons aux leçons de la chimie sur la porosité du sol et sur sa conductibilité de la chaleur, nous devrons constater que ce grand vide ouvert dans le sol, sous la maison, va appeler à lui l'air et les gaz qu'il renferme. Aux époques de pluies, notamment, l'eau qui pénètre dans la terre y prend la place de l'air et des gaz, qu'elle comprime, avant de les chasser, pour prendre leur place, et ces gaz, tous produits de la décomposition des matières organiques du sol, se précipitent dans le vide des caves au travers même des murs de clôture. Le même phénomène se produit en automne et en hiver, alors que le sol étant chaud et l'air qu'il contient léger, l'atmosphère extérieure étant de son côté froide et lourde, détermine une compression de l'air souterrain.

Donc, pendant la plus grande partie de l'année, un courant s'établit du sol vers l'intérieur des caves. D'après Reuk, il est assez puissant pour entraîner des poussières infectieuses avec lui, et, quand l'hiver l'intérieur de la maison est chauffé, il s'établit des caves à l'intérieur de la maison un courant de cet air froid à base d'acide carbonique et de poussières infectieuses, origine de nombre de maladies épidémiques inconnues de nos ancêtres du IIIe siècle, qui s'étaient bien gardés de commettre cette faute énorme de construire des caves sous leurs maisons. En effet, les fouilles des ruines de cette époque n'offrent que de très rares exemples de cette disposition vicieuse.

## CELLIERS — CAVEAU

Plus civilisés, c'est-à-dire plus instruits que nous en matière d'habitation, ils construisaient en dehors de la maison, dans les dépendances, ce que nous appelons encore aujourd'hui des « celliers », sortes de demi-caves où ils serraient les légumes, les plantes d'été et les vins en pièces, et où ils faisaient tout le service de cave, consistant en manipulation des vins, nettoyage des bouteilles. Puis, sous une partie du « cellier », ils construisaient une cave plus profonde et plus petite qu'on appelait « caveau », et dans lequel on serrait seulement le vin en bouteilles.

Cette disposition existe encore aujourd'hui dans nombre de maisons anciennes des petites villes de province, et surtout dans tous les vieux couvents qui ont le mieux gardé la tradition ancienne.

Revenons donc à cet usage si logique, si commode, qui permettait de faire au jour tout le travail de lavage que nécessite la manipulation des vins, en même temps qu'il mettait la maison d'habitation à l'abri d'une infection quotidienne et inévitable. Et, mettant à profit les éléments anciens reconstitués dans notre chapitre II, nous installerons le calorifère dans nos substructions pour mettre le feu entre nous et les émanations malsaines du sol.

### CAUSES GÉNÉRALES D'INFECTION

Or, dans la campagne, les origines de ces émanations sont toutes naturelles et les quotités limitées; mais dans le voisinage des lieux habités, l'incurie, la malpropreté, l'ignorance et l'économie sont des causes redoutables qui augmentent dans des proportions énormes le degré de pollution des sols souterrains. De façon générale, on peut incriminer la manière défectueuse dont on se débarrasse des matières excrémentitielles et des déchets domestiques; les fosses fixes, qui ne sont jamais étanches; les puisards, qui sont autant de réceptacles immondes où les eaux sales, les urines et toutes les malpropretés viennent s'entasser et saturer les sous-sols des maisons, qui reposent ainsi sur de véritables cloaques, empestant l'air du sol qui empeste à son tour l'air ambiant, lequel enveloppe l'habitation.

Éviter tous ces dangers doit être le but de l'architecte : sa préoccupation la plus grave doit donc être de mettre entre le sous-sol et la maison une défense isolante certaine sur laquelle il puisse compter absolument. Le feu est de toutes la plus sûre, et, comme nous pourrons en même temps chauffer la maison en l'alimentant des détritus même de la vie domestique, voyons comment nous allons procéder à l'installation de ce foyer.

FIN DU CHAPITRE IV

# CHAPITRE V

## CONSTRUCTION DE LA MAISON

LOIS PRATIQUES DE LA CONSTRUCTION
FONDATIONS — ÉLÉVATION — VENTILATION — CHAUFFAGE
VIDANGE — ÉCLAIRAGES DIVERS

# CONSTRUCTION DE LA MAISON

## FONDATIONS

### TERRASSEMENT

Mettant donc à profit toutes ces leçons de la science, nous avons disposé notre plan de telle façon que le rez-de-chaussée soit surélevé de 1 mètre au-dessus du sol et n'ait d'autres services dans le sous-sol que ceux d'une fosse desséchante, du réservoir à eau, de sa pompe à compression, nécessités auxquelles nous remédierons en ventilant énergiquement le sous-sol.

C'est seulement à cet emplacement que nous aurons à descendre notre terrassement jusqu'à 1 mètre 50 en contre-bas du sol. Sur tout le reste de la surface de notre maison, il nous suffira de bien dresser notre sol en le nivelant à environ $0^m,20$ en contre-bas du niveau extérieur, avec 1 mètre de largeur en plus tout au pourtour.

Sur ce plateau bien dressé, nous dessinerons tous les murs à l'aide de « lignes » ou cordelettes à l'usage des maçons, puis nous défoncerons le sol au droit d'un des murs d'angles de la maison en forant un puits qui va nous permettre de reconnaître la nature du sous-sol au point de vue de sa résistance.

Après avoir franchi le banc de terre végétale qu'il faut de toute façon éliminer, ainsi que les terres de remblai, comme impropres à supporter aucun poids, nous devons rencontrer une des trois sortes de sols dont se constitue l'écorce terrestre :

1° *Le sable* sous deux formes : « sable de plaine » ou « sable de rivière » ;

2° *L'argile* sous deux formes « la terre glaise » ou « l'alluvion » ;

3° *La pierre* : roche, grès ou pierre tendre ; cette dernière précédée toujours d'une marne blanchâtre très compacte.

Les sols de sable et de pierre sont excellents, et notre puits de sondage s'arrêtera aussitôt après les avoir rencontrés, étant bien entendu que ce sont des sols « vierges », c'est-à-dire n'ayant jamais été remués par la main de l'homme. Nous creuserons alors en pleine tranchée sous l'emplacement de tous nos murs, si ces sols « d'assiette » sont à une petite profondeur; si, au contraire, ils étaient à 2 ou 3 mètres en contre-bas, il y aurait économie à creuser une série de puits sous tous les points principaux de la construction, et surtout à tous les angles de murs, à remplir ces puits de béton et à les réunir par des arcs en même matière : puis, sur cette arase, on commencerait la maçonnerie ordinaire. Par économie, on pourrait également remplir puits ou tranchées profondes de sable mouillé pour rehausser le bon sol, étant donné surtout que le poids de maçonnerie à y faire porter est peu considérable, étant admis que le sol fouillé est cependant assez compact pour ne pas craindre de voir ce sable s'écraser et pénétrer dans les « creux » du sol environnant.

Les sols d'*argile* sont au contraire très dangereux et appellent l'attention tout particulièrement. Nous avons vu qu'ils sont imperméables et retiennent les eaux à leur surface, en faisant fonction de plan d'arrêt pour la pénétration des eaux de pluie dans le sol et de plan de glissement pour leur écoulement; d'autres fois, ils forment les parois horizontales des conduites d'eaux souterraines, qui glissent entre deux bancs de

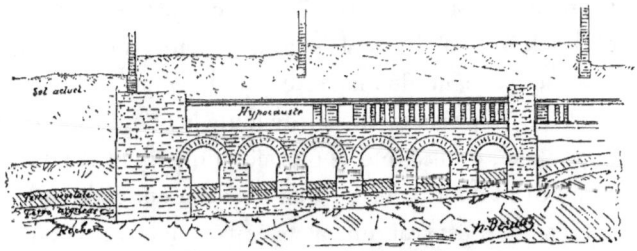

Thermes gallo-romains de Poitiers.
Exemple de fondations à hauteurs différentes.

glaise. De toutes façons leur présence s'annonce par de l'humidité, et, si vous les rencontrez immédiatement sous la terre végétale, il vaudrait mieux abandonner l'emplacement et chercher ailleurs un endroit plus salubre pour y construire votre maison. Mais enfin, si vous passez outre, il est nécessaire que le terrassement des murs de pourtour de la maison, y compris le mètre en plus, soit descendu en contre-bas du banc de glaise, qui est rarement bien épais. De cette façon la nappe d'eau d'infiltration qui glisse sur cette argile, rencontrant une solution de continuité, viendra se perdre dans les terrains inférieurs, et le dessous de la maison n'aura plus rien à redouter de ce courant d'eau souterrain.

Les murs intérieurs pourront s'appuyer directement sur le banc d'argile qui, enfermé entre les murs de pourtour, ne pourra plus glisser et constituera une excellente « assiette » en même temps qu'un isolant parfait.

Si le hasard vous faisait rencontrer un véritable courant d'eau sous ce premier banc d'argile, il faudrait encloisonner les puits et asseoir leurs fondations sur le second banc de glaise, car le premier pourrait céder sous le poids et glisser de toute la hauteur de la nappe d'eau, dont il intercepterait simplement le passage au droit de la maison, que cet accident disloquerait. C'est là, il est vrai, un cas exceptionnel, mais dont nous connaissons cependant plusieurs exemples. On pourrait objecter que les eaux souterraines en contre-bas du banc d'argile pourront refluer dans les terrains, par cette coupure, aux jours de grandes inondations ou de grandes pluies; peut-être, mais, comme d'un autre côté, les fondations seraient noyées par ces mêmes eaux de pluie, qui ne pourraient s'écouler si le banc d'argile n'était pas coupé, les avantages sont encore et à beaucoup près pour la section du banc. Si le banc était très épais, il suffira, par économie, de le percer par quatre puits, aux quatre angles de la maison et, à l'extrême rigueur, on pourra éviter ce travail en drainant le pourtour de la maison, drainage que nous recommandons, du reste, dans tous les cas de sol, sable, pierre ou argile, et surtout si les terrains supérieurs sont rapportés.

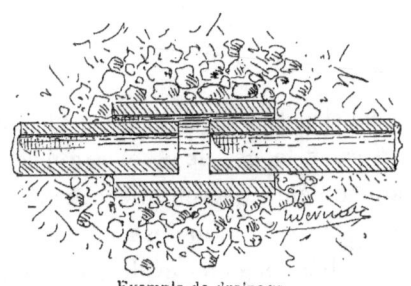
Exemple de drainage.

En effet, le drainage assèche le sol, auquel il enlève son eau, donne à l'air un accès facile, augmente la porosité, et cet air oxyde alors plus rapidement les matières organiques qu'il transforme en substances minérales, inertes vis-à-vis de l'organisme humain. Il élève aussi la température du sol et celle des couches d'air en contact avec lui, puisqu'il enlève l'eau de pluie qui, sans cette précaution, saturerait le sol, puis s'évaporerait en partie, enlevant à ce même sol la quantité de chaleur nécessaire à cette évaporation : il formerait ainsi ce qu'on appelle des terrains froids.

De plus, en asséchant les bases de nos murs, il les mettra à l'abri des accidents de la capillarité.

En résumé, les précautions à prendre dans les substructions, contre les différentes natures du sol, sont du ressort de l'observation et de la science pratique, et se meuvent dans le cadre que nous venons de tracer avec des éléments où les poids à porter et les motifs d'économie jouent un rôle prépondérant.

### SOUS-SOL

Pour la construction du sous-sol de notre maison, nous supposerons le cas de « sol » qui se rencontre le plus fréquemment, à savoir une couche de $0^m,60$ à $0^m,80$ de terre végétale au-dessous de laquelle on rencontre le sable, et nous éviderons complètement l'emplacement de la maison, avec un mètre en plus sur le pourtour, en tenant compte des dispositions du plan. Puis nous tracerons la forme et l'emplacement des gros murs extérieurs et intérieurs que nous monterons, de préférence, en maçonnerie de meulière ou silex, ou toute autre matière ignée, non susceptible de subir les accidents de la capillarité. Puis nous comblerons de sable fin, réserve faite de l'emplacement du caveau, les intervalles des murs à l'intérieur, en appliquant ce sable fin additionné d'un peu de chaux en poudre, par couches de 0$^m$,20, que nous mouillerons et pilonnerons pour les rendre bien compactes, et cela jusqu'au niveau du sol extérieur de la maison.

Dans le mètre laissé vide au pourtour de la maison, nous installerons un fort drain en tuyaux de terre cuite, avec double pente conduisant les eaux dans deux puits aux angles opposés, lesquels seront forés assez profondément pour atteindre la couche absorbante du sol, et à une distance de 15 à 20 mètres de la mai-

Protection contre l'humidité du sol.

son. Nulles autres eaux, surtout ménagères, ne seront jetées dans ces puits, afin d'éviter la contamination des eaux souterraines, et aussi afin qu'au moment des grandes eaux, s'il y avait reflux dans les drains, le sol qui les enveloppe ne soit pas souillé par des matières organiques dont la fermentation putride empesterait l'air qu'il contient toujours en grande quantité.

Ce puisard lui-même, s'il était souillé d'eaux ménagères, donnerait naissance à des gaz méphitiques qui circuleraient continuellement dans les drains, corrompant le sol et l'air tant intérieur qu'extérieur, appelés qu'ils seraient par les descentes d'eaux pluviales faisant dans ce cas office de cheminées d'évent.

Puis nous remplirons le vide restant avec du gros sable de rivière ou avec les débris inorganiques de la construction que l'on désigne sous le nom de « gravats », jusqu'à $0^m,20$ ou $0^m,30$ en contre-bas du sol extérieur de la maison. Nous aurons soin, en même temps, d'appliquer contre les murs une couche de $0^m,20$ à $0^m,30$ environ d'argile grasse battue dans le sens de la hauteur, de façon à isoler les murs de toute humidité venant de l'extérieur.

On appliquera le même principe à la construction des murs du caveau, en contre-bas du fond de fouille général, mais seulement en ce qui concerne l'enduit protecteur d'argile grasse, le drainage n'ayant pas à descendre à cette profondeur.

Ce caveau, pour plus de sûreté, sera desservi par un escalier extérieur et ventilé par un conduit spécial logé dans l'épaisseur du mur.

L'enduit d'argile grasse serait avantageusement remplacé par une couche de béton de $0^m,10$ d'épaisseur, fait avec du sable, de l'argile et de l'asphalte ou bitume liquide appelé « brai », toutes les fois qu'il sera possible de se procurer l'asphalte. Ce « brai » est livré liquide, et vous y incorporez l'argile et le sable jusqu'à consistance suffisante. Vous appliquez ensuite ce béton comme de la maçonnerie ordinaire et le pilonnez.

La dépense est un peu plus considérable, mais l'étanchéité des murs est alors complète, ce qui peut être fort intéressant si, malgré nos observations sur l'insalubrité fatale des sous-sols, vous vouliez y mettre des pièces d'habitation. Et, dans ce cas, nous conseillerons de mettre le béton de brai jusque sous les murs et sur la totalité de la surface du sous-sol.

A l'extrême rigueur on pourra se contenter de couler sur l'arase des murs, à hauteur de plancher, une couche de bitume de $0^m,03$ d'épaisseur. Cette couche isolante arrêtera suffisamment le phénomène de capillarité si le sous-sol n'existe pas.

Et si, revenant à notre maison, nous y appliquons les vieilles méthodes classiques, le feu va nous permettre de lutter victorieusement contre l'envahissement de l'humidité et des gaz souterrains. En effet, si l'usage du feu sous le sol a certainement été le calorifère ancien, il nous paraît également démontré que cette disposition était utilisée surtout dans la lutte contre l'humidité du sol. Déduction tirée de ce fait, que certains des hypocaustes retrouvés sur notre sol, celui de Gennes, notamment, précédemment décrit, n'accusent aucune trace de fumée dans leurs conduits verticaux. D'où il faut conclure que le feu qu'on y faisait était très peu important et n'avait d'autre but que d'y développer un courant d'air chaud asséchant, si mieux on ne veut conclure que cette disposition avait seulement pour but de faire circuler un courant d'air pour ventiler les fondations ; ou que ce monument a été détruit avant sa mise en œuvre.

De toutes façons, le résultat est le même, et, l'argile grasse étant suffisante pour première défense et se rencontrant dans toutes les substructions gauloises, c'est elle que nous emploierons. Donc, au-dessus de notre couche de sable, nous appliquerons $0^m,20$ d'argile bien battue, et nous construirons, sur cette forme pour base, les piliers de notre calorifère, en respectant les formes et les dimensions indiquées aux plans.

Pour matériaux, nous prendrons ceux décrits dans notre chapitre spécial à cette question, c'est-à-dire la brique hourdée en mortier d'argile et bourre de filasse ; puis, nous aurons soin de donner au sol de nos conduits une pente de $0^m,05$ par mètre, environ, ainsi que « Vitruve » l'a dit et que la pratique l'a sanctionné, pour donner à la fumée et à l'air chaud une impulsion de glissement. Nos tuyaux verticaux d'appel et d'issue seront à l'extrémité des pièces à chauffer. Quant aux fourneaux ou foyers du calorifère, nous les placerons à l'extérieur, suivant le mode antique, après avoir eu soin de les enceindre par un petit enclos formé d'un

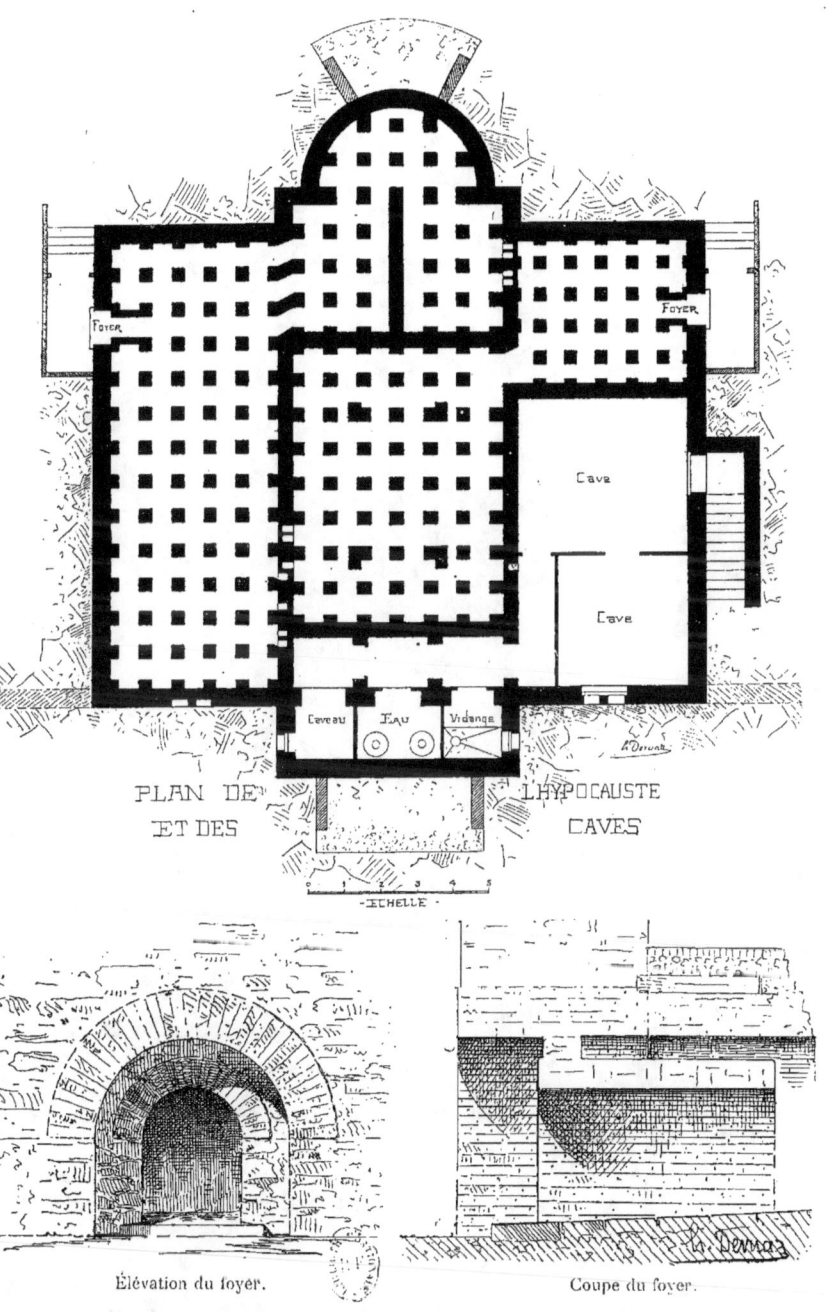

Chauffage souterrain de la maison. Restitution de l'hypocauste antique.

mur bahut en brique percé de barbacanes dans la hauteur. Ces barbacanes donneront de l'air et le mur bahut empêchera les courants d'air qui pourraient renverser le tirage. Dans la pratique, nous avons dû diminuer l'orifice extérieur des fourneaux par une porte similaire à celles de nos poêles ordinaires, non pour augmenter le tirage, qui est considérable, mais pour réduire au contraire la vitesse de ce courant et permettre à l'air chaud de se dépouiller de tout son calorique au plafond du calorifère, dont l'échauffement doit produire la chaleur qui servira à l'habitant.

Ces fourneaux seront placés, conformément aux indications du plan, aux extrémités des pièces à chauffer et leur ouverture se dessinera franchement par un arc en briques réfractaires, comme celles de tous les fourneaux, dans le soubassement des murs de la maison.

Nous recouvrirons enfin nos piliers en briques de larges dalles de terre cuite décrites dans le livre I; ou de petits arcs de maçonnerie de brique, car la fabrication de la dalle n'est plus courante aujourd'hui. Nous poserons au-dessus notre couche de béton, puis nous établirons la mosaïque cubique en marbre ou en terre cuite colorée, ou tout autre genre de pavement simple ou riche qu'il plaira à l'architecte ou au propriétaire d'employer et dont l'industrie possède un riche répertoire.

Enfin, sur cette base bien solide, bien close à toutes les émanations infectieuses du sol, nous allons monter les murs dont l'ensemble sera la maison que doit rêver tout homme instruit.

## ÉLÉVATION

### CONSTRUCTION AU-DESSUS DU SOL

C'est avec l'air qu'il nous faut maintenant compter pour le reste de notre habitation, et c'est contre lui qu'il nous faut établir la lutte. En effet, nous quittons le sol pour élever les murs qui vont enclore nos pièces d'habitation, et dans le grand cube de maçonnerie, clos de toutes parts, qui va nous abriter, nous ne devons laisser pénétrer que l'air utile à nos besoins vitaux, après avoir eu le soin de corriger cet air des défauts que la science lui reconnaît et qui se résument dans ces trois formes principales : le « froid », le « chaud » et les « poussières infectieuses. »

Tous nos efforts devront donc avoir pour but de modérer l'air dans ses formes extrêmes du froid et du chaud, puis de le purifier autant que possible.

Mais d'abord voyons comment l'air pénétrera dans la maison. Il y pénétrera non seulement par les portes et ouvertures, c'est-à-dire avec notre assentiment, mais il y pénétrera encore malgré nous, par les murs eux-mêmes, au travers desquels il filtrera au même titre et dans les mêmes conditions que l'eau, la théorie déjà décrite de la capillarité s'appliquant à l'eau comme à l'air.

Van Pettenkofer a démontré cet accident de la façon suivante :

Il construit en briques et mortier ordinaire une portion de mur de 1 mètre carré de surface sur $0^m,33$ d'épaisseur ; sur les grands côtés, il applique un revêtement en métal muni en son milieu et de chaque côté d'une tubulure ; les faces restées libres reçoivent un enduit imperméable.

Expérience de Van Pettenkofer.

Si alors on souffle dans l'une des tubulures, le courant qui s'échappe au côté opposé éteint sans difficulté une bougie placée au droit de l'orifice opposé.

On établit ainsi que, par mètre carré et par heure,

sous une différence de température de 1 degré centigrade entre l'air extérieur et l'air intérieur, différence nécessaire pour produire le courant d'air, il passe les volumes d'air ci-dessous au travers des matériaux les plus connus :

    Grès . . . . .     1 mc. 69    par heure.
    Calcaire. . . .     2 mc. 32    —
    Briques cuites. .     2 mc. 83    —
    Mortier . . . .     3 mc. 64    —

Encore ces résultats sont-ils approximatifs et varient-ils suivant la quotité du mortier employé dans la construction. Cette matière, en effet, est excessivement poreuse et la quantité d'air qu'elle laisse filtrer est considérable.

Il faut aussi en conclure que, plus les matières laissent passer d'air, plus elles sont sèches, que, moins elles en laissent passer, plus elles sont humides, et cela par suite de l'action des eaux de pluie dont elles sont bien plus longues à se débarrasser.

Sachant enfin que les ciments sont très peu perméables, ainsi que les marbres et les bois, et que le plâtre sec, qui est très perméable, devient presque imperméable avec deux couches d'huile, nous en tirerons ultérieurement des déductions sur le choix des matériaux. Et ici se place cette question double : faut-il garder à l'habitation la ventilation naturelle par les pores des murs? Faut-il la supprimer?

# VENTILATION

### VENTILATION NATURELLE

Dans le cas d'une petite habitation comme celle qui nous occupe, dans laquelle il est facile de régler la ventilation artificielle, nous prétendons qu'il vaut mieux la supprimer, et voici pourquoi. L'air, en circulant à travers les murs, tantôt du dehors au dedans, tantôt du dedans au dehors, suivant que la pression de l'air varie, se filtre et dépose dans tous les conduits capillaires, qui lui servent de passage, des poussières infectieuses.

Vienne la pluie, les murs se mouillent, et l'air chargé de vapeur d'eau ne circule plus qu'avec la plus grande difficulté au travers des pores de la maçonnerie, qu'il remplit peu à peu d'eau condensée par le froid intérieur des murs.

A ce moment, les poussières infectieuses, animales surtout, se mouillent et entrent en décomposition, produisant des odeurs de moisissure qu'on observe dans toutes les pièces non chauffées, à la suite de grandes pluies et par les temps très humides.

Certains hygiénistes déclarent qu'il y a alors combustion de ces matières animales par l'oxygène de l'air, et cela pour le plus grand avantage de la salubrité publique. Mais qui dit « combustion », ou plus proprement « oxygénation », dit décomposition, et, quand il s'agit de matières animales, le langage vulgaire flétrit cette opération chimique de « pourriture ». Évidemment le volume infime de ces matières rend cette opération très rapide, mais enfin ce moment de « pourriture », si court fût-il, existe, et sa répétition instante en augmente la gravité. L'habitant est donc enveloppé d'une atmosphère putride, laquelle il faut accuser de toutes les maladies étranges dont meurent nos générations modernes : la phtisie, la fièvre typhoïde, la variole, le croup, etc.

Et ces maladies ont pris d'autant plus de développement, que les mœurs actuelles et le développement du confort intérieur tiennent les habitants plus renfermés et mieux clos qu'autrefois. Dans les anciennes constructions, en effet, les pièces étaient beaucoup plus vastes, les portes et les fenêtres étaient mal jointes et les tuyaux de cheminée, de dimensions extraordinaires, formaient avec elles d'énormes courants d'air. Puis les mœurs étant moins adoucies, on restait peu dans les intérieurs, et, pour tous ces motifs, les habitants subissaient moins qu'aujourd'hui l'influence de cette respiration murale des appartements. En effet, dans nos petits logements modernes, à l'inverse des appartements anciens, les pièces sont petites, les portes et les fenêtres à peu près hermétiquement closes, et les conduits de fumée, réduits à des proportions minuscules, ne font plus appel d'air ; par suite, ces appartements sont plus vite chauds, et l'atmosphère se raréfiant rapidement, forme avec l'air extérieur des différences de pressions considérables, qui activent dans des proportions énormes la respiration murale; car, si la pression intérieure et la pression extérieure sont de 30 degrés par exemple, les jours de froid un peu vif, il pénétrera au travers des murs environ $2^m,50^c \times 30°$, soit 75 mètres cubes d'air par heure et par mètre superficiel. C'est-à-dire que, chaque personne consommant environ 75 mètres cubes d'air par heure, l'existence respiratoire des habitants d'un appartement sera assurée par la seule arrivée de l'air au travers des murs. Bien entendu, ces chiffres, ainsi que tous ceux donnés jusqu'ici, sont des chiffres approximatifs, car chaque expérimentateur donne pour toutes ces questions des chiffres variables, mais dont les écarts sont en réalité assez peu considérables pour que les nôtres puissent être considérés comme des chiffres moyens.

Pour plus de précision, cependant, il faudrait consulter les beaux travaux du général Morin, de Péclet et de M. Trélat; mais cette précision est inutile ici : c'est le résultat pratique que nous cherchons, et, s'il est bien tel que nous venons de le décrire, les maladies microbiennes dont nous avons parlé plus haut atteindront surtout les personnes qui restent le plus à la maison. Et, malheureusement, cette observation toute simple nous paraît rigoureusement et sinistrement précise, car de tous les membres de la famille, celui qui sort le moins, c'est, sans contredit la jeune fille, que nos mœurs modernes n'émancipent qu'après le mariage.

Quand donc vous entendez vos enfants tousser et que le médecin diagnostique des accidents graves de la poitrine, ne les enfermez plus dans vos appartements sans avoir au préalable transformé les conditions de respiration et d'arrivée d'air neuf, suivant les procédés très simples que nous allons décrire. Il y a, en effet, dans le mode actuel de nos habitations, un empoisonnement mécanique en quelque sorte et régulier, contre lequel il nous faut lutter énergiquement; et, bien certainement les vieux Gaulois le connaissaient, car toutes leurs habitations, sans exception, étaient, à l'intérieur, enduites de stucs revêtus de peinture qui les rendaient absolument imperméables.

Nous conseillerons donc et emploierons, dans notre maison, tous les moyens d'empêcher l'air de pénétrer dans notre intérieur, soit par des enduits de plâtre peints à l'huile, des papiers vernis, soit mieux, par des stucs polis que nous peindrons à la cire.

Dans la pratique actuelle du bâtiment, les constructeurs n'ont aucun souci de cette question de la ventilation, et, pour presque tous, les pièces se ventilent par les interstices des portes et fenêtres, mais malgré eux, et sans qu'ils s'en doutent, par cet air qui pénètre encore au travers des murs. Souvent même l'aération se réduit à cette arrivée d'air à travers les murs si l'habitant calfeutre, comme cela se pratique couramment, toutes les fissures des portes et fenêtres par des bourrelets plus ou moins parfaits, dont la nomenclature offerte par l'industrie serait trop longue à énumérer. Et si, enfin, on a oublié de munir les cheminées de prises d'air, ce qui est très fréquent, la pièce d'habitation n'a plus aucun moyen de renouveler l'air respirable que par le conduit de fumée de la cheminée, à l'intérieur duquel il se forme un courant d'air descendant et un courant d'air ascendant. Mais ces courants ne s'établissent que lorsque la tension de l'air intérieur est assez forte pour lutter contre la pression de la colonne d'air froid qui remplit la cheminée, et ce phénomène est alors accompagné par des tourbillonnements dont on peut se rendre compte en mettant des petits morceaux de papier léger devant le tablier de la cheminée. L'intensité de cet accident est telle parfois que les cendres sont projetées dans la pièce.

Et si, dans ces conditions, vous allumez du feu dans les cheminées, elles ne tirent pas, fument affreusement et ne prennent leur service régulier que lorsque vous entr'ouvrez la porte ou la fenêtre pour laisser entrer l'air, qui vient alors alimenter leur tirage.

Cet accident est constant dans toutes les maisons de paysans et de fermiers, voire même dans nos vieux châteaux, d'où ce dicton « Roti par devant, gelé par derrière » et dont l'explication est des plus simples. Le feu, nous l'avons vu, n'est que la combinaison des éléments chimiques du combustible avec l'oxygène de l'air; donc, pour alimenter le foyer, il faut de l'air : si cet air n'arrive que par les interstices des portes et des fenêtres, il arrive directement du dehors, c'est-à-dire qu'il est froid et lourd, et, en vertu de sa pesanteur même, il suit le parquet pour se rendre au foyer. Dans ces conditions aussi, il ne peut monter dans l'air de la pièce pour le renouveler, et son passage n'a d'autre effet hygiénique que de glacer les pieds de l'habitant, ou le dos, s'il est devant le feu.

Cet accident se démontre facilement par l'expérience suivante :

Prenez une grande cloche en verre, munie d'une ouverture à sa partie supérieure et de deux à sa base; une de ces dernières communique avec un tube vertical représentant une cheminée; l'autre simule la porte par où se fait la prise d'air.

Remplissez cette cloche de fumée chaude en y brûlant du papier; si alors vous laissez échapper la moitié de la fumée par l'ouverture supérieure, vous verrez deux couches d'air bien distinctes : l'une, chaude et colorée par la fumée, remplit la hauteur de la cloche; l'autre, froide et limpide, n'occupe qu'une mince couche à la partie inférieure, et ces deux couches ne se mélangent pas tant que l'air du bas est plus froid que l'air du haut. Le mélange est relativement très long à s'opérer.

Dans une deuxième expérience, on remplit de nouveau la cloche de fumée chaude, on place, après l'avoir ouverte, dans l'ouverture qui fait cheminée, une ou deux mèches enflammées pour imiter le foyer et produire le courant d'air. Aussitôt la partie inférieure de la cloche reprend sa transparence par l'entrée de l'air pur, et la fumée reste séparée au sommet de la cloche tant qu'elle est plus chaude que la couche inférieure.

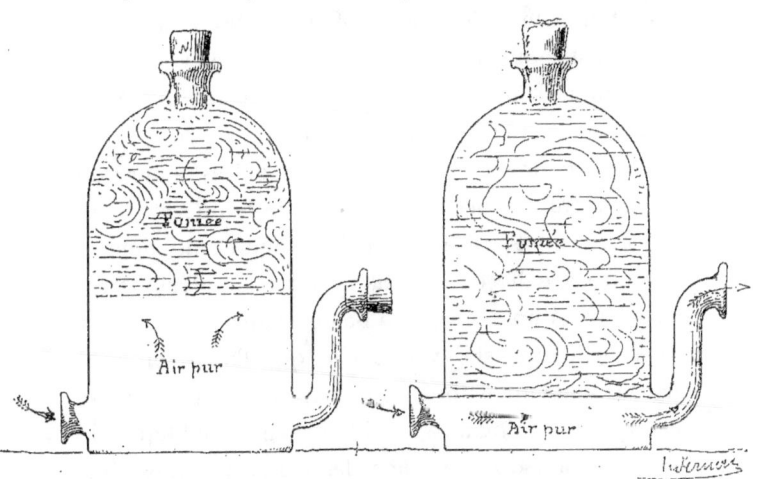

Expérience pour la démonstration de la circulation de l'air pur dans les appartements.

En résumé, l'air pur qui entre dans nos habitations, avec les moyens de ventilation actuelle, reste au ras de nos planchers, où il gèle nos pieds, pour de là alimenter le tirage de nos cheminées, allumées ou non. Il ne peut pas s'élever dans la pièce, et nous restons dans ces conditions d'hygiène abominable : « pieds froids, tête chaude. »

Tous les systèmes actuels de chauffage par les poêles, les calorifères à air chaud et calorifères à courants d'eau chaude ou de vapeur, augmentent encore ces accidents qui se traduisent par des maux de tête et des congestions, d'autant mieux qu'il est démontré aujourd'hui que l'acide carbonique produit par la respiration gagne les parties élevées des pièces, au lieu de rester au ras du sol, comme on le croyait anciennement. Une expérience de Lavoisier démontre en effet que, si l'acide carbonique est plus lourd que l'air, il est mélangé à l'air expiré, lequel est saturé de vapeur d'eau et possède environ une température de 36 degrés centigrades, qui lui donne une densité inférieure à celle de l'air dans lequel il arrive, produisant ainsi un courant de bas en haut. Et l'intensité de ces accidents est devenue telle, qu'à l'heure où nous écrivons ces lignes, tous les journaux annoncent qu'on s'occupe au ministère de l'Instruction publique de cette question du chauffage des classes, études, bureaux, par suite des rapports incessants des inspecteurs, qui sont accablés de plaintes dans leurs tournées d'inspection.

Et maintenant que nous connaissons le mal, voyons le remède.

### VENTILATION ARTIFICIELLE PAR LE CHAUFFAGE

Un vieux et excellent docteur, qui fut notre père, nous disait souvent : « Mon cher enfant, tâche de construire pour tes clients des maisons où ils puissent toujours avoir les pieds chauds et la tête fraîche ; que de maladies tu les sauveras !... »

Eh bien, nous voulons que notre petite maison réalise ce rêve, et, grâce aux leçons de ces vieux Gaulois, qui furent aussi nos pères, ce nous sera chose facile.

Et, tout d'abord, nous supposerons nos murs enduits de stucs, nos plafonds peints à l'huile, nos portes et nos fenêtres armées de bourrelets excellents, de telle sorte que nos pièces soient absolument closes et que l'air extérieur n'y puisse pas pénétrer ; puis nous allumerons, même l'été, surtout les nuits, pour brûler les gaz souterrains, le foyer de notre calorifère qui va peu à peu échauffer le sol de toutes nos pièces d'habitation, jusqu'à une température maximum de 8 à 10 degrés environ, chaleur que nous estimons être suffisante de manière générale et uniforme, laissant aux cheminées de chacune des pièces le soin de compléter une élévation plus grande de la température, au gré de l'habitant.

Et nous sommes en cela d'accord avec les théories du général Morin, qui nous dit qu'il convient que l'air chaud arrive en nappes assez larges et avec une vitesse assez faible pour ne pas causer de sensation désagréable, et se répartir dans l'espace de manière aussi peu sensible que possible. Aussi, impose-t-il l'obligation, pour les appareils fournissant de l'air à une température variant de 40 à 80 degrés, appareils trop souvent employés et qu'il considère comme absolument mauvais, de déboucher à une hauteur supérieure à celle des organes de la respiration : sa légèreté spécifique devant l'élever dans l'espace, il entretiendra une température convenable avant d'être entraîné dans le mouvement général de l'appel. « Mais lorsque, dit-il, comme à l'hôpital Necker, à l'hospice du Vésinet ou ailleurs, on s'écarte de cette disposition, si bien indiquée par les plus simples notions d'hygiène, il arrive que l'air chaud, qui débouche à hauteur du sol, environne de bas en haut les personnes qui sont près des orifices et les maintient dans un courant d'air de 40°, 50° et plus; cela est intolérable et donne lieu à des plaintes très fondées. » Nous ajouterons même qu'avec certains appareils nouveaux de chauffage par la vapeur, les accidents signalés par le général Morin vont jusqu'à produire des nausées et une sorte d'asphyxie partielle, résultat de la désoxygénation de l'air qui circule dans les ailettes en spirales des tubes métalliques où circule la vapeur.

Le système des calorifères anciens que nous restaurons ici a donc un fonctionnement d'accord avec les principes scientifiques que nous venons d'énumérer, et c'est grâce, en quelque sorte, à leur complète application, qu'il doit les qualités hygiéniques de sa chaleur tempérée.

Puis, dans les couloirs d'accès, cette chaleur tempérée fait transition entre la chaleur de la pièce, surchauffée par le secours de la cheminée, et le froid de l'air extérieur, de telle sorte que dans le trajet au travers la maison, de la pièce au jardin, la circulation et les poumons passent graduellement d'un milieu très chaud à un milieu très froid, évitant ainsi rhumes et bronchites.

Partant donc de ce principe que le sol est le point

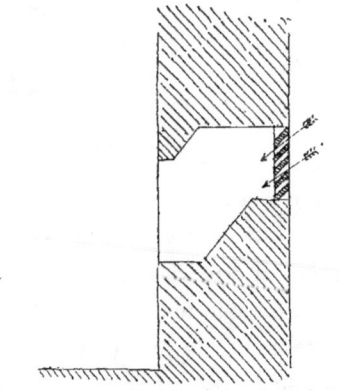
Prise d'air extérieure à valves automatiques.

chaud de la pièce, voyons comment nous devrons régler la ventilation.

Nous conduirons une prise d'air en tuyaux de

terre cuite dans l'atrium, après avoir eu le soin de munir cette conduite d'une valve de réglage en cuivre très mince, et disposée de telle façon que l'air puisse entrer, mais non sortir. Cette prise d'air passant derrière le foyer de notre fourneau de cuisine, dont la chaleur continue échauffera les parois de ce conduit, nous aurons ainsi un appel énergique en raréfiant l'air. Puis cet air circulant dans le conduit va lui-même s'échauffer

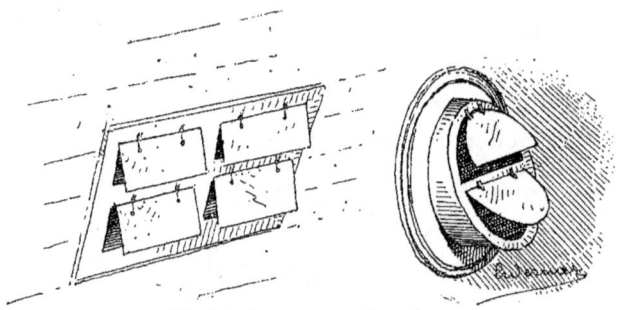

Détail de l'arrangement des valves.

un peu, et son arrivée dans l'atrium ne produira, dans ces conditions, ni secousses, ni tourbillonnements. Plus froid cependant que l'air ambiant, il va glisser à la surface de nos mosaïques, où il s'échauffera pour monter immédiatement à la partie supérieure et remplacer l'air vicié par la respiration humaine. En effet, l'acte de la respiration, chez un adulte, rejette dix-huit litres d'acide carbonique par heure, et si vous ajoutez à ce chiffre l'appoint fourni par l'éclairage des lampes à pétrole, à l'huile et au gaz, lesquelles déversent, par la combustion, du gaz irrespirable et surchauffé, il existe, accumulée au plafond, une somme considérable de gaz méphitiques que nous ferons évacuer par un orifice en communication avec l'air extérieur, et muni d'une fermeture à soupape, pour permettre d'en régler le fonctionnement.

Puis, toutes les pièces d'habitation qui ouvrent sur l'atrium seront munies d'une prise d'air dans la partie basse des murs, au ras du sol, et d'un orifice au plafond en communication avec l'air extérieur. Nous munirons ces deux orifices d'un appareil fort simple et dont le fonctionnement est indépendant de la volonté de l'habitant.

Cet appareil se compose d'un cercle métallique ajouré et muni d'une valve en laiton très mince, en mica, en soie gommée ou toute autre matière légère, mais rigide. Cette valve étant disposée de telle façon qu'elle s'ouvre au passage de l'air et se ferme dès que cet air veut faire retour sur lui-même, la direction du courant est forcément déterminée par ce moyen très simple.

Que se passe-t-il dans ces conditions?... L'air froid de l'extérieur s'adoucit dans le parcours du conduit de la prise d'air en contact avec le foyer du fourneau de cuisine, pour de là traverser une boîte à épuration réservée sur le parcours et mise à la disposition du médecin, qui pourra faire subir à l'air tels lavages, désinfections ou autres ingestions médicinales que lui commandera l'état de santé des habitants. Il arrive, ainsi préparé, sur le sol de l'atrium, au contact duquel il s'échauffe, pour de là alimenter toutes les prises d'air des chambres dans lesquelles il pénètre, non plus froid et dangereux, mais attiédi et cependant toujours pur. Au contact du sol, également échauffé, de ces chambres, il achève de prendre la température maximum de ce sol, puis il s'élève au plafond pour de là gagner le dehors par l'orifice de sortie.

Il est facile à comprendre que, dans ces conditions, la partie la plus chaude de la pièce, c'est le sol, c'est-à-dire les pieds de l'habitant, et que, grâce à l'orifice de sortie du plafond, empêchant toute accumulation d'air vicié, l'habitant est enveloppé, « des pieds à la tête » et non de la « tête aux pieds », d'un courant insensible d'air chaud qui le place dans les conditions de salubrité rêvées par les hygiénistes.

Cependant, notre air ainsi préparé serait trop sec; il serait « dur » aux poumons. Pour corriger cet accident, nous placerons au centre de l'atrium une petite vasque avec un jet d'eau qui saturera l'air ambiant de la quantité de vapeur d'eau dont il a besoin pour être l'air respirable par excellence, c'est-à-dire 70 à 80 pour 100 de la vapeur nécessaire pour le saturer complètement.

Cette fontaine, dont nous expliquerons ultérieurement l'alimentation d'eau très simple et facile, nous servira également pour la désinfection, car il suffira de faire passer l'eau du jet dans une boîte à aromates pour lui donner des propriétés désinfectantes ou simplement aromatiques qui se propageront dans l'air de toutes les pièces.

Dans ces conditions, l'architecte précède bien le médecin en lui fournissant tous les moyens de régler, aussi pratiquement qu'il est possible de le rêver, la qualité de l'air mis à la disposition des poumons des habitants de la maison, moyen énergique d'action directe et continue sur l'économie humaine.

Mais, si l'air pur est essentiel à la santé, l'évacuation de l'air vicié ne l'est pas moins, d'autant mieux que l'air neuf ne peut, en principe, pénétrer dans une pièce qu'au fur et à mesure des sorties de volumes correspondants d'air vicié.

Et, plus la sortie sera grande, plus l'arrivée de l'air nouveau sera rapide, et plus sera rapide aussi le renouvellement de l'air de la pièce, résultat important à obtenir, puisqu'il faut 75 mètres cubes d'air pur par heure à un homme adulte.

Partant de ce principe, le général Morin a déterminé ainsi que suit les volumes nécessaires au renouvellement normal de l'air des pièces et les sections des conduites d'arrivée et d'évacuation.

Pour une pièce de 6 mètres sur 5 mètres et 4 mètres de hauteur, en admettant que le volume de l'air soit renouvelé cinq fois par heure, il faut extraire 600 mètres cubes, et le tuyau d'extraction de l'air vicié, ainsi que celui d'arrivée de l'air pur, devront laisser circuler environ 167 litres à la seconde. Ce travail nécessite une section d'environ 0$^m$,46 de côté, que l'on pourra, bien entendu, répartir en trois ou quatre conduits différents, et cela, pour un écart de température de 20 à 25 degrés. Pour des écarts de température moindres, il faut se ménager des conduits supplémentaires que l'on puisse ouvrir et fermer à volonté, pour parfaire aux différences que l'odorat et la facilité de la respiration régleront d'une façon suffisante dans la pratique de l'habitation. Pour ceux de nos lecteurs qui voudraient pénétrer plus avant dans le détail de cette science intéressante entre toutes, nous les renverrons aux beaux travaux du général Morin, de Chaumont, de Montgolfier et de Péclet. Nous nous contentons ici d'énoncer des principes généraux suffisants pour guider le constructeur dans la généralité des cas.

Un autre système, également très pratique, permet de régler plus sûrement encore la ventilation des pièces.

Nous garderons nos arrivées d'air telles que nous venons de les décrire, mais, au lieu de rejeter l'air vicié directement à l'extérieur, nous viendrons l'aspirer à la partie supérieure des pièces, à l'aide d'un simple conduit de zinc de la grosseur d'une descente d'eau, laquelle viendra se brancher sur un petit réservoir métallique placé dans les combles, et où aboutiront les conduits d'air vicié de toutes les pièces. Puis, sur ce réservoir, nous prendrons une prise d'air de section suffisamment grande pour entraîner le plus d'air possible, et nous le conduirons, par un conduit de zinc également, jusqu'au fourneau de cuisine, derrière le foyer duquel il viendra aboutir dans un tube enveloppant le tube de fumée dudit fourneau. La chaleur raréfiant l'air de ce conduit formera un appel puissant, et l'air vicié sera porté sur les combles, où il s'échappera un peu au-dessous de l'orifice d'évacuation de la fumée du conduit du fourneau. Des valves placées à toutes les issues empêcheront l'air vicié de faire retour dans les pièces.

### CHEMINÉES

Nous avons dit que nous compléterions le chauffage des pièces par des cheminées dont la chaleur rayonnante échauffera l'air au degré voulu, et toujours par le bas de la pièce, car ces cheminées ne modifieront en rien l'économie du système que nous venons d'exposer. En effet, elles seront seulement munies de prises d'air directes qui alimenteront leur foyer par suite de l'énergie de l'appel, et ce foyer ne pourra pas faire appel à notre air pur, ainsi que cela se passe, puisque, dans le trajet de la prise d'air à la cheminée, cet air se chauffe sur le sol même et s'élève aussitôt dans la pièce.

Cet appel du foyer agirait plutôt sur l'air lourd, vicié et refroidi du plafond, qui a tendance à retomber en vertu de son poids et qui trouverait dans la cheminée une évacuation pouvant suppléer ou aider à celle de l'orifice du plafond.

Enfin, pour que l'air puisé directement à l'extérieur par la prise alimentant la cheminée, air non préparé à la respiration humaine, ne vienne pas dans la pièce, nous aurons soin de munir l'ouverture de la cheminée et la prise d'air de trappes qui en ferment les accès, quand le feu n'est pas allumé.

### CALORIFÈRES ORDINAIRES A AIR CHAUD

Nous ne voudrions pas quitter cet intéressant chapitre sans dire un mot des calorifères ordinairement employés pour le chauffage des pièces, et vous indiquer dans ce cas les mesures d'hygiène que vous avez à prendre.

La question se présente sous un tout autre aspect, en ce sens que la chaleur que nous amenons à l'aide de l'hypocauste dans les pièces, par une surface égale à celle de ces pièces mêmes, ce qui a pour conséquence de nous permettre de diminuer l'intensité du foyer, nous la centralisons dans une seule et petite partie appelée bouche de chaleur. Et alors il nous faut surchauffer considérablement cet air pour que la valeur du degré compense le manque de surface. De plus, l'air surchauffé, habituellement amené au niveau du plancher, se précipite au plafond en vertu de la légèreté de sa densité, pour de là se répandre en nappe et redescendre en obéissant aux mêmes lois que nous venons de décrire, avec le résultat, différent cependant, que l'habitant est chauffé de la « tête aux pieds » au lieu des « pieds à la tête. » L'air froid et pur est donc constamment refoulé à la partie basse de la pièce par la pression de l'air chaud, et, si vous ouvriez les valves d'évacuation au plafond, cet air chaud et non encore vicié par la respiration s'échapperait le premier, produisant, en outre, un courant d'appel absolument pernicieux entre elles et la bouche de chaleur. L'habitant n'aurait plus alors, pour les besoins de sa respiration, que l'air le plus irrespirable de la pièce et serait en plus exposé à se heurter constamment aux colonnes ou courants d'air surchauffés à 50, 60 et 80 degrés, allant de la bouche d'air à la valve.

Cette faute a malheureusement été trop commise, et ceux qui ont eu à en subir les conséquences sont nombreux, car c'est le plus souvent dans les administrations publiques que le fait s'est produit.

Étant donc admis que le chauffage va s'opérer de haut en bas, il nous faut alors renverser le programme et conduire immédiatement la bouche de chaleur au-dessus de la hauteur humaine, soit à 2 mètres du sol, puis placer les valves d'évacuation d'air vicié au ras du sol. En effet, l'air neuf et froid n'est plus appelé en bas, puisqu'il y subit une compression, il n'entre pas ou peu, et voilà tout : il faut cependant le faire pénétrer pour les besoins de la respiration, qui ne peut se contenter de l'air surchauffé et désoxygéné du calorifère. Pour cela, nous envelopperons le conduit d'air chaud, à son arrivée à 2 mètres du sol, d'un double conduit d'air froid dont le fonctionnement sera activé par l'appel de la colonne d'air chaud ; il déversera dans la pièce l'appoint d'air neuf et pur qui attiédira l'appartement et sera toujours le premier appelé au poumon en vertu de sa densité, faisant pression également sur les couches basses pour les précipiter dans les orifices d'évacuation. Les colonnes d'air chaud et d'air neuf marcheront donc simultanément dans le même sens et vers le même but de haut en bas.

En agissant ainsi, vous parerez, dans la limite du possible, aux dangers de ce genre d'appareils.

Voyons maintenant quelles règles il nous faudra suivre pour l'éclairage des pièces de notre habitation.

### FENÊTRES

Le soleil, c'est de l'oxygène, c'est-à-dire de la vie pour tout ce qui existe, et particulièrement pour l'homme, car « là où le soleil ne pénètre pas, dit un vieux dicton, le médecin entre. »

Nous ne subordonnerons pas, ainsi que le font certains hygiénistes, la destination des pièces à leur orientation, car ce serait compliquer le problème déjà si ardu de l'aménagement d'une maison. En effet, nous l'avons orientée, puis nous l'avons disposée pour jouir, le plus possible, des points de vue qu'offrait le paysage, et, s'il fallait encore subordonner le choix des pièces à l'orientation, ce serait souvent impossible. Il nous suffira que la lumière baigne largement tous les points de chaque pièce, et pour cela nous donnerons à nos fenêtres des dimensions fixées par la science, soit environ le cinquième de la surface du plancher desdites pièces. C'est-à-dire qu'une chambre de 4 mètres

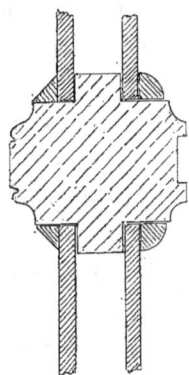

Fenêtre à double vitre contre le refroidissement.

sur 5, ou 20 mètres superficiels, devra être éclairée par un vitrage de 4 mètres superficiels. Il nous faudrait alors une fenêtre de 3 mètres de hauteur sur 1 mètre 40 de largeur. Cette fenêtre devra s'élever aussi le plus près possible du plafond, car la lumière d'en haut est toujours celle qui se diffuse le mieux dans l'air ambiant. Pour des raisons analogues, il est utile de baisser les allèges jusqu'au ras du plancher des pièces.

Malheureusement les larges fenêtres ont pour conséquence une grande déperdition de chaleur. Dans les pays froids, on remédie à cet accident en mettant une double fenêtre dont la protection offre le maximum d'effet quand les deux vitres ne sont séparées que par 2 centimètres de vide. Mais, c'est là une assez grosse dépense à laquelle nous remédierons avantageusement par le moyen suivant. Nous emploierons des bois de 41 centimètres au lieu de 34, généralement utilisés, et nous ferons une double feuillure intérieure et extérieure. Dans la feuillure extérieure nous mettrons un verre à vitre ordinaire, et, dans la feuillure intérieure, soit une nouvelle vitre ordinaire, soit de préférence des vitraux, que nous considérons comme indispensables pour régler l'usage de la lumière au point de vue de l'harmonie de l'ameublement, ainsi que nous l'expliquerons ultérieurement.

Ce second vitrage sera fixé à l'aide de petites tringles vissées et mobiles pour permettre la pose et le nettoyage accidentel de la première vitre.

Nous aurons ainsi l'avantage de la double fenêtre, sans en avoir le double inconvénient de dépense et de fonctionnement.

Et maintenant, à l'œuvre; nous pouvons procéder hardiment à la construction de notre maison, assurés que nous sommes de résoudre et vaincre les difficultés de son installation hygiénique.

## CONSTRUCTION AU-DESSUS DU SOL

Nous suivrons les indications fournies dans le chapitre relatif aux procédés gaulois, pour monter la maison conformément aux plans, façades et coupes ci-annexés. Suivant les contrées, nous emploierons la brique et le moellon ou la meulière combinés, par bandes alternées, mais sans nous considérer comme liés à ce choix particulier.

Toute autre matière peut être employée, telle que la pierre plate que l'on trouve en abondance, sous le nom de lave, dans certaines campagnes, et dont on couvre les maisons, les silex, les galets, et même le caillou, gros ou petit, que l'on peut employer avec du mortier de ciment entre deux planches formant l'épaisseur du mur, et qu'on retire aussitôt la prise de ce véritable béton. Les bandes de briques assureront la rigidité et l'assiette de toutes ces maçonneries qui, en définitive, ne servent que de clôture et non de murs de résistance à l'écrasement, puisqu'elles ne supportent qu'un comble peu lourd. Pour les encadrements de porte, les bandeaux, les appuis de fenêtres, les bahuts d'exèdre, etc., nous prendrons, autant que possible, de la pierre résistante, et, pour tous ces détails, en général, il dépendra de la science de l'architecte de régler l'usage des matériaux du pays au mieux des effets décoratifs qu'il veut obtenir, effets que nous lui conseillerons de toujours bien étudier, même dans la plus extrême simplicité. Il ne faut pas oublier que la construction obstrue la vue du passant, auquel elle masque un coin de ciel ou de verdure, et qu'il n'est pas poli de lui imposer le spectacle d'une difformité en pierre. Le savoir-vivre le plus élémentaire impose la nécessité d'être poli vis-à-vis de ce passant, et c'est de cette politesse qu'est née « l'architecture. »

Nous ne conseillerons donc jamais de construire sans le guide éclairé d'un architecte, dont la science est une garantie de la bonne installation de la maison où doivent naître, vivre et mourir des générations d'hommes dont l'existence sera d'autant mieux sauvegardée que l'hygiène de la maison aura été mieux comprise.

A lui donc de régler l'économie de cette construction pour l'exécution de laquelle nous lui apportons et les lois anciennes et les lois nouvelles, et le public comprendra d'autant mieux la grandeur de ce rôle qu'il aura pu suivre avec nous le développement et les recherches sans nombre que nécessite l'art de construire.

Nous n'insisterons donc pas outre mesure sur les détails pratiques de la construction, détails qui varient à l'infini, et nous reviendrons à ceux pour lesquels l'art cède le pas à la science.

Nous supposerons donc notre maison construite, quant au gros œuvre, et nous allons examiner les deux grosses questions qui intéressent encore son organisation, avant d'aborder son ameublement; nous voulons parler de l'installation du service d'eau et des vidanges.

## VIDANGES

### FOSSES SÈCHES

Cette question est de celles qui ont le plus passionné nos civilisations modernes et de celles pour lesquelles on a le moins fait. Tout le monde est d'accord pour reconnaître que le siège de quantité de maladies épidémiques est là, et personne ne fait rien.

Nous, que le souci de l'existence de nos clients préoccupe à juste titre, nous avons cherché longtemps, il est vrai, mais, grâce à ces recherches, nous pouvons maintenant débarrasser notre maison des puanteurs et des dangers de la fosse fixe, seule solution aujourd'hui connue et appliquée.

Le croirez-vous? De toutes les nombreuses questions que nous avons étudiées, celle de la vidange nous a été la plus attachante, celle que nous avons prise le plus corps à corps et que nous avons voulu résoudre en dehors de toutes les habitudes reçues dans nos mœurs, et par des procédés dont la simplicité même fait ressortir l'évidence. Nous avons passé en revue tous les procédés actuellement en usage, et tous plus défectueux, sinon plus horribles les uns que les autres, notamment la fosse fixe, qui est le mode le plus en usage à la campagne et dans toutes les petites villes. Et pour justifier le mot « horrible » que je viens d'employer, il faut que nous vous fassions frémir d'épouvante ; et vous allez voir qu'il y a de quoi.

On sait qu'un mètre cube de matières fécales, fèces et urines, fournit par vingt-quatre heures la quantité de gaz suivante :

| | | |
|---|---|---|
| Acide carbonique.. | 315.0 litres ou | 619 grammes. |
| Ammoniaque..... | 149.0 — — | 113 — |
| Hydrogène sulfuré. | 1.2 — — | 2 — |
| Hydrocarbure..... | 579.0 — — | 415 — |
| | 1044.2 litres ou | 1149 grammes. |

Une fosse de capacité moyenne, de 5 mètres cubes, fournit donc, quand elle est à demi pleine :

$$1044.2 \times 2.50 = 2610 \text{ litres}$$

de gaz infects à 15° de chaleur, et trois fois autant, soit 8,000 litres environ, à 25° ou 30° centigrades de chaleur d'été, en vingt-quatre heures.

De plus, il a été constaté aussi que, par un vent d'est modéré, il sort d'une lunette de latrines 1,200 mètres cubes d'air en vingt-quatre heures, soit 12,000 litres d'air dans lesquels sont délayés les 8,000 litres de gaz infects !...

A de tels chiffres répond une conclusion absolue : suppression de la fosse fixe.

Et, tout d'abord, constatons que la nature n'a pas voulu que les déjections animales, fèces et urines, subissent aucun contact, et qu'elle a disposé les organes déjecteurs pour que solides et liquides soient séparés lors de l'émission.

Constatons encore qu'à tous les animaux carnivores, dont les déjections sont composées de matières animales susceptibles de décomposition et d'infection, la nature a donné un instinct tout particulier qui consiste à gratter et jeter sur leurs excréments la terre environnante, et qu'enfin ces animaux recherchent la terre végétale de préférence au sable, pour y faire leurs déjections.

De la première de nos constatations, nous déduirons que notre appareil de vidange devra diviser les urines des fèces, parce qu'en effet, la chimie nous apprend que l'urine est un liquide qui se décompose rapidement, pour produire la presque totalité des gaz qu'accusent les produits de la fosse fixe; alors que les fèces ne sont qu'un terreau animal, demi-liquide, et qu'il suffit de le dessécher, de le « boucaner » suffisamment pour qu'il devienne imputrescible et par suite inoffensif.

De la seconde de nos constatations, nous conclurons enfin que l'acte des carnivores doit cacher un secret de la nature, et qu'il y a là une indication qu'il faut suivre. Différentes observations pratiques nous ont conduit aux résultats suivants : le sable, la cendre ne désinfectent pas les matières fécales, ils pourraient tout au plus les dessécher. La terre végétale, au contraire, désinfecte et dessèche en les minéralisant les matières qui deviennent inertes et complètement inoffensives.

Une expérience de Durand-Claye nous a donné l'explication de ce mystère.

Durand-Claye prend un grand tube en verre de 1 mètre de long sur $0^m,10$ ou $0^m,15$ de diamètre qu'il remplit de terre végétale; il ferme les deux extrémités, ne laissant subsister que deux tubulures par l'une desquelles il fait arriver de l'eau d'égout contenant des matières fécales; cette eau traverse la terre que contient le tube, et sort claire, limpide et « bonne à boire. »

Elle s'est donc, sur son parcours, dépouillée de tout principe nocif.

Puis, on suspend l'arrivée de cette eau d'égout, et on la remplace par de l'eau légèrement additionnée de chloroforme, après quoi on fait à nouveau passer de l'eau d'égout qui, cette fois, sort aussi malpropre qu'elle est entrée.

Enfin, si après un certain temps on verse à nouveau de l'eau d'égout, cette eau sort propre à nouveau.

D'où cette conclusion : que la terre végétale, qui est un amas de matières végétales et animales en décomposition, contient tout un monde de petits animaux microscopiques qui dévorent au passage toutes les matières que contient l'eau d'égout, pour ne laisser

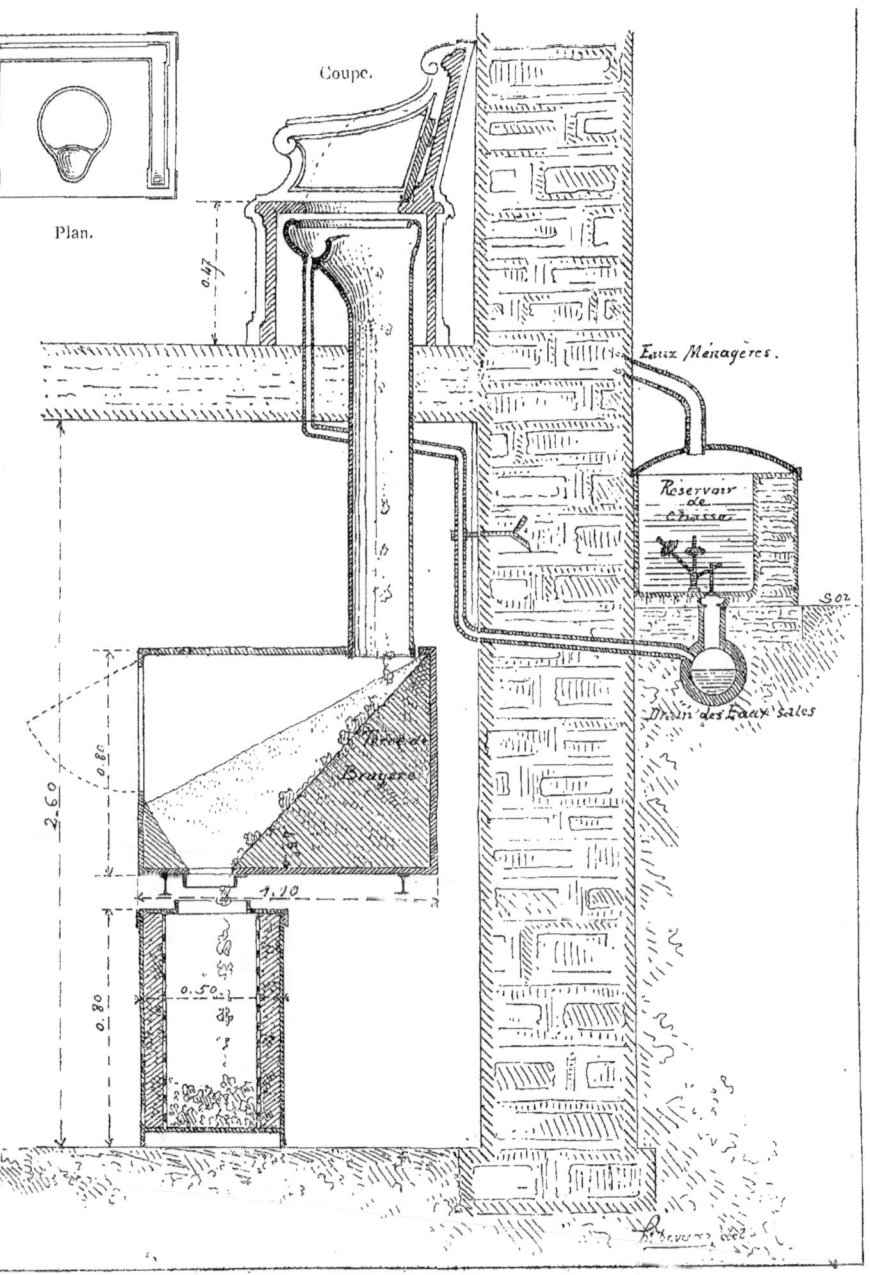

dange. Fosses sèches à terre végétale. Principe mis en pratique dans le nord de l'Angleterre, en Hollande, etc.

passer que l'eau débarrassée de toutes ses impuretés par ce petit monde de travailleurs d'un nouveau genre que le chloroforme avait endormis à son passage et qui, aussitôt revenus de leur sommeil, ont repris leur besogne de fossoyeurs.

Fort de ces indications, nous allons établir un appareil où nous mettrons à profit ces précieux renseignements.

Dans ce but, nous adopterons un appareil construit par M. Bonnefin, ingénieur, à titre d'essai, à la caserne de la Cité, à Paris, appareil qui n'était lui-même qu'une légère modification de ceux créés en Angleterre par le R. D$^r$ Moule, qui a préconisé le premier ce système.

Au siège, que nous supposerons en forme de fauteuil, pour ôter aux habitants la pensée de monter dessus, ainsi que cela se pratique trop souvent, on adapte un tuyau de forme cylindrique à sa partie inférieure et légèrement ovoïde à sa partie antérieure supérieure, puis, en contre-bas, à 10 ou 15 centimètres environ, nous fixons une petite cuvette demi-circulaire, avec un trou et tuyau d'écoulement.

Ainsi disposé, notre tuyau de chute laissera passer les matières solides, mais arrêtera au passage les urines, lesquelles seront conduites à l'extérieur dans le récipient des eaux ménagères dont il sera parlé plus loin.

Au-dessous du tuyau de chute, on établit, en bois ou en briques, une petite cage rectangulaire de 1 mètre carré, terminée à 1m,30 au-dessus du sol par un petit plancher avec lunette en avant, à 0m,10 du bord, près d'une petite porte de service. Puis, au pourtour de cette lunette, on établit un plan incliné en terre sèche pulvérisée, avec une inclinaison de 45 degrés environ. Ledit plan incliné de terre sèche et la lunette sont combinés pour que le tuyau de chute laisse tomber les matières au sommet du plan incliné. Enfin, au-dessous du plancher et de la lunette, on place un tonneau ordinaire en tôle, dans lequel on introduit un second tonneau de diamètre moindre, dont la surface est percée de trous de 0m,015 de diamètre, et entre ces deux tonneaux on introduit de la terre sèche, qui forme ainsi une paroi desséchante.

Quant aux solides, après leur chute dans le tuyau, ils tombent sur le plan incliné de terre sèche où ils s'enveloppent, comme d'un gant, d'une couche de cette matière et, de là, dans le tonneau. Derrière eux, un filet de terre sèche, mise en branle par le choc, tombe à son tour dans le tonneau, juste sur eux, et les recouvre d'une nouvelle couche isolante, dont les propriétés desséchantes et désinfectantes viennent s'ajouter à celles de la terre contenue dans la double enveloppe.

Puis alors cette matière se dessèche sans produire aucune odeur, et se minéralise lentement, car notre tinette ne recevant que les solides ne se remplit qu'à de longues échéances. En effet, un être humain du poids moyen de 45 kilogrammes ne produit par an que

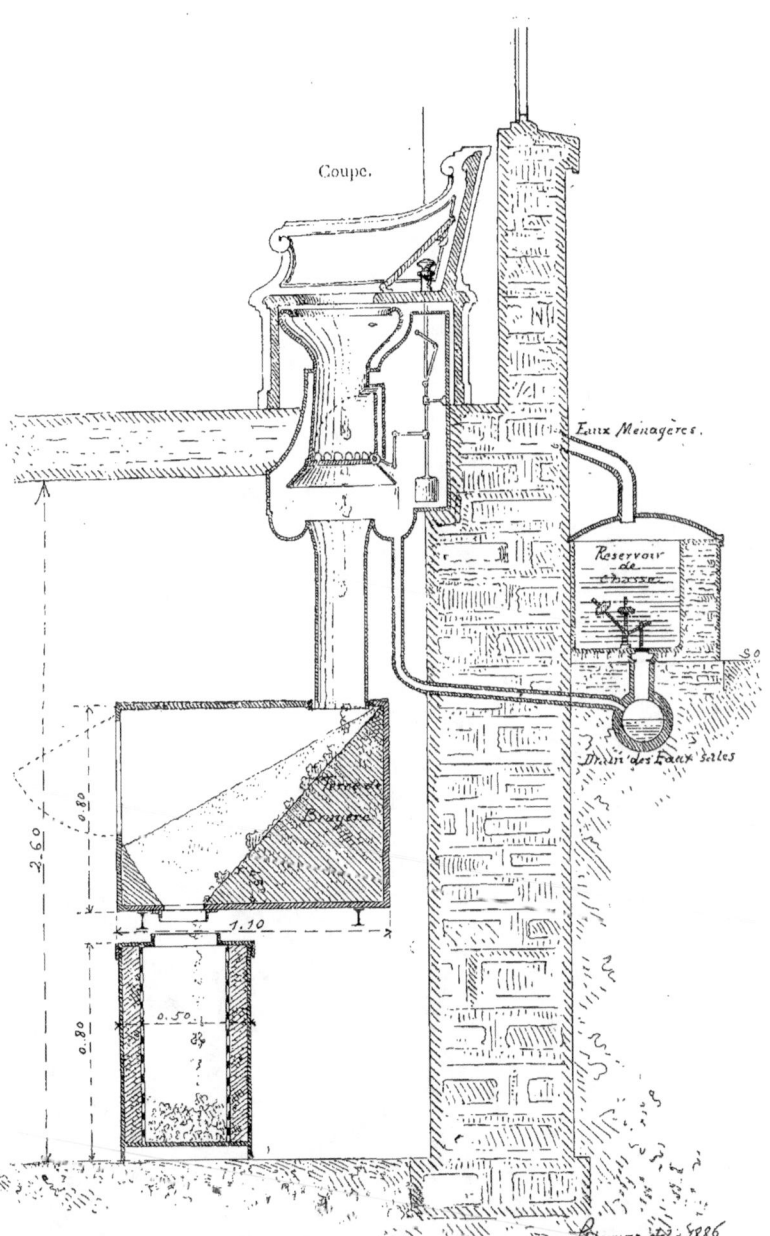

Vidange. Même système, mais avec cuvette en faïence et effet d'eau : appareil Barrière.

34 kilogrammes de matières fécales pour 428 kilogrammes d'urine, et, si nous supposons quatre habitants par maison, c'est donc 130 kilogrammes seulement de matières solides à recevoir par an dans notre tinette. Si on y joint le volume de terre entraînée par leur chute, c'est donc seulement tous les six mois qu'il faudra vider la tinette. Or, après deux mois, la transformation est complète et la matière peut subir le contact de l'humidité sans se décomposer ; ce n'est plus que de l'humus, formant un excellent engrais qui peut être employé dans le jardin, si mieux on n'aime le brûler au foyer du calorifère avec tous les déchets de cuisine, végétaux et animaux, qui alimenteront utilement le feu et débarrasseront plus utilement encore la maison et son voisinage de toute odeur de décomposition. Nous n'aurons plus ainsi à nous préoccuper de la question « fumier » qu'alimentent les déchets domestiques, pour le plus grand danger de l'air ambiant et des eaux souterraines que les infiltrations d'eaux corrompues tendent toujours à gagner.

Les cendres doivent être rejetées impitoyablement de ce système de fosse, de même que toute matière sèche inerte, comme le sable, le plâtre, etc., il faut que les travailleurs microscopiques existent, et dans ce sens le « terreau », la terre de bruyère, sont autant de matières à employer suivant les cas et les milieux.

Ce principe de la fosse sèche a été appliqué, sinon inventé, par le R. D$^r$ Moule, ecclésiastique anglais, et son usage est très commun en Angleterre, à Salford, à Manchester, etc..., où il fonctionne à l'aide d'appareils particuliers assez ingénieux. Ces appareils sont moins simples et par conséquent moins pratiques que celui que nous venons de décrire; mais la simplicité même de notre système le rend un peu primitif; puis il a l'inconvénient de ne pouvoir être employé pour uriner à l'usage de l'homme. En conséquence nous avons dû étudier et faire construire un appareil nouveau dont le fonctionnement répondît aux nécessités de la solution cherchée. M. Barrière, qui avait suivi nos recherches dans la construction de notre maison type, dont il avait accepté le programme, a construit, sur nos indications, un appareil dont le fonctionnement ne laisse rien à désirer et dont l'emploi nous a permis de résoudre enfin cette question des vidanges, dont l'étude nous a si longtemps préoccupé.

La forme de cet appareil est semblable aux appareils ordinaires, dans ses parties essentielles : il se compose d'une cuvette en faïence avec valve, bouton de tirage et effet d'eau. Toutefois, la valve, au lieu d'être placée directement au bas de la cuvette, se trouve descendue à l'extrémité d'un conduit en bronze ajouré, et cette valve est elle-même enclose d'un conduit circulaire. Quand donc les matières sont projetées dans la cuvette, elles tombent sur le plateau formé par la valve, et les liquides s'échappent par le conduit circulaire qui les entraîne au dehors. Puis, dès que, sous l'impulsion du bouton de tirage, cette valve fait bascule, une autre valve, légèrement convexe et articulée sur le même levier et le même axe de rotation, suit le mouvement de bascule et vient fermer l'orifice pendant que la première valve précipite les matières dans le tuyau de chute. A ce moment, le mouvement de tirage ouvre le robinet d'arrivée d'eau, laquelle lave la cuvette et va rejoindre les urines par le canal circulaire, sans pénétrer d'aucune façon dans le tuyau de chute.

En Belgique et en Hollande, « les bacs à cendre » sont également le réceptacle national, et l'usage en est absolument courant, ce qui étonnera beaucoup de gens en France, de ceux surtout qui croient que ce qui se passe chez nous est supérieur à ce qui se passe chez nos voisins.

### ABSORPTION DES LIQUIDES

Et maintenant, que vont devenir nos liquides, tant de la fosse que des cuisines, des cabinets de toilette et autres ?

Nous les ferons tous arriver dans une canalisation centrale, en terre cuite vernissée à l'intérieur, laquelle viendra se déverser, à l'extérieur du bâtiment, en se terminant par un coude en U ; ce coude formera coupe-air, pour empêcher les émanations de remonter dans les différentes canalisations et d'y produire un courant d'air infectant. Puis, ces eaux viendront se déverser dans une petite cuve en maçonnerie de ciment, où elles s'accumuleront jusqu'à ce qu'un siphon coudé, amorcé par le niveau extrême de l'eau, les projette vivement, en vidant la caisse dans une canalisation de décharge à fleur du sol.

Nous venons de prononcer le mot de siphon, et la science physique est aujourd'hui assez répandue pour que nous n'ayons pas à faire la description de cet appareil, qui est du reste très peu pratique, outre qu'il oblige d'avoir recours à des fabricants spéciaux dont nous repoussons toujours autant que possible l'ingérence dans la construction, dont ils entravent la liberté. Ici, la besogne nous sera facile, grâce à l'emploi d'un appareil très simple et certainement antique, dont l'usage s'est conservé dans les irrigations.

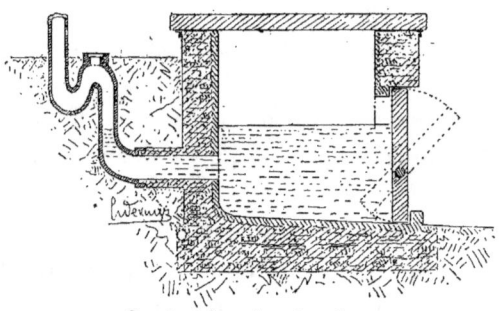

Cuvette à bascule automatique.

Il consiste en une caisse rectangulaire dont l'un des côtés est fermé par une porte mobile en bois, ferrée en son milieu par une tige métallique qui se meut à l'aide de deux tourillons ; une feuillure, extérieure par en bas et intérieure par en haut, assure l'étanchéité de la fermeture. L'eau, arrivant dans la caisse, fait pression sur la partie basse de la porte et la comprime dans sa feuillure ; puis, quand le liquide dépassant l'axe de rotation monte à une hauteur suffisante pour contrebalancer le poids de la masse d'eau inférieure, la porte bascule et l'eau se précipite d'un seul coup dans les conduits. Enfin, la portion inférieure de la porte étant faite un peu plus haute que la partie supérieure, est aussi plus lourde et retombe de son propre poids pour voir le même fonctionnement recommencer à nouveau.

Puis, la canalisation conduira ces eaux dans le potager de la maison, que nous diviserons en quatre parcelles subdivisées chacune en planches étroites, plantées de légumes, et séparées par des sillons profonds, qui recevront alternativement les eaux pendant un laps de jours représentant un écoulement continu de six heures. Parce qu'en effet, la quantité d'eaux ménagères de notre maison ne sera guère considérable, si on prend la moyenne acceptée par la pratique, qui donne 90 litres pour l'usage d'une personne et par vingt-quatre heures ; soit pour quatre personnes, 360 litres. Si donc notre cuve contient environ 150 litres, elle ne se videra que deux fois par jour, et la même parcelle pourra recevoir pendant deux ou trois jours cet apport d'eau, d'autant que, dans l'intervalle des deux arrosages, la terre abandonnée à la dessiccation et à l'aération reprendra ses qualités épuratives.

Là encore l'expérience du tube de verre rempli de terre et chloroformisé justifie et explique l'usage que nous donnons à nos eaux ménagères, qui débarrasseront ainsi utilement la maison en lui assurant une récolte de légumes magnifiques dont les irrigations de la presqu'île de Gennevilliers, par l'eau d'égout de Paris, ont justifié la valeur.

Il est nécessaire de drainer le sol du jardin, ainsi arrosé, afin de lui conserver sa perméabilité et sa porosité pour les jours et la saison de grandes pluies, afin d'assurer un écoulement à l'excès d'eau et empêcher le terrain de devenir humide.

L'eau recueillie par les drains sera absolument pure et inoffensive et sera amenée dans le ou les puisards absorbants, où se déversent déjà les drains de protection du pourtour de la maison, lesquels, ne recevront ainsi que des eaux pures et sans danger pour les terrains avoisinants et pour les eaux souterraines.

Les descentes d'eaux des toits de la maison seront amenées également dans ce même puisard, mais un coupe-air serait placé au pied de chacun d'eux.

Si, pour une raison quelconque, l'emploi de ce système d'irrigation ne pouvait être employé, les eaux ménagères seraient alors envoyées dans un puisard absorbant, mais, dans ce cas, il faudrait les désinfecter, ce à quoi on arrivera facilement par les moyens suivants : les pierres à évier des cuisines, les cuvettes des cabinets et des lavabos étant lavées chaque jour, on ajouterait aux eaux de lavage des cristaux de sulfate de cuivre ou de sulfate de fer, cristaux bleus et verts, le désinfectant le plus énergique, le moins coûteux et le

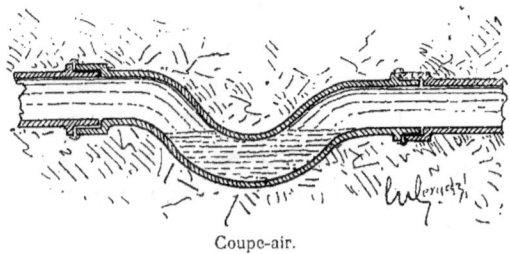

Coupe-air.

plus répandu. On userait encore utilement du sulfate phénique ou du chlorure de zinc. Puis, on aurait le soin d'en mettre chaque jour dans la cuve de maçonnerie, réceptacle de toutes les eaux ménagères; et ces eaux, accumulées avant le jeu du siphon qui les jettera dans la canalisation, iront se perdre, complètement inoffensives, dans le puisard.

Et maintenant que nous avons débarrassé la maison de toutes ses malpropretés, rentrons terminer notre œuvre en installant l'eau pure et saine partout, puis les bains et la lumière.

## L'EAU FILTRÉE ET AÉRÉE DANS TOUTES LES PIÈCES

Nous avons dit dans le chapitre relatif à la création de la source, destinée à alimenter d'eau notre maison, que nous la distribuerions à l'aide d'un appareil particulier très simple. En effet, cet appareil a pour principe l'incompressibilité de l'eau, à savoir : que, quel que soit le poids dont vous chargiez un volume d'eau déterminé, ce volume ne change pas. Tout au plus, quand il s'agit d'une pression de gaz exercée à la surface, ce gaz pénètre-t-il pour une certaine proportion dans la masse elle-même de l'eau, qui le rend sous forme de bulles dès qu'elle arrive à l'air libre.

L'air et les gaz en général sont au contraire compressibles et peuvent, sous un très petit volume, représenter une force expansive considérable.

Le banal siphon d'eau de Seltz rend très bien compte de ce phénomène, et si nous appliquons le principe même de sa construction, c'est-à-dire un vase clos dans lequel nous ferons arriver par force une certaine quantité d'eau, l'air contenu dans ce vase, chassé par l'eau, se comprimera dans la partie supérieure en même temps qu'une certaine quotité de cet air pénétrera dans la masse elle-même de l'eau. Et, si le réservoir ainsi constitué est mis en communication avec une

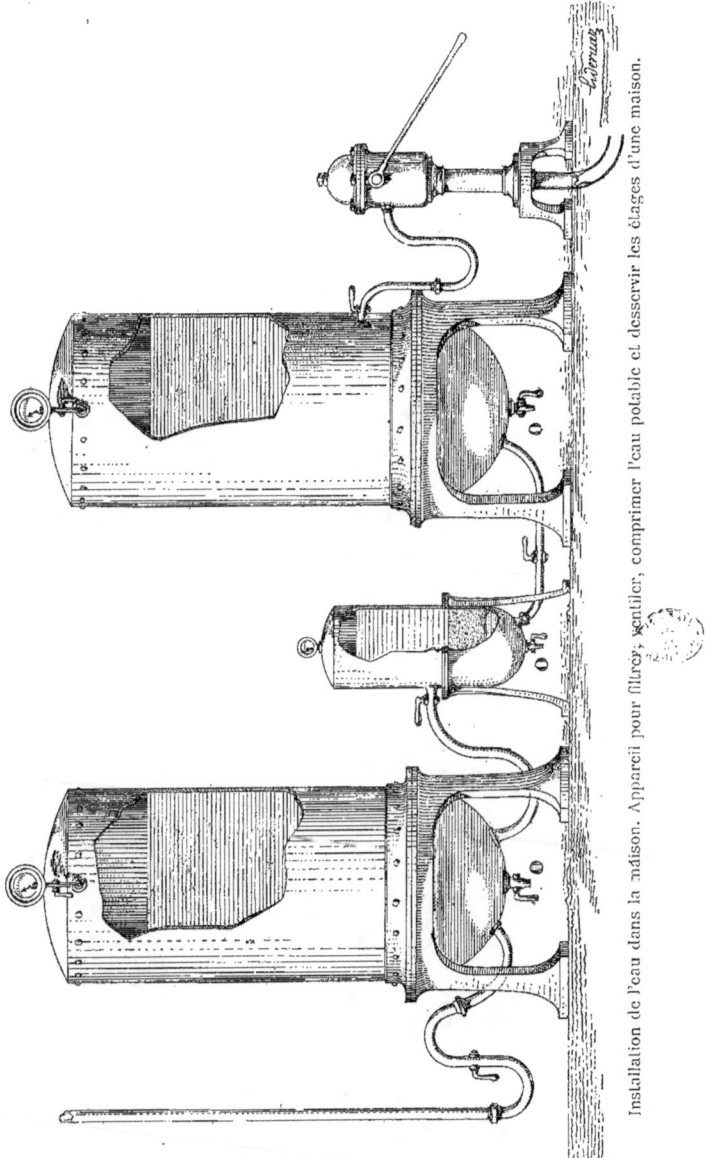

Installation de l'eau dans la maison. Appareil pour filtrer, ventiler, comprimer l'eau potable et desservir les étages d'une maison.

canalisation, l'eau chassée par l'air comprimé s'y précipitera en raison directe de la compression de cet air intérieur du réservoir, et permettra d'assurer le service d'eau d'une maison.

Un ingénieur, M. Chanoit, a mis en pratique cette idée scientifique, et M. Carré, constructeur, livre aujourd'hui, dans le commerce, un appareil très simple dont voici la description :

Deux réservoirs, terminés par deux calottes demi-sphériques, sont suspendus à environ $0^m,50$ au-dessus du sol et munis de trois robinets, un à la partie inférieure et deux sur la paroi verticale du réservoir. Puis, entre ces réservoirs, on en dispose un plus petit, muni des trois mêmes robinets et dont la partie inférieure contient, entre deux grilles, du « laitier » ou verre de haut fourneau, sorte de matière souple, cotonneuse et blanchâtre, ressemblant à une sorte de ouate un peu grossière. Elle est obtenue à l'aide d'un jet de vapeur projeté sur les scories de haut fourneau en fusion, et se présente, au microscope, sous forme de petits tubes creux de verre filé. Cette matière est donc absolument inerte et par suite imputrescible ; de plus, l'extrême ténuité de tous ces petits tubes constitue un excellent filtre où l'eau se dépouille de ses impuretés mieux que dans son passage au travers de toutes les autres matières, telles que le charbon, le gravier, les éponges, qui, après peu de temps, sont devenus des corps chargés de matières infectieuses, au travers desquelles il est plus dangereux de faire passer l'eau que de la boire auparavant.

Ces trois réservoirs sont reliés entre eux, ainsi que le montre notre figure, et aussi à une petite pompe aspirante et foulante d'un système particulier, grosse comme les deux poings tout au plus, et dont la manœuvre est facilitée par un long levier qui rend absolument pratique sa mise en mouvement.

Enfin, le second robinet du troisième réservoir est mis en communication avec la canalisation d'eau de la maison.

Et, maintenant, branchons l'alimentation de notre pompe sur la conduite arrivant de notre source, et mettons-la en mouvement. L'eau projetée dans le grand réservoir, comprimant l'air qui s'y trouve, le remplissage et la compression seront indiqués quand le petit manomètre, figuré à sa partie supérieure, indiquera trois atmosphères, soit : vingt-sept mètres de pression.

Nous fermerons le robinet du conduit venant de la pompe et ouvrirons alors le robinet qui met en communication le grand réservoir avec le petit. L'eau, traversant le filtre, viendra s'accumuler et comprimer l'air, dans la partie supérieure du réservoir, ainsi que cela s'est produit dans le grand réservoir, pour, de là, aller s'emmagasiner dans le troisième réservoir en vertu du même mécanisme automatique. Ouvrant maintenant le robinet R, qui donne issue dans la canalisation de la maison, l'eau ira alimenter d'abord la petite fontaine de l'atrium, d'où elle jaillira sous forme de jet d'eau, puis ensuite les robinets que nous installerons dans toutes les pièces de la maison.

Dans la cuisine et dans le cabinet de toilette, nous placerons des robinets à gros débit, mais, dans les autres pièces, nous installerons des postes de forme spéciale, ayant pour but de faire disparaître les gros conduits en plomb, dont on se sert habituellement.

Pour cela, nous brancherons, sur la canalisation principale allant au cabinet de toilette, une série de conduits en métal anglais brillant, souple comme le plomb, mais plus résistant et pas plus gros qu'un conduit de sonneries à air, c'est-à-dire à peine la grosseur d'un crayon, et dont le débit, en eau comprimée, est très suffisant pour le service d'une pièce d'habitation où l'habitant n'a besoin que de puiser de l'eau pour boire ou pour se laver les mains. Sous le robinet, de très petite dimension aussi, nous placerons une petite cuvette de porcelaine, en forme de coquillage, pour recevoir la goutte d'eau.

Ainsi installé, notre service est prêt à fonctionner.

Mettons donc un verre sous l'un des robinets et ouvrons ce robinet : aussitôt, il jaillira une eau rendue blanche par les bulles d'air qu'elle contient, et qui s'échapperont rapidement pour ne plus laisser, après un instant, qu'une eau admirablement claire, limpide, fraîche, bien aérée, et qui fera la joie du médecin de la maison.

Mais l'eau, entraînant avec elle une certaine quantité d'air, annulerait assez rapidement la réserve que nous avons comprimée et qui nous sert de moteur. Voyons donc comment nous allons renouveler cet air et nettoyer aussi notre filtre.

Descendons à la cave où, tout naturellement, nous avons installé nos appareils pour garder notre eau fraîche. Nous fermerons les robinets de service de la canalisation pour isoler chacun des réservoirs, et, commençant par le réservoir à eau filtrée, nous ouvrirons vivement le robinet placé à la partie inférieure O. L'eau, chassée violemment par l'air comprimé de la partie supérieure, traversera le filtre en sens inverse de l'arrivée et le lavera, en entraînant toutes les impuretés, puis l'eau partie, l'air entrera à nouveau dans le réservoir pour fournir la quantité nécessaire à la compression de chasse quand on le remplira d'eau.

De même pour les deux grands réservoirs, on fermera les robinets de sortie d'eau et on ouvrira le robinet de vidange O : le peu d'eau restant sera rejeté en dehors et l'air rentrera dans le réservoir par l'ouverture du robinet, que l'on fermera avant de le remplir à nouveau. Les eaux provenant de ces vidanges seront conduites par une canalisation en terre dans le service des drains enceignant le bâtiment.

Rien de plus simple, de plus facile à manier et d'un rendement aussi assuré que ce petit appareil, dont le prix est tellement minime que nous croyons devoir l'indiquer ici, dans l'intérêt de la santé publique.

| | |
|---|---|
| Réservoir élévateur, cube 150 litres. | 150 fr. |
| Pompe spéciale . . . . . . . . . . . . | 70 |
| Filtre n° 1 . . . . . . . . . . . . . . . . | 65 |
| Installation . . . . . . . . . . . . . . . | 50 |
| Robinetterie . . . . . . . . . . . . . . . | 65 |
| Manomètre . . . . . . . . . . . . . . . | 25 |
| Alimentation . . . . . . . . . . . . . . | 25 |
| Transport . . . . . . . . . . . . . . . . | 25 |
| | 475 fr. |

Canalisation dans la maison :

| | |
|---|---|
| Plomb n° 1 . . . . . . . . | 1 fr. 40 le mètre. |
| Pose . . . . . . . . . . . . | 0 25 — |

Ce réservoir de 150 litres est suffisant pour les besoins d'une maison de l'importance de la nôtre, y compris la fontaine jaillissante. Quelques minutes de manœuvre de la pompe suffisent à remplir le réservoir et cette manœuvre est absolument facile et sans fatigue.

Nous comptons, en général, de 600 à 800 francs pour l'installation complète.

Des réservoirs annexes peuvent être ajoutés au premier réservoir, si besoin est, soit pour aider à l'arrosage des feuilles des arbustes qui environnent la maison et que la pression de l'eau permet d'atteindre ; soit pour constituer une réserve destinée à garantir la maison contre l'incendie. Il suffit de relier ce nouveau réservoir au premier et d'établir à son usage une canalisation spéciale de grosse section, laquelle viendra déboucher dans l'atrium et sera armée à sa sortie d'un tube en cuir, spécial aux services d'incendie, accroché à portée de la main. Le réservoir, étant rempli d'eau et isolé du premier par la fermeture du robinet, pourra rester prêt à fonctionner pendant plusieurs années, mais, pour plus de sécurité, il suffira de le vider et le remplir de temps à autre, et notre maison, ainsi que tous les alentours, seront mis à l'abri du danger d'incendie.

Plusieurs établissements publics, notamment le Crédit Lyonnais, ont ainsi une réserve toute prête.

## BAINS

Et maintenant que nous avons l'eau, voyons comment il nous sera possible de l'utiliser pratiquement pour le service des bains, dont l'installation est le complément nécessaire de l'hygiène humaine, celui que les médecins réclament avec le plus d'insistance.

Et tout d'abord, notre eau froide à haute pression va permettre d'installer une douche en pluie, pour l'usage courant, et une douche en jet et en cercle réservée à la direction du médecin, pour les cas de maladies spéciales et locales. Puis, plus particulièrement pour l'usage des femmes, un bain de siège avec douches ascendantes vaginales et rectales complètera l'organisation de notre service d'eau froide.

En ce qui concerne l'usage de l'eau chaude, le bain-marie de notre fourneau suffira pour le service des bains de pieds; quant aux grands bains, il conviendra d'installer au-dessus du fourneau de cuisine un réservoir d'eau dans lequel la vapeur produite par l'ébullition de l'eau du bain-marie viendra, par un tube vertical ascendant, se condenser en l'échauffant dans l'eau de ce réservoir, qui par une petite canalisation spéciale ira se déverser dans la baignoire. On règlera la température du bain, soit par une addition d'un peu d'eau bouillante du bain-marie, soit par un peu d'eau froide fournie par la canalisation générale de la maison.

Enfin, pour assurer tout ce service, nous peindrons les murs de notre cabinet de toilette en peinture au blanc de zinc et au vernis, pour les faïencer et leur permettre de recevoir ainsi toutes les éclaboussures possibles sans craindre de mouiller ces enduits. Le sol sera mosaïqué, comme le reste de l'habitation, mais avec pente d'écoulement d'eau, et recouvert d'une claie de bois à jour qui isole le pied de l'eau qui s'écoule sur la surface du pavage.

## ÉCLAIRAGE

Il ne nous reste plus maintenant qu'à éclairer notre habitation pour en compléter l'installation, et, sur ce point, il est bon de remarquer que la disposition de notre plan est telle, qu'il suffit d'une lumière maintenue toute la nuit dans l'atrium, pour que toutes les pièces qui s'ouvrent sur lui prennent assez de clarté la nuit, pour assurer la circulation et le service très restreint, soit des water-closets, soit de la surveillance. Il est donc inutile d'installer un système particulier d'appareils à gaz de pétrole, très usités aujourd'hui et très pratiques du reste, mais seulement dans des habitations plus vastes.

Le système ordinaire de lampes à pétrole ou à huile et l'usage de la bougie resteront toujours le mode d'éclairage le plus facile et le meilleur, tant que l'électricité ne sera pas sortie de la période de tâtonnements où elle végète encore aujourd'hui.

Toutefois, pour l'éducation de nos lecteurs, nous allons décrire l'un de ces appareils à gaz, dont l'emploi peut être fort utile à l'occasion. Nous prendrons pour types ceux, qui nous ont semblé de beaucoup supérieurs aux autres, et que nous employons d'habitude pour les installations d'éclairage.

Dans un récipient en tôle hermétiquement fermé,

on introduit, par un orifice disposé en conséquence, de l'essence minérale; puis, cette petite cuve appelée « carburateur » est mise en communication avec un autre appareil de forme circulaire contenant de l'eau,

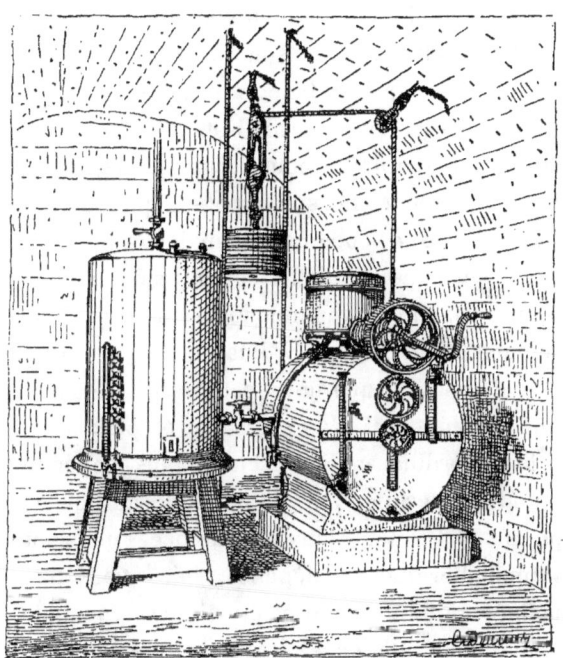

Éclairage. Appareil à fabriquer le gaz chez soi.
Système Boutet et Cⁱᵉ, à Paris.

et un appareil spécial pour aspirer l'air extérieur. Ledit appareil est mis en mouvement par un contrepoids que fait mouvoir un mécanisme analogue aux vieux tournebroches des cuisines du temps passé.

Tout cet ensemble d'une grande simplicité, et qui ne demande qu'un mètre d'emplacement en tous sens, peut être manié par la personne la plus inexpérimentée, et sa mise en marche ne demande guère que cinq minutes de temps. Le carburateur étant rempli d'essence et le contrepoids monté à son point le plus haut, il vous suffit d'ouvrir le robinet qui met le carburateur en communication avec la canalisation de plomb à gaz, habituellement employée pour l'éclairage des maisons, et munie des mêmes becs et appareils que pour le gaz ordinaire. Dès que vous ouvrez l'un de ces becs et que vous présentez une allumette, ce nouveau gaz, que les inventeurs appellent « gaz atmosphérique », s'enflamme absolument comme le gaz ordinaire, sans en excepter la petite détonation que nous connaissons tous, et la flamme produite est plus puissante et plus fixe que celle du gaz ordinaire. Elle est aussi plus économique, car, pour un bec de quarante jets, le gaz ordinaire coûte 0 fr. 11 1/2 par heure et par bec, tandis que le gaz atmosphérique ne dépense, lui, que 0 fr. 10; et dans la pratique cette économie est encore plus considérable, la dépense n'est guère que de 0 fr. 07.

Ce procédé est une véritable trouvaille, inappréciable pour la province et d'une application courante, car la production de ce gaz se fait instantanément par l'ouverture d'un robinet; elle cesse immédiatement par sa fermeture. Il n'y a donc pas d'emmagasinage, pas de réservoir à gaz, et, par sa constitution même, il ne laisse pas la plus petite trace de dépôt dans la canalisation.

Sa combustion ne dégage aucune odeur et l'absence de toute vapeur sulfureuse ou ammoniacale supprime l'altération que cause le gaz de houille sur les dorures, les peintures, les métaux. Pas d'émanations asphyxiantes, nuisibles à l'homme, aux animaux, aux plantes.

Il est considérablement moins explosible que le gaz de houille. De plus, les chances d'explosion se trouvent complètement annulées, car étant plus lourd que l'air, il ne peut s'accumuler dans les plafonds; tout au contraire, il descend, et, en cas de fuite, la constatation est immédiate.

Son pouvoir calorique est très abondant et se prête parfaitement aux besoins de la cuisine et du chauffage domestique.

La pression est automatique et se règle entièrement d'elle-même. Quand on allume ou éteint un ou plusieurs becs, la flamme des autres ne varie pas.

Enfin, l'installation de l'appareil peut se faire soit dans l'habitation même, soit dans un local extérieur, à n'importe quelle distance, car la longueur de la canalisation ne nuit en rien à la beauté de l'éclairage.

Le service journalier consiste à remonter le contrepoids une fois par jour, et à ouvrir le robinet de distribution. Si la hauteur du plafond est suffisante, cette opération ne devient même plus nécessaire qu'au bout d'un certain nombre de jours.

Pour l'alimentation, il n'y a qu'à remplacer dans le carburateur l'essence évaporée, à des époques plus ou moins éloignées, suivant les besoins de la consommation.

Ainsi l'éclairage d'une habitation entière s'obtient en bien moins de temps qu'il n'en faudrait pour préparer une seule lampe ordinaire.

De nombreux appareils, fonctionnant depuis douze ans avec un succès constant, ont permis toutes les épreuves nécessaires et rempli toutes les conditions possibles d'expérience et de pratique.

Prix des appareils :

| | | | |
|---|---|---|---|
| N° 1. | Appareil pour 10 becs... | 700 francs. |
| 2. | — 20 — | 900 — |
| 3. | — 30 — | 1,100 — |
| 4. | — 50 — | 1,500 — |
| 5. | — 100 — | 2,400 — |

Donc, chacun peut aujourd'hui avoir chez soi, dans n'importe quelle contrée reculée, un bel éclairage, économique, invariable, sans danger, sans embarras, et d'une absolue propreté.

De nombreux appareils nouveaux sont venus se grouper autour de celui-là ; ils sont beaucoup moins chers : certains sont livrés au prix de 200 francs pour cinq becs et sont très suffisants pour une petite maison comme la nôtre. Le principe général étant exposé, il suffira de s'adresser à l'industrie pour choisir et connaître le système le plus avantageux, suivant les cas particuliers de l'installation à faire.

Éclairage. Appareil à fabriquer le gaz chez soi.
Système Beau et Taillet, à Paris.

Il est cependant un point très important de l'éclairage qu'il faut étudier et résoudre contrairement aux usages reçus; nous voulons parler de la lanterne de main et de la lanterne de voiture pour la circulation de nuit, tant dans le jardin que dans les communs, et sur la route en allant d'une habitation à l'autre. En effet, nos lanternes usuelles, à l'huile ou à la bougie, brûlent mal et s'éteignent la plupart du temps, et cela, d'autant mieux, que leur emploi n'est utile que par les

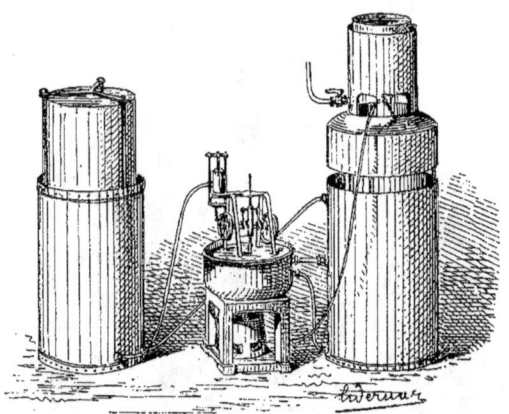
Éclairage. Appareil à fabriquer le gaz chez soi.
Système Société française, à Paris.

nuits sombres où la pluie et le vent rendent la circulation difficile.

Pour résoudre ce problème, nous nous adresserons aux lampes électriques de M. Trouvé, ingénieur [1].

### ÉCLAIRAGE ÉLECTRIQUE

Les lampes Trouvé sont de deux types différents. Les unes s'allument au repos, quand on les place sur une table ou qu'on les suspend par un crochet qu'elles

[1] Les systèmes électriques sont aujourd'hui multipliés : le système Trouvé a été un des premiers mis en pratique.

portent; elles s'éteignent quand on les tient par la poignée qui les surmonte; les autres s'éteignent quand elles reposent sur leur base et s'allument quand on les saisit par la poignée.

Notre croquis représente une lampe du second type.

Dans les deux cas, l'appareil se compose d'une

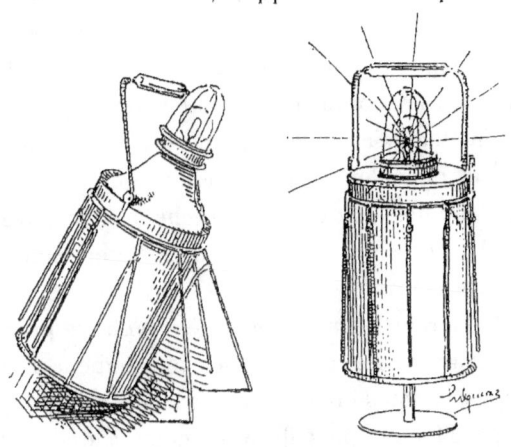

Lanterne électrique Trouvé.

caisse ou vase à compartiments qui reçoit une pile au bichromate.

Le couvercle du vase porte les éléments de la pile et la lampe à incandescence, proprement dite, renfermée dans une double enveloppe de cristal et protégée par une cage métallique, disposition qui assure la sécurité de l'appareil.

Le couvercle peut monter et descendre dans le vase qui contient le liquide excitateur, c'est par ce mouvement « automatique » que se fait l'allumage, l'extinction et le réglage de la lampe.

Dans les appareils de première classe, quand le couvercle est descendu, le courant s'établit et la lampe s'allume, tandis que, si le couvercle se trouve soulevé, les éléments ne plongent plus, le courant cesse et la lampe s'éteint. Si donc, on imagine une poignée fixée au couvercle, — qu'un ou plusieurs arrêts empêchent d'ailleurs de se séparer entièrement du vase, — on se rend facilement compte que la lampe s'éteint quand on la suspend ou qu'on la porte par la poignée, tandis qu'elle s'allume dès qu'on l'accroche à la ceinture au moyen d'un crochet, ou qu'on la porte en sautoir à l'aide de la courroie.

Les appareils qui s'allument dès qu'on les prend à la main sont de forme ronde et conviennent surtout aux usages domestiques. Dans ce modèle la poignée de l'appareil n'est plus fixée au couvercle du vase, mais bien sur le vase lui-même. Il s'ensuit que, quand on tient l'appareil à la main, par la poignée, le couvercle et les éléments qu'il porte descendent dans le liquide et la lampe s'allume. Les éléments remontent au contraire, avec le couvercle, quand on pose la lampe sur sa base, et elle s'éteint d'elle-même.

A cet effet, une tige centrale, en rapport avec le couvercle par un ressort à boudin et un écrou, traverse le centre du vase et touche la surface d'appui dès qu'on pose l'appareil sur sa base. Cette tige se termine par une large plaque circulaire qui augmente l'étendue des surfaces en contact.

Pour régler l'intensité de l'éclairage, il suffit de faire monter ou descendre un bouton-écrou monté sur la tige centrale. En vissant le bouton, les éléments plongent davantage et la lumière augmente; en le dévissant, le ressort à boudin, mentionné plus haut, soulève le couvercle, et les éléments plongeant moins profondément, l'intensité lumineuse diminue.

Un des modèles de ces lampes s'adapte aux voitures pour remplacer les lanternes ordinaires. Le prix de ces lampes est de 25 francs.

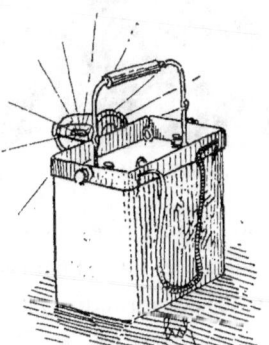

Lanterne électrique Trouvé.

Voulez-vous enfin, amateur de progrès, pousser plus loin l'emploi de l'électricité et éclairer complètement votre habitation à l'électricité? Voici ce que le même ingénieur propose :

Le plan ci-joint suffira certainement, avec quelques

lignes de commentaire, pour permettre de se rendre compte de la simplicité des moyens employés.

Le salon, le bureau, la salle à manger, la chambre à coucher et la cuisine sont éclairés soit alternative-

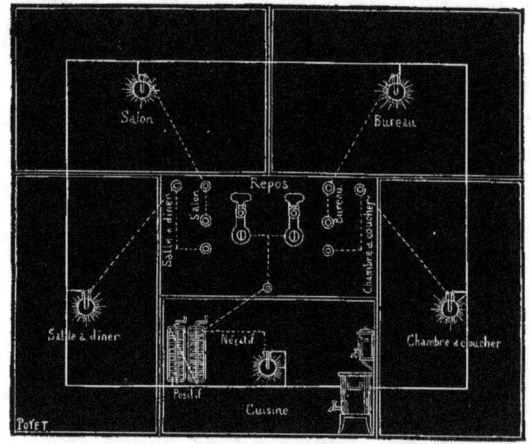

Plan d'une installation d'éclairage électrique avec pile.

ment, soit à la fois, ainsi que l'antichambre, où la lampe n'est pas figurée, et qui est entièrement occupée par le commutateur, très agrandi pour en faciliter l'explication.

Dans la cuisine, à gauche, se trouvent deux batteries de six éléments chacune reliés en tension. De l'un des pôles part un câble à lumière qui fait le tour de l'appartement et qui est figuré sur le dessin par un trait plein partant du pôle positif et y revenant.

Le pôle négatif est figuré par un pointillé, et se rend

d'abord des piles à la lampe de la cuisine, qu'un commutateur ordinaire dessert. Une résistance spéciale est disposée sur cette lampe, de manière à lui permettre de brûler seule, alors même que l'on viendrait à éteindre brusquement toutes les autres.

De là, le fil conducteur négatif se rend dans l'antichambre aux deux manettes qui occupent le milieu du commutateur pour distribuer le courant dans les diverses pièces de l'appartement.

Plusieurs boutons, reliés chacun à une lampe par le pointillé, peuvent être mis en contact avec les manettes, chacun séparément ou accouplés dans l'ordre que l'on voudra, ou enfin tous ensemble.

On comprend aisément que le courant, arrivant à chaque lampe par le trait plein (positif) et à chaque contact des manettes avec un bouton par le pointillé (négatif), illumine la lampe.

Pour éclairer le salon, il suffira donc de poser la manette de gauche sur le bouton du salon ; pour éclairer la salle à dîner, il n'y aura qu'à faire passer la manette sur le bouton de la salle à dîner, et, pour avoir ces deux salles éclairées à la fois, qu'à remettre la manette en contact à cheval sur les deux boutons. Le commutateur va, du reste, de gauche à droite et de droite à gauche, en avant et en arrière, de manière à éviter tout contact et conséquemment tout allumage inopportun. Il en sera de même pour le bureau et pour la chambre à coucher.

On voit qu'il n'y a dans ce dispositif aucune complication difficile, et, qu'une fois l'installation faite, il est aussi facile d'allumer une lampe électrique qu'une bougie, plus facile même et moins long, car il suffit de tourner un bouton.

Parlons maintenant des manipulations de la pile ; car il ne faut pas oublier que la simplicité d'entretien est tout aussi essentielle que la simplicité de ce fonctionnement ; il faut que des manipulations longues et délicates ne soient pas l'accessoire obligé ; et que chacun puisse s'éclairer électriquement sans être forcé de se transformer en garçon de laboratoire.

Afin de simplifier autant que possible ces manipulations, et pour éviter tout pesage ou tout dosage, M. Trouvé a installé dans la cuisine (on peut choisir la cave ou tout autre appartement écarté) deux réservoirs en grès peu embarrassants. Dans l'inférieur, on met, le soir, un kilogramme de bichromate pulvérisé pour chaque batterie, et puis on ajoute une quantité d'eau toujours identique et qu'un flotteur spécial ne permet pas de dépasser. La plus grande partie du bichromate se dissout pendant la nuit, et, au matin, il n'y a plus qu'à remplir d'acide sulfurique le réservoir supérieur, d'une capacité déterminée.

Il faut donc ouvrir le robinet du réservoir supérieur, robinet, qui exactement jaugé, ne laisse s'écouler l'acide que dans un temps et avec une vitesse déterminée. Il n'y a plus, pendant l'écoulement de l'acide, qu'à remuer avec une baguette de verre. Lorsque le robinet a cessé de couler, la solution de bichromate est prête à fonctionner. Elle sera distribuée ensuite dans les cuves des piles qui sont en ébonite, matière légère et qui résiste aux chocs et aux acides.

On le voit, le premier venu peut être chargé de ce travail, tout comme d'allumer le poêle ; ce sera tout aussi facile, nous dirons même plus facile.

Après cette description qui, nous le pensons du moins, aura donné au lecteur une idée suffisante de l'éclairage électrique qu'on peut organiser chez soi, à l'aide de la pile Trouvé, il nous reste à donner les prix de revient de cette pile.

Si nous prenons les nombres ronds, nous trouvons que quatre heures d'éclairage électrique fournies par la pile Trouvé représentent les données suivantes :

La puissance totale lumineuse fournie par la pile étant en moyenne de 100 bougies pendant quatre heures, cela équivaut à 400 bougies brûlant pendant une heure ; or ces 400 bougies-heure dépensent :

| | |
|---|---:|
| 0 kil. 912 gr. de zinc ou 1 kil. environ à 0 fr. 75 le kil. . . . . . . . . . . . . . . . . . . . . . . . | » 75 |
| 2 kil. bichromate de potasse . . . . . . . . . . | 4 » |
| 7 kil. 200 acide sulfurique à 0 fr. 20 le kil. . . . | 1 40 |
| Usure des lampes, amortissement d'achat des appareils (calcul fait par 4 heures). . . . . . . | » 05 |
| Total. . . . . . | 6 20 |

C'est donc une somme de 6 fr. 20 pour une lumière équivalente à 400 bougies pendant une heure.

Voyons maintenant ce que nous donne le gaz :

Un bec de gaz, supposé équivalent à 10 bougies comme intensité de lumière, dépense environ 10 centimes à l'heure, cela nous donne donc une dépense de 10 centimes pour 10 bougies-heure ; 400 bougies coûteront 40 fois plus, soit 4 francs.

Ainsi, une lumière équivalente à 400 bougies pendant une heure, soit 400 bougies-heure, revient à 4 francs avec le gaz, et seulement à 6 fr. 20 pour l'éclairage électrique, en supposant que les 10 lampes soient allumées à la fois ; si l'on en allume qu'une ou deux, c'est-à-dire si la pile est employée à faible débit au lieu d'être à grand débit, la consommation sera un peu plus grande, comme nous l'avons dit, et l'éclairage électrique sera notablement plus cher que le gaz.

Mais nous devons ajouter que le bichromate de potasse, qui coûte 2 francs le kilogramme en France, ne coûte que 1 fr. 10 en Hollande et en Angleterre, et que, si les demandes venaient à être nombreuses, le prix, comme cela est arrivé pour tous les autres produits devenus industriels, baisserait assez promptement et mettrait l'éclairage électrique par la pile à un prix inférieur à celui du gaz.

Quant aux prix de dépense de cette installation, nous annexons quelques détails qui pourront servir de base :

Lampes à incandescence seules, 5 francs, 7 fr. 50 et 8 francs;

Lampes choisies pour l'usage journalier avec réflecteur et fils pour les suspendre, 10 francs;

Bougeoir électrique nickelé ou lampe de bureau, 25 à 30 francs;

Chandelier électrique, 35 francs;

Candélabre électrique à trois branches, 120 francs;

Suspensions et lustres variés, depuis 30 francs et au-dessus;

Batterie Trouvé, constante et à grand débit, 4 éléments, 110 francs;

Batterie Trouvé, constante et à grand débit, 6 éléments, 160 francs;

Deux batteries Trouvé, constantes et à grand débit, 6 éléments, 300 francs;

Commutateur Trouvé, suivant l'importance, 25 à 40 francs.

Réservoirs spéciaux, inattaquables par les acides, avec un robinet rodé :

Grand réservoir inférieur, 35 francs;

Petit réservoir supérieur, 12 francs;

Fils conducteurs variant beaucoup suivant la grosseur, depuis 0 fr. 30 le mètre et au-dessus.

## INSTALLATIONS DIVERSES

Ainsi installée, notre petite habitation jouira de tous les avantages que procure le voisinage des grands centres, fût-elle bâtie au milieu d'une forêt, et, pour qu'elle n'ait rien à envier aux villas suburbaines, nous conseillerons d'y installer les sonneries électriques avec un bouton à chaque cheminée, une poire à chaque lit et dans la salle à manger. De la sorte, un malade, si faible soit-il, peut appeler à son aide, et le maître de maison, à sa table, évite de se déranger pour être servi. On profitera du circuit électrique pour mettre des points de contact à la porte d'entrée et aux persiennes, en disposant le service isolément, pour qu'à l'aide d'un commutateur on puisse ouvrir ce circuit le matin et le fermer le soir. De la sorte, toute ouverture de porte ou persienne pendant la nuit fera résonner un timbre d'alarme, placé au centre de l'atrium, et cet appel, mieux que toute autre précaution, assurera la complète sécurité de la maison. Un fil souterrain, facile à établir, permettra également de relier la maison avec un pavillon de garde ou une autre habitation voisine et amie, tant pour la sécurité que pour les relations journalières : dans ce cas, un téléphone serait placé à chaque extrémité du fil.

De même que pour l'eau et le gaz, cette installation est aussi d'une dépense très modeste. Et puisque vous aurez le téléphone, profitez-en pour faire un baromètre excellent :

En plaçant deux barres de fer à la distance de 7 à 8 mètres l'une de l'autre, et en les mettant en communication d'un côté par un fil de cuivre recouvert d'un caoutchouc et de l'autre avec un téléphone, on peut prédire, au moins douze heures à l'avance, une tempête, par un bruit sourd qui se fait entendre dans l'instrument récepteur.

Au fur et à mesure que la tempête approche, on entend un bruit semblable à des grêlons qui battent contre les fenêtres. Chaque éclair, et, par suite, chaque coup de foudre qui l'accompagne, produit un choc semblable à celui d'un coup de pierre lancée contre le diaphragme de l'instrument.

Tous les changements atmosphériques se distinguent par des bruits plus ou moins intenses, que chaque oreille habituée au téléphone peut remarquer.

FIN DU CHAPITRE V

# CHAPITRE VI

## LA CONSTRUCTION DE LA MAISON

### AMEUBLEMENT

# LA CONSTRUCTION DE LA MAISON

## AMEUBLEMENT

Il ne nous reste plus maintenant qu'à meubler notre maison en guidant notre goût sur les lois de la coloration que la science met à notre portée, et, dans ce but, nous commencerons par constater que la lumière crue est l'ennemie la plus dangereuse de l'ameublement. Il faut, dans une pièce d'habitation, une lumière adoucie, tempérée, exempte des crudités qui font ressortir les défraîchissements du mobilier; et l'aide le plus puissant que nous ayons, pour atteindre ce but, c'est le vitrail en verres de couleur enchâssés dans des lamelles de plomb.

Parler vitrail serait un sujet bien aride, pour ne pas dire aussi sec que le verre qui entre dans sa composition, s'il n'était double d'aspect et si nous ne pouvions nous raccrocher à cette seconde corde aussi vibrante, celle-là, que la première est inerte; nous voulons parler de la couleur.

Bien peu de constructeurs, il faut le reconnaître.

nous ne dirons pas connaissent, mais même soupçonnent les lois qui règlent l'emploi des colorations dans les arts en général et en particulier dans leur application à l'architecture. Pour eux, l'emploi de vitraux notamment représente seulement une idée de luxe et non une nécessité. C'est donc cette idée de nécessité que je vous demande la permission de développer un peu, pour mieux faire apprécier les ressources fécondes qui en résultent pour les architectes.

Pour ne pas me laisser entraîner par mon sujet, je me cantonnerai dans l'examen d'une des causes de rénovation des arts du temps passé, je veux parler de l'influence des collections. Cette influence a été longtemps discutée, elle l'est même souvent encore, et dans une brochure récente, un « bas Breton », un peu rageur, nous étrillait de la belle façon, à propos de l'outrecuidance des architectes représentés par la commission des « Monuments historiques » qui se permettait de défendre l'admirable chef-d'œuvre du Mont-Saint-Michel contre les ingénieurs des ponts et chaussées.

Cette mercuriale contre les architectes en général conduisait l'auteur au plus spirituel « éreintement » que nous ayons encore lu sur la manie du bibelot et de la collection.

Et, si l'architecte était si particulièrement visé dans cette polémique virulente, c'est qu'instruit de l'histoire du passé, fort de sa science et de son indépendance, il marque le pas dans cette voie qui l'attire et le conduit à préparer une nouvelle épopée à l'art français, en recueillant pieusement les leçons vivantes encore des maîtres du temps passé, et notamment de cette mémorable époque où la Renaissance, guidée par les beaux débris de mobilier gaulois dont les seigneurs du temps, héritiers des conquérants du v<sup>e</sup> siècle, avaient meublé leurs châteaux forts, produisait dans le domaine qui lui est si cher tant et de si belles œuvres.

Oui, certes, nous les collectionnons ces chefs-d'œuvre, dont l'étude constante hausse le niveau de notre science, et ceux d'entre nos lecteurs qui en possèdent quelques-uns ont dû puiser bien des renseignements à les examiner longuement.

Mais ce que tout le monde a dû remarquer, c'est le double aspect de ces objets placés à la lumière crue du grand jour ou baignés dans le clair-obscur des appartements, et notamment dans les pièces où les fenêtres sont munies de vitraux. Et non seulement nous avons tous ressenti cette impression, mais beaucoup d'autres l'ont ressentie qui n'en ont pas compris l'origine et n'ont pas su y puiser l'enseignement que les artistes du temps nous transmettaient ainsi à travers les âges. Toutefois, frappés de cette puissance décorative, ils ont cherché à en imiter les effets en créant l'industrie des « tons passés » pour donner l'illusion d'un effet dont ils n'ont pas su retrouver les lois de production. Or, ils riraient bien, les vieux tapissiers et « canuts » du temps, s'ils pouvaient revivre et nous voir fabriquer des tapisseries et soieries avec des « vieux tons », comme on dit, oublieux ou plutôt ignorants que nous sommes de l'harmonie des couleurs, qui n'a pas de gamme unique, qui est vraie à chaque période de la décroissance dans le brillant, et que le mot « fané », d'autres diraient « pané », est le vrai mot gaulois dont on doive qualifier ces productions nouvelles. Et, cependant, la science française n'a pas dégénéré, et si les fabricants de tissus voulaient bien quelquefois nous faire l'honneur de consulter les architectes sérieux, ils apprendraient ce que leur a révélé l'étude du bibelot et de la collection, à savoir : que la couleur n'est pas un don du ciel, comme le répètent et le prêchent ces ignorants et ces fruits secs qui ont créé l'« impressionnisme » et le « naturalisme », écoles néfastes auxquelles nous sommes redevables d'une véritable baisse dans le niveau de l'art français moderne.

La couleur, en effet, est une science soumise à des règles sûres qui se peuvent enseigner comme la musique, mais qu'il est plus facile d'apprendre que le « dessein », dont les principes absolus ne s'enseignent point.

De temps immémorial, en effet, nous apprend Ch. Blanc dans ce chef-d'œuvre moderne : *La Grammaire des arts et du dessin,* les Chinois ont connu et fixé les lois de la couleur, et la tradition de ces lois, transmise de générations en générations, s'est si bien répandue en Asie, que tous les artistes orientaux sont coloristes, et coloristes infaillibles. Et si le dessin de leur composition nous paraît parfois si baroque, nous devons cependant reconnaître qu'on ne trouve jamais une note fausse dans la trame de leur couleur. Mais, disons-le tout de suite, cette infaillibilité n'est possible que parce qu'elle est engendrée par des principes certains et infaillibles eux-mêmes, comme les lois scientifiques que chacun doit connaître et dont il est cependant utile de rappeler ici les éléments principaux.

Si on observe les bulles de savon, on voit se former un spectre lumineux composé de six rayons diversement colorés, qui sont le violet, le bleu, le vert, le jaune, l'orangé, le rouge, et chaque couleur a son maximum d'intensité et son minimum : elle commence par son plus clair et finit par son plus foncé.

Nous avons dit six couleurs, mais l'antiquité n'en admettait que trois, vraiment génératrices, le jaune, le rouge, le bleu, et trois couleurs composites binaires, l'orangé, le vert, le violet : dans les intervalles se placent les variétés infinies de nuances intermédiaires. Séparées, ces couleurs et ces nuances nous font reconnaître tous les objets de la création ; réunies, elles nous donnent la sensation du blanc. La lumière blanche est donc le résumé de toutes les couleurs, et sa composition, ainsi définie, permet de définir la couleur qui n'est plus « que la propriété qu'ont tous les corps, de réfléchir certains rayons de la lumière en éteignant les autres. » Une fleur est jaune parce qu'elle absorbe les rayons rouges et bleus. Une fleur est rouge parce qu'elle ne réfléchit que les rayons rouges et absorbe les bleus et les jaunes. Une fleur est blanche parce qu'elle n'absorbe aucun rayon et les réfléchit tous, et noire parce qu'elle les absorbe tous et n'en réfléchit aucun.

Enfin, chacune des trois couleurs, jaune, rouge, bleu, sert de complément aux deux autres pour former l'équivalent de la lumière blanche, et chacune d'elle s'appelle « complémentaire », par rapport à la couleur binaire qui lui correspond. Ainsi le bleu est complémentaire de l'orangé, parce que l'orangé, se composant de jaune et de rouge, contient les éléments nécessaires pour reconstituer la lumière blanche. Par les mêmes raisons, le jaune est complémentaire du violet et le rouge complémentaire du vert. Réciproquement, chacune des couleurs mixtes, « orangé », « vert » et « violet », produites par le mélange des couleurs primitives, est la complémentaire de la couleur primitive non employée dans le mélange : ainsi l'orangé est la complémentaire du bleu, parce que le bleu n'est pas entré dans le mélange qui a formé l'orangé.

Et maintenant, voyons les conséquences pratiques de ces merveilleux phénomènes, exposés à l'Académie des sciences, le 22 juin 1812, par un peintre, Ch. Bourgeois.

## LOI DES COULEURS COMPLÉMENTAIRES

Si l'on combine deux des couleurs primaires, le jaune et le bleu, par exemple, pour en composer une couleur binaire, le vert, cette couleur binaire atteindra son maximum d'intensité quand on la rapprochera de sa complémentaire qui est le rouge. De même, si l'on combine le jaune et le rouge pour en composer l'orangé, cette couleur binaire sera exaltée par le voisinage du bleu, et le violet, combinaison du rouge et du bleu, par le voisinage du jaune, réciproquement le vert exaltera le rouge, l'orangé le bleu et le violet le jaune.

M. Chevreul a nommé « la loi du contraste simultané des couleurs » cette exaltation des couleurs complémentaires juxtaposées.

Mais, si ces couleurs s'exaltent par leur juxtaposition, elles se détruisent par leur mélange : du vert sur du rouge, à égale intensité, ne produit plus qu'un gris incolore, de même du bleu avec l'orangé, du violet avec du jaune, et cet anéantissement des couleurs est ce que l'on appelle l'achromatisme (de α, privatif, et de χρῶμα, couleur). Le mélange des trois couleurs primaires, jaune, rouge et bleu, produit également l'achromatisme. Et pour bien vous rappeler ces phénomènes, il faudra toujours vous reporter à la rose chromatique figurée ci-contre.

Disons, pour finir, que les couleurs complémentaires ont d'autres vertus que celles de s'exalter mutuellement ou de s'entre-détruire. En effet, mettre une couleur sur une toile, dit M. Chevreul, ce n'est pas seulement teindre d'une couleur tout ce qui a touché

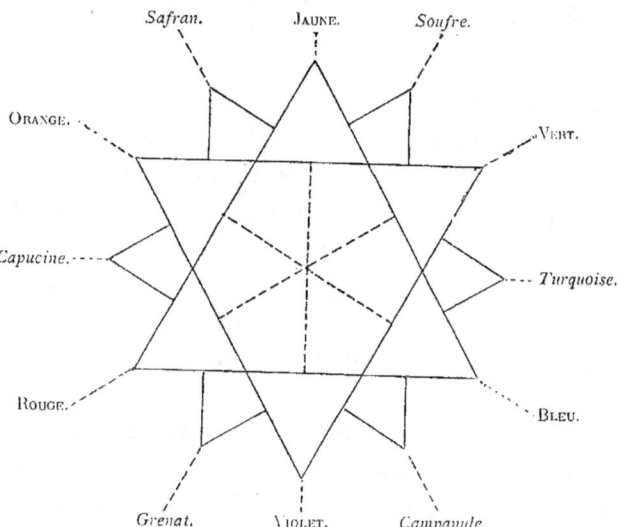

le pinceau, c'est aussi colorer de la couleur complémentaire l'espace environnant; ainsi un cercle rouge est entouré d'une auréole verte qui va s'affaiblissant à mesure qu'elle s'éloigne. Un cercle orangé est entouré d'une auréole bleue, un cercle jaune est entouré d'une auréole violette, et réciproquement. Ajoutons qu'en sortant d'une chambre tendue de bleu, par exemple, on voit pour un moment les objets se teindre en orangé. Que, si une chambre avait ses fenêtres exposées au soleil et qu'elles fussent protégées par des rideaux rouges, toute petite lacune dans la fermeture laissera pénétrer les rayons verts, et que, si les rideaux étaient verts, les rayons seraient rouges. La raison de ce dernier phénomène ne trouve guère son explication que dans ce fait, que notre œil, étant fait pour la lumière blanche, il a besoin de la compléter quand il n'en possède qu'une partie. A un homme qui ne perçoit que des rayons rouges, que faut-il pour compléter la lumière blanche? Il lui faut le jaune et le bleu; or, le jaune et le bleu sont contenus l'un et l'autre dans le vert, c'est donc le vert qui rétablira l'équilibre de la lumière dans un œil fatigué par les rayons rouges.

Ajoutons enfin que, si l'on mélange deux couleurs complémentaires à portions inégales, elles se détruiront partiellement et l'on aura un ton rompu qui sera une variété du gris.

Composez, par exemple, un mélange où il entre dix de jaune et huit de violet, il y aura destruction de couleur ou achromatisme pour les huit dixièmes, mais les deux autres dixièmes formeront un gris nuancé de jaune, parce qu'il y aura excédent de jaune dans le mélange.

Telles sont les lois qui doivent guider et régir les architectes dans le travail d'ameublement, que nous déclarons très hautement devoir leur être confié, parce qu'eux seuls peuvent se guider sûrement dans ce travail si délicat et si difficile dont l'éducation du public, en matière d'art, se rend malaisément compte. Et il est nécessaire que les architectes se persuadent de cette vérité pour diriger leurs études sur ce côté de la construction et se mettre à même de dessiner, composer et faire exécuter eux-mêmes des mobiliers simples ou riches, suivant les besoins de leur clientèle, qu'ils ne doivent plus laisser à la remorque d'une industrie sans valeur et qu'a tuée le « mercantilisme. »

Ne vous récriez pas contre la vivacité de cette expression et écoutez plutôt ce beau chapitre de l'*Art du bois, du tissu et du papier,* dont la publication a suivi la dernière Exposition rétrospective du mobilier, par « l'Union centrale des Beaux-Arts, appliqués à l'industrie ».

L'auteur vient de décrire les beaux spécimens du mobilier ancien et termine en disant :

« Nous arrêterons sur ce surtout l'analyse des productions décoratives exposées dans la salle de l'époque du premier Empire. Ce que l'on y trouvait, après les pièces que nous avons citées, était si étranger au charme et à la finesse des chefs-d'œuvre que nous avons admirés dans les salles précédentes, qu'il vaut mieux se taire et s'abstenir de comparaisons peu flatteuses pour notre industrie moderne. Après cette éclipse totale de la recherche du style et des principes de l'art décoratif, nous aurons un long intervalle à franchir pour rencontrer les nouveaux efforts tentés par nos ébénistes contemporains, afin de retrouver les traditions oubliées de leurs prédécesseurs et de faire refleurir l'un des titres de gloire les plus incontestés de l'art français.

» A l'Exposition rétrospective du mobilier français, il fallait une sorte de conclusion pour que la leçon fût complète. Le comité de l'Union centrale eut l'heureuse idée de la formuler en réunissant dans une salle spéciale une cinquantaine de meubles soigneusement choisis parmi les œuvres dues aux principaux fabricants et ayant déjà figuré aux Expositions internationales depuis quinze ans. De cette façon, le visiteur pouvait se rendre compte, sans effort, au moyen d'un examen rapide, du chemin parcouru et de la distance qu'il y a entre l'ébénisterie du temps de la Renaissance, de Louis XIV ou de Louis XVI et celle de l'époque présente.

» On s'était arrêté dans la partie rétrospective à la chambre de Napoléon I$^{er}$; on avait vu ce massif lit de parade, aux tentures vertes, aux lourdes sculptures dorées, au baldaquin surmonté de casques et d'attributs guerriers. Les commodes, les secrétaires d'acajou, sortis des ateliers de Jacob Desmalter, avec leurs bronzes détachant orgueilleusement leur pure silhouette d'or fin sur les veines sombres du bois; les tables, portées par des griffes de lions ou par des lyres de bronze vert, étaient apparues comme l'expression caractéristique du mobilier solennel de l'Empire succédant aux grâces attendries et fatiguées de la fin du xviii^e siècle. Puis, passant dans un dernier salon qu'il eût été bon de disposer à la suite du précédent pour rendre le contraste plus saisissant, on se trouvait tout à coup en présence de meubles modernes d'un aspect moins pompeux, faits en bois, aux couleurs les plus variées, de formes libres et traduisant clairement les besoins, les habitudes, les mobiles fantaisies de la société actuelle. A coup sûr le spectacle était intéressant. Pour l'historien, pour quiconque se plaît à ces comparaisons vivement tranchées des goûts de chaque époque, pour l'homme d'étude, qui trouve non seulement un attrait piquant, mais aussi une source précieuse d'informations dans l'analyse minutieuse des modes passagères, il y avait là matière à d'agréables rêveries et à de sérieuses méditations.

» Si l'histoire du mobilier, depuis le commencement de ce siècle, ne resplendit pas de tout l'éclat d'un goût délicat et parfait, il faut reconnaître, par contre, qu'il n'en est guère de plus curieuse, de plus mouvementée, de plus franchement animée d'épisodes instructifs et divertissants. Elle semble vraiment avoir voulu participer à nos agitations politiques et se comporter selon l'ordre nouveau des principes de 1789.

» Oui, le mobilier français a ressenti le contre-coup de l'avènement du tiers état; il a abordé, lui aussi, la cocarde démocratique, s'est mêlé à nos révolutions, perdant dans la bataille son élégance altière ou sa coquette mutinerie, pour suivre les plumets de la garde nationale et se mettre à l'ordonnance de la charte de 1830. Tenu en respect, durant plus de deux siècles, par l'autorité royale, guidé par une cour fastueuse et cultivée, dont il observait religieusement l'étiquette en se réglant sur ses lentes transformations, le meuble français, une fois qu'il n'eut plus son mentor séculaire, se mit à battre la campagne, cherchant partout le chef nécessaire, le critérium et la forme nouvelle, le régulateur du goût, et ne trouvant que des caprices indécis, que des fantaisies niaises ou puériles, que la morne indifférence esthétique d'une société dont l'éducation en ce sens était entièrement à faire. Le meuble, qui avait eu son 93, qui avait été massacré, anéanti dans les châteaux, chassé de Versailles, allant en émigré à l'étranger, où il est maintenant l'honneur des collections privées ou publiques, le meuble eut, par surcroît, à subir les désastreuses guerres du premier Empire.

» Il s'agissait bien de fins profils, de délicates sculptures, alors que la vieille Europe envahissait le pays de France. Les derniers élèves des Boulle, des Crescent, des Dugourd, des Leleu, quand ils n'avaient pas à se battre, ne pouvaient utiliser leurs talents qu'à sculpter des crosses de fusils. Lorsqu'arriva la Restauration, on ne savait plus ce que c'était que composer et sculpter un meuble. C'est alors que commence la série d'aventures singulières qui firent passer le meuble par toutes sortes d'évolutions, changeant ses formes et son style, variant ses usages, lui faisant traverser les péripéties que la littérature suivait elle-même, le mettant à l'unisson des idées romantiques, l'accommodant tantôt selon une baroque interprétation du gothique, tantôt à la Renaissance, pour l'amener enfin au point où nous le voyons aujourd'hui. Malgré tout, rien de plus logique, rien de plus clair, rien de plus attachant qu'une semblable histoire, qui montre avec tant d'évidence l'enchaînement des petites choses aux grandes, et l'unité dans le désordre apparent des phénomènes sociaux. Esclave docile de ceux pour lesquels il est créé, et comme gouverné par une loi inexorable, le meuble a reflété exactement la société de notre siècle, avec ses qualités et ses défauts, son ignorance de la grâce ou ses passions, ses inquiétudes intellectuelles, sa vanité, son besoin de paraître, son amour du changement, son besoin de luxe ou son luxe de pacotille, enfin sa gravité.

» L'Exposition de l'Union centrale ne montrait pas les spécimens du mobilier qui a fait le bonheur de nos patriotes de 1815 à 1850, car on avait cherché moins l'intérêt historique proprement dit que des types strictement actuels, par conséquent une interruption avait été volontairement laissée entre le style du premier Empire et celui qui nous est propre aujourd'hui. Toutefois, sans vouloir tenter un travail compliqué qui n'aurait pas place dans ce livre, il ne sera peut-être pas inutile de suppléer, dans une certaine mesure, à la lacune signalée en essayant de renouer cette chaîne interrompue de l'histoire du meuble durant ce siècle. Les Expositions industrielles qui ont eu lieu à Paris, de 1798 à 1855, sont des points de repère très suffisants à cet égard, et les renseignements sommaires, fournis par les catalogues, peuvent être consultés non sans profit. Ce n'est pas qu'on y découvre l'expression d'un regret quelconque sur la décadence manifeste dont l'industrie du mobilier semblait atteinte aux environs de l'année 1820. C'est une des faiblesses humaines de ne sentir point notre décadence précisément au moment où elle agit; il est curieux, au contraire, de constater qu'à toutes ces Expositions les rapports des jurys — d'une sobriété excessive en fait de réflexions — sont unanimes à parler de ces progrès réalisés, de cette supériorité croissante et qui va toujours « s'accentuant..... » C'est encore maintenant un langage identique à toutes les exhibitions internationales des produits de l'industrie. Les procédés, on le voit, sont toujours les mêmes, et nous nous leurrons toujours avec la naïveté d'une imperturbable confiance, avec la candeur d'une incurable présomption.

» A l'Exposition industrielle de 1819 — la première qui eut lieu à Paris après la chute de l'Empire — le duc de La Rochefoucauld, président du jury lors de la distribution des récompenses, s'adressant au roi, pro-

nonçait ces paroles enthousiastes : « Quel spectacle,
» Sire! qu'il est à la fois plein de magnificence et de
» douceur! Quelle autre nation pourrait le produire?
» Quel essor de l'esprit public! Quelle source de
» prospérité pour le présent et pour l'avenir!... » Et
le roi répondait sur le même ton, qui fait sourire aujourd'hui :

« ..... Dès mon enfance, j'étais jaloux de la pros-
» périté dont l'industrie jouissait chez quelques nations
» voisines. Il était réservé à ma vieillesse de voir l'in-
» dustrie française s'élever au plus haut degré de
» gloire, ne le céder à aucune, par l'importance de ses
» perfectionnements, de ses découvertes, et de n'avoir
» plus rien à désirer à cet égard. Dites à mes fidèles
» fabricants qu'ils peuvent toujours compter sur moi,
» comme je compterai toujours sur eux. »

Donc, il faut conclure que, dans le mobilier comme dans la construction, la marche ascendante au siècle dernier de la civilisation à la recherche de l'art antique dont il se rapprochait de plus en plus, a subi une nouvelle lacune de 1815 à 1830, et que, de cette époque à nos jours, l'industrie tâtonne, faute des conseils de son chef naturel, l'Architecture. De gré ou de force, cependant, il lui faudra retourner à ce guide nécessaire, auquel le mobilier antique a dû les splendeurs de ses formes et les beautés de ses élégances. Déjà le public a imposé cette tendance de son goût en demandant des copies de vieux meubles du temps, demain ces copies ne lui suffiront plus et il voudra, aux prix des meubles ordinaires, des mobiliers faits pour ses besoins personnels et que l'architecte devra mettre à l'unisson du style de la maison.

Et, si ceux de nos lecteurs qui voudront appliquer nos leçons dans la construction de leur maison n'ont pas l'énergie de cette réaction et n'osent encore demander leur mobilier à la science de leur architecte, qu'ils achètent des copies de vieux meubles plutôt que de prendre les productions sans valeur de l'industrie moderne.

Toutes ces études rétrospectives s'appliquent évidemment aux tentures, aux bronzes et à tous ces mille détails qui font le mobilier : aussi le seul conseil possible sur un terrain aussi délicat, c'est de consulter nos musées avec le guide éclairé d'un architecte instruit. Et, du reste, cette science de l'ameublement rentrera tout naturellement dans la maison avec la science de son plan et de sa construction, car, là, l'une ne peut exister sans l'autre.

FIN DU CHAPITRE VI.

# CHAPITRE VII

DEPENSES

Maison à Asnières, avenue Flachat. M. Boussard, architecte. Dépense à forfait, 16,600 francs.

# DEPENSES

Notre étude sur la construction d'une maison serait incomplète si nous n'établissions pas les prix de revient de nos théories, car alors il en serait de nos efforts et de nos recherches ce qu'il en a été de tant d'autres œuvres également militantes, également intéressantes, et que le manque de sanction pratique a fait tomber dans l'oubli.

Il fallait que nos leçons restassent dans le domaine exclusivement pratique de la vie d'une petite famille française, et j'espère encore sur ce point spécial avoir réussi dans l'intérêt de la santé publique.

Et, en effet, cinq maisons de ce type ont été déjà bâties par nous, l'une au prix de 17,600 francs, l'autre de 18,900 francs; enfin une de 16,600 francs, une de 13,000 francs et la dernière de 15,000 francs.

Ces chiffres sont éloquents et démontrent surabondamment que pas n'est besoin d'être bien riche pour s'élever une maison, où la santé de la famille est mise à l'abri des épidémies et où les deuils ne devront plus être que la conséquence de l'usure des ans ou des fatalités qui échappent à la prévoyance humaine.

## MAISON A ASNIERES

Voici, par exemple, une petite maison construite par nous à Asnières, pour le compte de M$^{me}$ L......, avenue Flachat, et dont la dépense a été, par traité à forfait, de 16,600 francs.

Elle comprend, au rez-de-chaussée : atrium, salon, salle à manger, office, cuisine, chambre de bonne, vestiaire, vestibule et water-closet.

Au premier étage : deux chambres à coucher, un grand cabinet de toilette, salle de bains et un grand vestiaire sous le comble de droite.

Elle est construite tout en meulière apparente, couverture en tuile, sols en mosaïque, y compris celui de la cour extérieure en avant du salon, escalier à la française en chêne sculpté, construction ordinaire, mais de bonne qualité pour tout le reste.

Sous la maison : cave, salle de fosse à terre et foyer souterrain pour tout le reste.

## MAISON A VITRY-LE-FRANÇOIS (MARNE)

Avec cette maison nous abordons déjà les dépenses sérieuses, car le prix à forfait a été de 33,000 francs, sans compter la peinture, la fumisterie et la marbrerie,

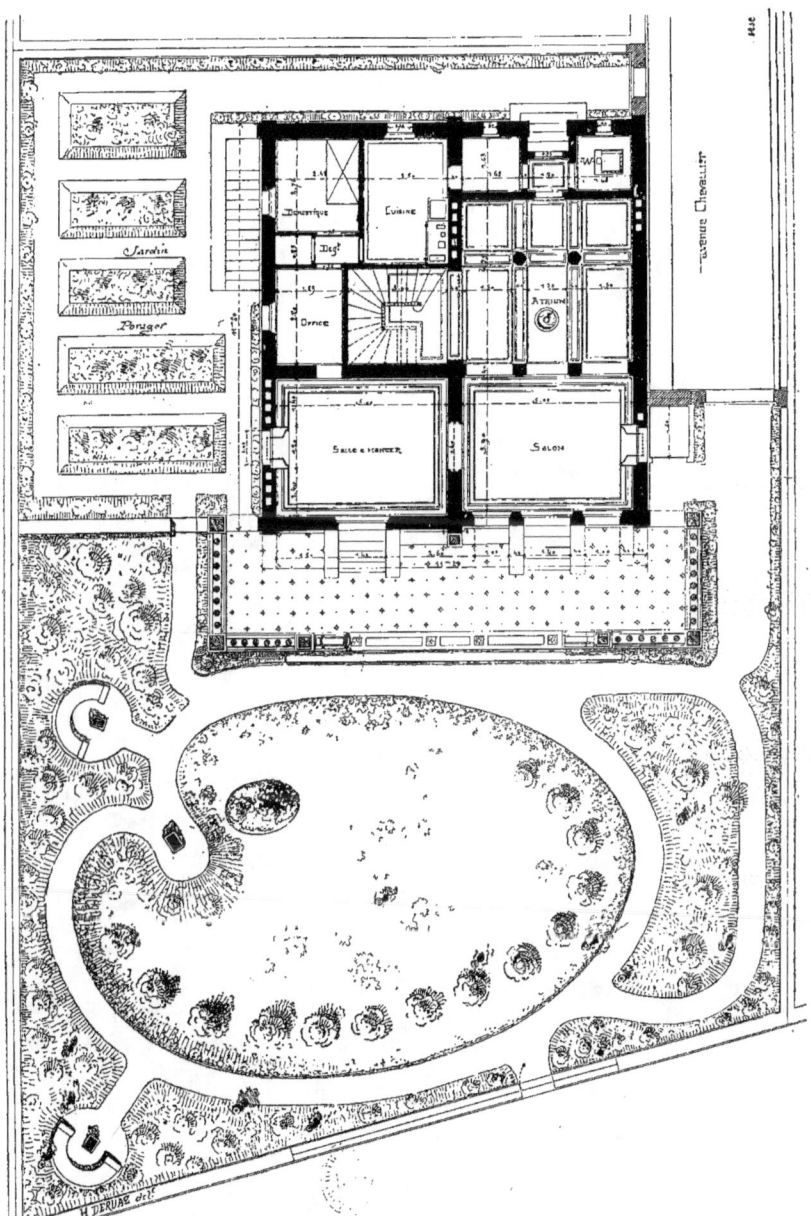

Plan du rez-de-chaussée. Maison à Asnières, avenue Flachat.

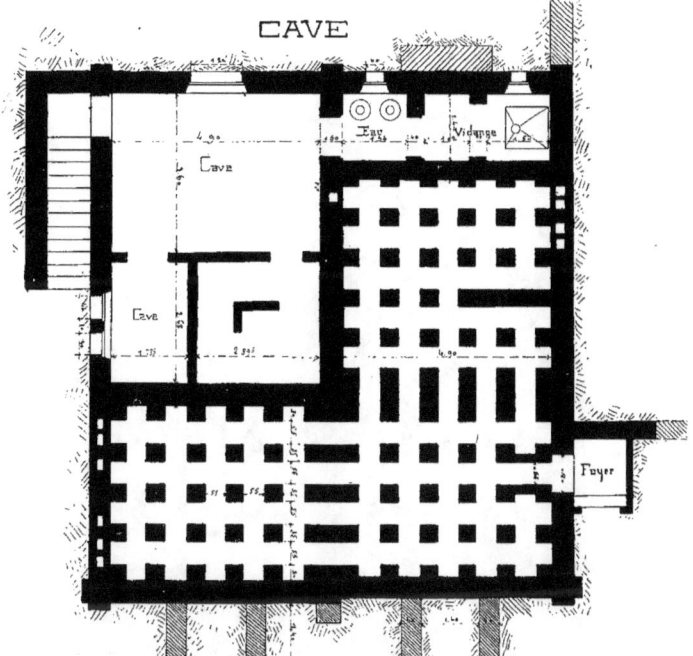

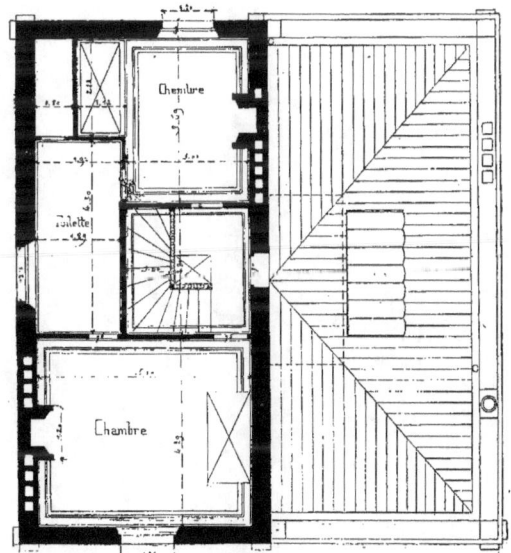

Plans du sous-sol et de l'étage, Maison à Asnières, avenue Flachat.

réservées par le propriétaire pour être faites ultérieurement suivant ses goûts. Le plan seulement se rattache à nos théories par la disposition d'un atrium central à étage, rappelant les formes de l'atrium du palais d'Hydra, précédemment décrit.

Maison à Vitry-le-François. Élévation sur l'entrée.

Au sous-sol se trouvent tous les services de la maison : cuisine, office, salle de bains, calorifère à eau chaude, système Perkins, eau et gaz fournis par les appareils décrits plus haut.

Au rez-de-chaussée, les pièces de réception ; à l'étage, un petit salon, un jardin d'hiver, chambre de monsieur, chambre de madame, chambre d'enfant, cabinet de toilette, water-closet. Dans les combles : chambre d'ami, de domestiques et loggia.

## MAISON A VINCENNES

Nous terminerons cette petite étude de dépenses en examinant en détail le devis de la construction d'une de ces maisons, que nous considérons devoir être un type excellent pour une famille aisée, représentant le cas le plus général dans notre beau pays de Gaule. Cette maison, construite, la première de toutes, pour M. Barrière, avenue de la Source, dans le bois de Vincennes, a servi de base à toutes nos recherches et sa place ici était obligatoire.

Elle a coûté 17,600 francs à forfait, et le détail de sa construction est tout au long énuméré dans le devis ci-après.

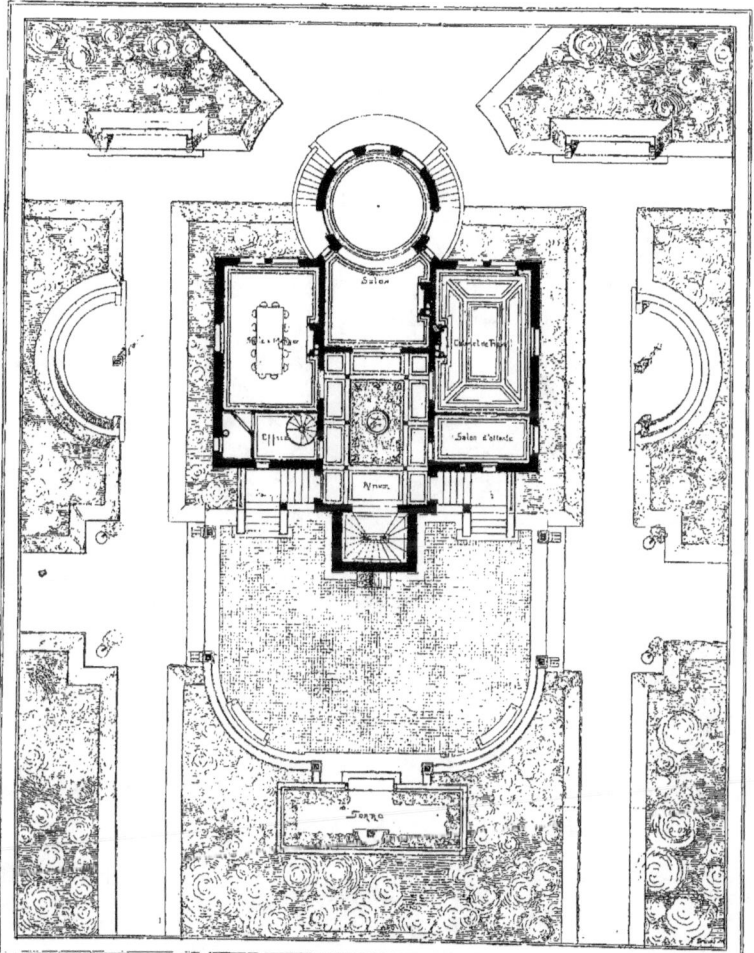

Plan du rez-de-chaussée. Maison à Vitry-le-François. J. Boussard, architecte.

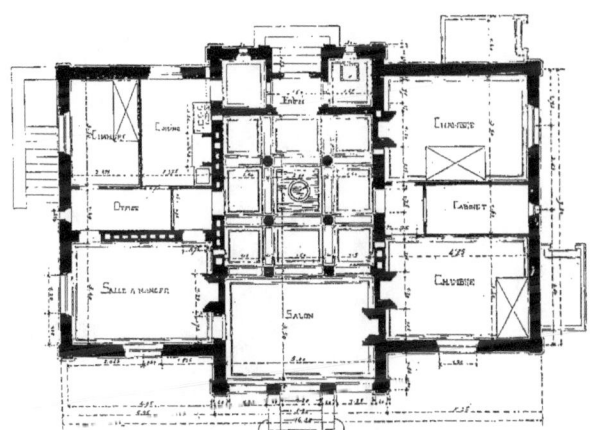

Maison dans le bois de Vincennes, avenue de la Source.
M. Boussard, architecte.

# DEVIS ESTIMATIF

### DES TRAVAUX DE

## TERRASSE, MAÇONNERIE ET CARRELAGE

*Série de la Ville de Paris.*

— — — —

### BASSES FONDATIONS

La fouille en excavation pour les caves avec jet sur berge, chargement en brouette et transport à un relai,

$7.00 \times 6.70 = 46.90$
$4.25 \times 1.40 = 5.95$ } $60.00$
$2.20 \times 3.25 = 7.15$

sur 2.00 de profondeur. . . . . . . . . . 120.000
$5.25 \times 3.60 = 18.90$ } $131.40$
$11.25 \times 10.00 = 112.50$

et 0.60 de profondeur. . . . . . . . . . . 78.840

       Ensemble. . . . . 198.840
       à 1 fr. 79 le mètre. . . . . . .   »   355 94

Les murs en meulière et mortier de chaux hydraulique de Beffes,

2 fois 16.40 = 32.80
2 fois  9.70 = 19.40
2 fois  1.25 =  2.50
2 fois  0.65 =  1.30
2 fois  8.75 = 17.50
      4.90
      4.35
      5.00
      3.75
2 fois  1.50 =  3.00
Contre-murs. .  5.00
      1.85
      1.70

  $103.05 \times 0.50 = 51.52$
et 0.80 de hauteur. . . . . . . . . . . . . 41.216

      *À reporter.* . . . . . . . . 41.216   »   355 94

|  |  |  |  |
|---|---|---|---|
| Reports. . . . . . . . . . . 41.216 | » | 355 94 |

Excédent en contre-bas pour les parties en caves.
```
                          6.00
                          6.65
        2 fois  4.90 =    9.80
                          1.50
        2 fois  1.70 =    3.40
        Contre-murs. .    1.85
                          1.70
                         ─────
                         30.90 × 0.50 = 15.45
            et 2.00 de hauteur. . . . . . . . . . . .  30.900
```
Murs d'escalier.
```
                  2.85 )
        2 fois 1.40 = 2.80 }  5.65 × 0.35 = 1.98
            et 2.00 de hauteur. . . . . . . . . . . .   3.960
                                                      ──────
                              Ensemble. . . . .   76.076
                                à 32 fr. 20 le mètre. . . . . . . .   »   2.449 64
```
Les piliers en brique de Vaugirard et ciment de Vassy.
```
        165 fois  0.35 = 57.75 × 0.35 = 20.21
            et 0.60 de hauteur. . . . . . . . . . . .  12.126
                                à 63 fr. 95 le mètre. . . . . . . .   »   775 45
```
Les dalles en terre cuite reposant sur les piliers (0.05 d'épaisseur).
```
                 4.90 × 3.20 = 15.68
        4.90 )
        3.10 }   8.00 × 5.00 = 40.00
                 1.30 × 1.85 =  2.40
        4.50 )
        3.85 }   8.35 × 4.90 = 40.92
                                    ──────
                        Ensemble. . . . .   99.00
                          à 4 fr. 54 le mètre. . . . . . . .   »   449 46
```
Le hourdi du plancher en fer, en brique neuve de Vaugirard de 0.11 d'épaisseur et ciment de Vassy.
```
                     4.90 × 5.25 = 25.72 )
            1.30 )                        } 30.22
            1.70 }   3.00 × 1.50 =  4.50 )
                          à 8 fr. 40 le mètre. . . . . . . .   »   253 84
```
Les cloisons de distribution en brique neuve de Vaugirard de 0.06 d'épaisseur et mortier de chaux.
```
            3.70 )
            3.50 |
            2.30 }  10.50 × 2.60 = 27.30
            1.00 )
        Déduire portes.
            1.20 )
            0.70 }   1.90 × 2.00 =  3.80
                                        ──────
                            Reste. . . . . . .  23.50
                              à 4 fr. 10 le mètre. . . . . . . .   »   96 35
                                                                     ────────
                              A reporter. . . . . . . . . . . . .   »  4.380 68
```

*Reports* . . . . . . . . . . . . . . . . . » 4.380 68
Les quatre trous et scellements d'huisseries évaluée chacun
0.10 . . . . . . . . . . . . . . . . . . . . . . . . . . . . . . . . . . 0.40
La fourniture et pose de dix marches en roche pour la descente de cave, estimées chacune 15 francs . . . . . . . . . . . » 150 »
Le bahut en meulière recouvert en brique jointoyée en ciment et formant saillie.
```
   3.25 )
   1.00 }  4.25
```
à 10 fr. le mètre . . . . . . . . . » 42 50
Les trous et scellements des portes et châssis dans les caves évalués . . . . . . . . . . . . . . . . . . . . . . . . . . . . . . . 2.00

## REZ-DE-CHAUSSÉE

Les murs de face et de refend en meulière neuve et mortier de chaux hydraulique de Beffes, de :
```
2 fois 16.40 = 32.80 )
4 fois  8.75 = 35.00 |
2 fois  1.25 =  2.50 } 76.60 × 4.00 = 306.40
2 fois  0.65 =  1.30 |
              5.00 )
```
Déduire,
Croisées,
```
7 fois 1.25 = 8.75 × 2.25 = 19.68 )
4 fois 0.50 = 2.00 × 0.80 =  1 60 |
Portes,                           |
         1.25 )                   } 46.21
2 fois 1.30 = 2.60 } 7.05 × 2.60 = 18.33
2 fois 1.60 = 3.20 )              |
4 fois 0.75 = 3.00 × 2.20 =  6.60 )
```
Reste . . . . . . . . 260.19
et 0.40 d'épaisseur . . . . . . . . . 104.076
A reprendre,
Les parties de murs de refend dans la hauteur du comble.
```
2 fois 4.30 = 8.60 )
             5.00 }  13.60 × 2.25 = 30.60
```
et 0.40 d'épaisseur . . . . . . . . . 12.240
Ensemble . . . . 116.316
à 33 fr. 60 le mètre . . . . . . . » 3.908 14
Les quatre colonnes en brique et plâtre.
```
4 fois 0.40 = 1.60 × 0 40 = 0.64
```
et 3.45 de hauteur . . . . . . . . . 2.208
à 62 fr. 40 le mètre . . . . . . . » 137 78
Le ravalement circulaire en plâtre.
```
4 fois 1.25 = 6.00 × 3.45 = 20.70
```
aux 40/100 . . . . . . . . . . . . 8.28
*A reporter* . . . . . . . . . . . . 10.68  8.619 10

|  |  |  |
|---|---|---|
| *Reports*. . . . . . . . . . . . . . . . 10.68 | 8.619 10 |

Les moulures de bases et chapiteaux. . . . . . . . . . . 16.00
Le plancher haut avec lattis, auget et enduit de plafond, de
2 fois  4.85 = 9.70 × 8.70 = 84.39 ⎫
          5.00 × 10.70 = 53.50 ⎬ 137.89
    Déduire,
                    1.50 × 1.50 = 2.25
                Reste. . . . . . . . 135.64
                à 0/0. . . . . . . . . . . . . . . 135.64
Les cloisons de distributions en carreaux de plâtre,
4 fois  4.85 = 19.40 ⎫
           3.50 ⎬ 23.50 × 3.80 = 89.30
           1.60 ⎭
    Déduire portes,
6 fois  0.70 = 4.20 × 2.20 . . . . . . 9.24
                Reste. . . . . . . . 80.06
                   à 2 fr. 18 le mètre. . . . . . . .         174 53
Vingt-quatre trous et scellements d'huisseries, chacun 0.10. 2.40
Les murs en brique de 0.22 d'épaisseur et mortier de
chaux,
2 fois  1.60 = 3.20 ⎫
           5.00 ⎬ 8.20 × 4.50 = 36.90
    Déduire portes,
2 fois  0.70 = 1.40 × 2.20 = 3.08 ⎫
              1.40 × 2.60 = 3.64 ⎬ 6.72
               Reste. . . . . . . . 30.18
                à 14 fr. 33 le mètre. . . . . . . .   »     432 48
Les entailles pour les bâtis, trous de pattes et scellements
évalués. . . . . . . . . . . . . . . . . . . . . . . . . . . . . . 10.00
Les enduits en plâtre sur murs en meulière neuve,
4 fois  8.70 = 34.80 ⎫
4 fois  5.00 = 20.00 ⎬ 96.20 × 3.80 = 366.16
2 fois 10.70 = 21.40 ⎪
4 fois  5.00 = 20.00 ⎭
                  au 1/3. . . . . . . . . . . . . . 122.05
Les enduits en plâtre sur brique,
2 fois  5.00 = 10.00 ⎫
4 fois  1.60 = 6.40 ⎪
8 fois  4.85 = 38.80 ⎬ 56.40 × 3.80 = 214.32
2 fois  3.50 = 7.00 ⎪
2 fois  1.60 = 3.20 ⎭
    Déduire portes,
12 fois  0.70 = 8.40 × 2.20 . . . . . . . 18.48
               Reste . . . . . . . . 195.84
                  au 1/4. . . . . . . . . . . . . . . 48.96
La plus-value pour enduit de filets
        en soffite évalué. . . . . . . . . . . . . . 25.00
                *A reporter.*. . . . . . . . . . . . . . 370.73   9.226 11

|  Reports............... | 370.73 | 9.226 11 |

La plus-value des tuyaux de cheminées engagés dans les murs, lesdits en wagons,
12 fois  6.30 = 75.60
         à 2 fr. 85 le mètre................. » 215 46

Ceux adossés en boisseaux gourlier de 0.19 × 0.22,
8 fois  6.30 = 50.40
         à 4 fr. 90 le mètre................. » 216 96

Les deux perrons avec marches sans moulure, estimés ensemble..................... » 300 »

Le carrelage en mosaïque et forme en béton de 0.10 d'épaisseur,
2 fois  4.85 = 9.70 × 8.70 = 84.39 ⎫
         5.00 × 10.70 = 53.50 ⎭ 137.89

Déduire :
Quatre bases de colonnes chacune,
  0.40 = 1.60 × 0.40 = 0.64
        0.80 × 0.40 = 0.32
2 fois  1.75 = 3.50         2.06
2 fois  0.75 = 1.50
        5.00 × 0.22 = 1.10
              Reste...... 135.83

A reprendre, ébrasements de portes,
4 fois  0.70 = 2.80 × 0.40 = 1.12
            Ensemble...... 136.95
         à 18 fr. 40 le mètre............... » 2.519 88

Le jointoiement des façades sur meulière neuve, de
     55.60 × 4.80 = 266.88
Déduire croisées,
9 fois  1.25 = 11.25 × 2.25 = 25.31
            Reste.... 241.57
         à 0 fr. 95 le mètre................. » 217 41

Les tableaux, feuillures et arêtes et appuis des croisées brique, évalués..................... 30. »

Les trous et scellements, évalués.......... 10. »

Le dallage de la terrasse en bitume de 0.015 d'épaisseur et forme en béton de 0.08 d'épaisseur,
     21.50 × 8.00 = 72.00
Déduire  6.00 × 1.50 = 9.00
          Reste.... 63.00
         à 6 fr. 90 le mètre................. » 434 70

La balustrade avec socle, pilastres et fondation en meulière et mortier de chaux, la dalle de couronnement en pierre de 0.05 d'épaisseur sans moulure de 35.50 développé,
         à 20 fr. le mètre.................. » 710 »

Deux termes en pierre roche douce, compris sculpture de

     A reporter............... 410.73 13.840 52

|  |  |  |
|---|---:|---:|
| Reports................ | 410.73 | 13.840 52 |
| la tête, cube de pierre, bardage, taille et ravalement, chacun 150 fr................................ | » | 300 » |
| Tuyaux de drainage, 2 fois 20.00 = 40.00 à 3 fr. le mètre. | » | 120 » |
| La fouille et construction de deux puisards en pierre sèche, estimé................................. | » | 100 » |
| La fourniture et pose de deux siphons en grès, chacun 10 fr...................................... | » | 20 » |
| Les légers produisent................ | 410.73 | |
| à 4 fr. 35 le mètre................... | | 1.786 67 |
| Total............. | | 16.467 19 |

# DEVIS ESTIMATIF

### DES TRAVAUX DE

## CHARPENTE, MENUISERIE, SERRURERIE, FUMISTERIE, PEINTURE, VITRERIE, TENTURE

### CHARPENTE

Partie dans l'axe sur façade. Faux plancher.

|  |  |
|---|---:|
| 2 enchevêtrures ch. 3.80 18.20.................. | Bois neuf, sapin, sur 3 faces assemblées. 0.274 |
| 2 chevêtres ch. 1.70 — 16.18............. | 0.098 |
| 1 de 2.00 — 16.18............. | 0.057 |
| 8 solives de 3.35 — 7.18.............. | 0.336 |
| 5 solives ch. 3.00 — 7.18.............. | 0.190 |
| Sur chevêtre 5.40 de linteaux à 0 fr. 45 le mètre........... | Argent. 2.33 |

Travées d'axe
  2 lambourdes                        Bois neuf, sapin,
    ch. 3.25 — 8.23.............   sur 3 faces assemblées.
                                             0.124
  32 solives                             d°
    ch. 1.50 — 7.18.............      0.608
Sur lambourdes
  6.70 linéaire de tasseaux          Argent.
    à 0 fr. 45 le mètre..........      3.02
Travée du fond
  2 lambourdes de                  Bois neuf, sapin,
    ch. 5.35 — 8.23..............  sur 3 faces assemblées.
                                             0.196
  10.70 linéaire de tasseaux         Argent.
    à 0.45 le mètre............      4.82
  16 solives de                         Bois neuf, sapin,
    ch. 1.50                               sur 3 faces assemblées.
    7.18.....................        0.304
Comble sur façade                    Bois neuf chêne, sciage,
  1 cours de plates-formes de 5.50   sur 3 faces assemblées.
    8.20....................        0.088
                                        Bois sapin,
  2 cours de pannes au faîtage       sur 3 faces assemblées.
    ch. 5.35 — 8.23..............      0.196
  2 poteiets
    ch. 0.70 — 8.11..............      0.012
  13 chevrons
    de ch. 4.15                            d°
    8.8.....................         0.351
Dans l'axe
  2 cours de plates-formes ch. 5.50  Bois neuf, chêne,
    8.20....................   sur 3 faces assemblées.
                                             0.176
  2 cours de faîtage                   Bois neuf, sapin,
    ch. 5.35                               sur 3 faces assemblées.
    8.23.....................        0.196
  26 chevrons
    ch. 1.40
    8.8......................        0.261
Travée du fond
  1 cours de plates-formes de       Bois neuf, chêne,
    5.50 — 8.20................  sur 3 faces assemblées.
                                              0.088
  1 cours de faîtage                   Bois neuf, sapin,
    de 5.35                               sur 3 faces assemblées.
    8.23.....................        0.098
  13 chevrons
    de ch. 2.15
    8.8......................        0.182
Deux pavillons semblables. De chaque côté. Détail d'un :
  3 enchevêtrures                    Bois neuf, sapin,
    ch. 5.20                              sur 3 faces assemblées.
    18.20....................        0.561

2 chevêtres
  ch. 2.60                                                »
    16.18. . . . . . . . . . . . . . . . . .                0.150
2 chevêtres ch. 2.00                                        »
    16.18. . . . . . . . . . . . . . . . . .                0.115
9.20 linéaire de tasseaux                               Argent.
    à 0 fr. 45 le mètre. . . . . . . . .                    4.14
12 solives                                          Bois neuf, sapin,
  ch. 5.00                                        sur 3 faces assemblées.
    7.18. . . . . . . . . . . . . . . . . .                 0.756
12 solives
  ch. 4.70                                                  d°
    7.18. . . . . . . . . . . . . . . . . .                 0.708

Comble
  1 cours de plates-formes en 3 sens               Bois neuf chêne,
    10 ensemble 21.30                             sur 3 faces assemblées.
    8.30. . . . . . . . . . . . . . . . . .                 0.341
  1 arbalétrier                                     Bois neuf, sapin,
    de 5.00                                       sur 3 faces assemblées.
    8.23. . . . . . . . . . . . . . . . . .                 0.092
  1 poinçon
    de 1.70
    18.18. . . . . . . . . . . . . . . . .                  0.055
  2 arêtes
    ch. 7.35
    8.23. . . . . . . . . . . . . . . . . .                 0.270
  2 pannes
    ch. 3.35
    8.23. . . . . . . . . . . . . . . . . .                 0.124
  1 panne
    ch. 5.35
    8.23. . . . . . . . . . . . . . . . . .                 0.098
  2 potelets
    ch. 0.80
    8.11. . . . . . . . . . . . . . . . . .                 0.014

Chevronnage.
  24 chevrons
    de ch. 4.35
    8.8. . . . . . . . . . . . . . . . . . .                0.672

                                                   Bois neuf, chêne,
Un autre pavillon semblable                      sur 3 faces assemblées.
                                                            0.341
                                                   Bois neuf, sapin,
          p*                                     sur 3 faces assemblées.
                                                            1.325

## RÉSUMÉ

6.774 cube de bois neuf, sapin, sciage 3 faces assemblées à 155.10 p. . . . . . . . . . . . . . . . . . .    1050.65

1.034 cube de bois neuf, chêne, sciage 3 faces assemblées, le stère à 172.25 p.............  178.11
Les articles en argent s'élèvent à la somme de..  1247.21

## MENUISERIE

Sur façades et retours.
    10 portes-croisées chêne 0.041 dormants.........  »
        0.054 de ch. 2.65....................  26.50
    20 traverses de petits bois
    Pour appuis
        ch. 0.07......................  1.40
        10 fois 0.35....................  3.50
                Ensemble............  31.40
    × 1.35 produit...................  42.39
    2 portes-croisées
        ch. 2.65
            Produit.............  5.30
    2 traverses de petits bois..............  0.14
    Plus-value pour appuis
            Soit...............  0.70
                Ensemble..........  6.14
    × 1.35
                Produit.................  8.29
                Ensemble............  50.68
        à 15 fr. 45 le mètre...................  783 01
Pour fermer les volets,
    Tapées chêne
        0.034 × 0.08
        à 4 p. assemblées
        24 fois 2.60.......................  62.40
        12 fois 1.35......................  16.20
                Ensemble............  78.60
        à 2 fr. le mètre....................  157 20
Pour entailles profilées pour pièces d'appuis et jets d'eau,
    12 à 1 fr. 50.........................  18 »
Volets persiennes chêne 0.034 arasées et à glace panneaux
sapin 0.018
    12 fois 2.60
    1.30 p.,.....................  40.56
    96 panneaux dont 55.44 en plus d'un par mètre
        à 0.012....................  6.65
                Ensemble............  47.21
        à 12 fr. 95 le mètre..................  577 20
Plus-value pour parties hautes en persiennes pour 3 à 2 fr.  6 »
A l'intérieur,
            *A reporter*..............  1.541 41

|  |  |
|---|---|
| Report.................. | 1.344 41 |

Champs de calfeutrement sapin
    0.013 × 0.04
      à 4 d. à

|  |  |  |
|---|---|---|
| Moulure, rives biaisées d'ajustement d'ensemble........ | 97.20 | |
| Pour coupes et rallongement de barbes............ | 7. » | |
| Ensemble............ | 104.20 | |
| à 0 fr. 56 le mètre.................. | | 58 35 |

4 châssis chêne 0.034, dormants 0.034 avec jet d'eau et pièce d'appui.
A 9 fr., l'un compris calfeutrement et baguettes d'angle........ | 36 »

Distribution :
Huisseries chêne 8.8 3 d<sup>tes</sup> assemblées, feuillures ch. 0.055 nervures pour briques
    12 poteaux

|  |  |  |
|---|---|---|
|     ch. 3.85................. | 44.20 | |
| 6 linteaux | | |
|     ch. 0.90................. | 5.40 | |
| 1 linteau de........................ | 1.40 | |
| Ensemble............ | 51.00 | |
| à 3 fr. 25 le mètre, compris ferrage........ | | 165 75 |

14 semelles chêne 0.034 × 0.08 ferrées
    à 0 fr. 80 l'une................... | 11 20

Portes de fabrication Norwège, P. C. 2 p<sup>ux</sup> panneaux à 0.018 à P. B. bâtis 0.034
    10 de ch. 2.40

|  |  |  |
|---|---|---|
|     × 0.78...................... | 18.72 | |
| 1 de 2.60 | | |
|     × 1.30...................... | 3.38 | |
| Ensemble............ | 22.10 | |
| 36 panneaux dont 13.90 en plus d'un par mètre × 0.20 p. | 2.78 | |
| Ensemble............ | 24.88 | |
| à 10 fr. le mètre................. | | 248 80 |

4 bâtis chêne 0.041 × 0.08, 3 pl. feuillés
    ch. 5.90 p. 23.60
      à 2 fr. 12 le mètre, compris ferrage........ | 50 03

Pose de 28 pattes à scellements à 0.08 l'une............. | 2 24

Moulures, chambranles aux portes et croisées 0.018 × 0.06 d'ensemble
    200.00
      à 1 fr. le mètre, prix réduit, compris trous tamponnés....... | 200 »

60 socles sapin, éligés à 0 fr. 28 l'un................ | 16 80

Plinthes sapin 0.013 × 0.11 à 3 p<sup>ux</sup> pour cuisine et couloirs d'ensemble
    40.00
      à 1 fr. le mètre, compris trous tamponnés..... | 40 »

|  |  |
|---|---|
| A reporter................. | 2.370 58 |

|  |  |
|---|---|
| *Report*. . . . . . . . . . . . . . . . | 2.370 58 |

Pour trois chambres à coucher :
Les stylobates sapin 0.018 × 0.22 à 3 p. moulurés d'ensemble :
35.00

|  |  |
|---|---|
| à 1 fr. 70 le mètre, compris trous tamponnés . . . | 93 50 |

Pour salle à manger et pièce d'entrée :
Plinthes à moulures 0.018 × 0.15 d'ensemble
35.00

|  |  |
|---|---|
| à 1 fr. 25 le mètre, compris trous tamponnés. . . | 43 75 |

Pour les pièces indiquées au plan :
Les corniches profil volant en sapin d'ensemble.
                                                       66.62
32 coupes
    ch. 0.06 p. . . . . . . . . . . . . . . . . . . . . 1.92
                     Ensemble. . . . . . . . . . . 68.54

|  |  |
|---|---|
| à 2 fr. 50 le mètre, compris accompagnement . . . | 171 35 |

Décoration du plafond :
Supposée par cadres sapin riche, profil champs, etc... mais néanmoins y compris cadres et cimaises dans salle à manger et pièce d'entrée. . . . . . . . . . . . . . . . . . . . . . . . . . . . . . . . . . . . . . . . . . . . 450 »

Agencement de la cuisine se composant de tablettes sur potences et tasseaux, boîte à charbon, barres à casseroles et revêtements, égouttoir et tablettes dans cabinets de toilette. . . . . . . . . . . . . . 85 »

La fermeture sous la galerie vitrée en chêne 0.041 à grands cadres aux 2 p¹ panneaux, grisard id. de 2.60 × ens. 4.45. .   11.57
       à 18 fr. le mètre, prix réduit. . . . . . . . . . . . .   208 26
Pour cette cloison et les portes-croisées parcloses en chêne mouluré.  100 »
Moulures de chambranles aux 2 p¹¹ et socles
       Estimées . . . . . . . . . . . . . . . . . . . 15 »

Trois attiques en grisard
       à 30 fr. l'un. . . . . . . . . . . . . . . . . . . . . . . 90 »

Un siège d'aisances en chêne poli 0.034, avec abattant à petit cadre assemblé d'onglet et arase, barres à queues, tasseaux, soubassements plinthes, champs et calfeutrement, boîte à papier.
       Vaut. . . . . . . . . . . . . . . . . . . . . . 75 »

Caves :
Sept poteaux chêne brut 8.8 assemblés
    ch. de 2.25. . . . . . . . . . . . . . . . . . . . 15.75
1 linteau de. . . . . . . . . . . . . . . . . . . . . . 0.91
1 linteau de. . . . . . . . . . . . . . . . . . . . . . 1.40
        Ensemble. . . . . . . . . . . . 18.06
      à 2 fr. le mètre, compris ferrage. . . . . . . . . . . 36 12

Parties chêne 0.027 brut de
compris pose
1 de 2.00 × 0.75. . . . . . . . . . . . . . . . . . . 1.50
1 de 2.00 × 1.25. . . . . . . . . . . . . . . . . . . 2.50
        Ensemble. . . . . . . . . . . 4.00
      à 6 fr. le mètre. . . . . . . . . . . . . . . . . . . 24 »

|  |  |
|---|---|
| *A reporter*. . . . . . . . . . . . . . . . | 3.762 56 |

|  |  |
|---|---|
| *Report*. . . . . . . . . . . . . . . . . | 3.762 56 |

Barres chêne brut 0.034 × 0.08 chanfrein,
  3 de 0.72 = 2.16. . . . . . . . . . . . . . . . . . .  ⎫
  3 de 1.20 = 3.60. . . . . . . . . . . . . . . . . . . ⎬  5.76
  à 1 fr. le mètre. . . . . . . . . . . . . . . . . . . . . . . . . .  5 76
Dans le faux plancher une trappe en chêne 0.027 arasé et à glaces panneaux sapin de 0.018 v¹ compris dormant en chêne 0.034, ferré. .   15 »
1 porte de tinette chêne 0.034.
2 p¹ P. C. emboîtés de 2.00 sur 0.70.
    Vaut compris huisserie chêne 8.8. . .   45 »

Total. . . . . . . . 3.828 32

## SERRURERIE

Porte de tinette :
Deux paumelles doubles à nœuds, barrelées de façon 1/2, renforcées avec bagues en fer 1/2 blanchies de 0.14, à 1 fr. l'une. . . . . . .   2 »
Une serrure, pêne dormant, vrai système à gorge, à bouterolle de 0.14 avec entrée, vaut compris gâche. . . . . . . . . . . . . . . .   7 15
Pour portes de cave :
Deux pentures ordinaires chanfreinées, posées avec clous de 0.60 de longueur, à 2 fr. 70 l'un, compris gonds à pattes. . . . . . . . . . . .   5 40
Deux pentures de 1.00 de long, à 4.40 l'une, compris gonds. . . . .   8 80
Deux serrures pêne dormant, vrai système, etc., vaut. . . . . . . .   14 30
Dix portes-croisées semblables. Détail d'une :
Huit équerres renforcées de 0.19, à 0 fr. 48 l'une. . . . . . . . . . .   1 44
Six paumelles à nœuds bouchées, à 0.14, à 1 fr. . . . . . . . . . . . .   6 »
Une crémone de Paris marqué R. G.; tringle 1/2 ronde de 0.018 blanchie, avec accessoire de 2.00 de long, vaut. . . . . . . . . . . . . . . .   5 50
Sept pattes à scellements, à 0 fr. 34 l'une. . . . . . . . . . . . . . . .   2 38
Neuf autres semblables produisent. . . . . . . . . . . . . . . . . . . . .   137 88
Deux autres portes-croisées des perrons. Détail d'un :
Huit équerres idem à 0.18. . . . . . . . . . . . . . . . . . . . . . . . .   1 44
Six paumelles idem à 1 fr. . . . . . . . . . . . . . . . . . . . . . . . . .   6 »
Une serrure pêne dormant, de sûreté, garniture blanchie de 0.14 estampillée, vaut, compris gâche à 2 clefs . . . . . . . . . . . . . .   12 »
Un bec-de-cane système Golot, avec béquille double en buffle, vaut compris nikelage. . . . . . . . . . . . . . . . . . . . . . . . . . . . . .   16 »
Haut et bas :
Deux verrous à tige 1/2 ronde blanchie placard, ch. 0.55 id., à 5 fr. 50 l'un, compris accessoires. . . . . . . . . . . . . . . . . . . . . . . . .   11 10
Sept pattes et scellements, à 0 fr. 34 l'un. . . . . . . . . . . . . . . .   2 38
Une autre porte-croisée, en tout semblable. . . . . . . . . . . . . . .   48 92
Volet d'une baie :
Douze paumelles de 0.14 idem, à 1 fr. l'une . . . . . . . . . . . . .   12 »

  *A reporter*. . . . . . . . . . . . . . .   300 69

| | | |
|---|---|---|
| Report.................. | 300 | 69 |
| Un fléau de façon garni de son support de 0.22, vaut, compris arrêt battement.................. | 5 | » |
| Onze autres semblables, produisent.................. | 187 | » |
| Quatre châssis semblables. Détail d'un : | | |
| Quatre équerres, à 0.18 l'une.................. | » | 72 |
| Deux paumelles de 0.11, à 1 fr. l'une.................. | 2 | » |
| Une targette renforcée picolet 1/2 rond, avec gâche à pattes.... | 1 | » |
| Trois autres châssis semblables.................. | 11 | 16 |
| Pour porte : 36 paumelles de 0.14, à 1 fr. l'une.................. | 36 | » |
| Onze serrures à 2 pênes avec entrée et gâche à baguette estampillée de 0.14, à 6 fr. 05 l'une.................. | 66 | 55 |
| Vingt-deux boutons doubles en cuivre, forme ovale n° 5, à 1 fr. 60 l'un.................. | 35 | 20 |
| Pour la porte à 2 vantaux, 2 verrous à tige ronde comme les précédents, à 5 fr. 50 l'un.................. | 11 | » |
| Pour la partie vitrée de la galerie, 18 paumelles de 0.14, à 1 fr... | 18 | » |
| Six verrous tige 1/2 ronde idem, à 5 fr. 50 l'un.................. | 33 | » |
| Trois becs-de-cane système Golot, nickelés idem, à 16 fr. l'un.... | 48 | » |
| Ferrure de l'abattant de siège.................. | 4 | 50 |
| Clous à bateaux rapointis.................. | 50 | » |
| Ferrage de la charpente.................. | 100 | » |
| Lanternes à 2 pans et coupes éclairant la galerie, estimées, compris châssis de plafond et fer à vitrage.................. | 200 | » |
| Pas de descente en fonte. | | |
| Dix balcons en fonte de 0.65 de hauteur et 1.30 de long, estimés 15 fr. l'un.................. | 150 | » |
| Les solives pour le plancher en fer au-dessus des caves, pesant 646 kilos, à 0 fr. 36 le kilo.................. | 231 | 76 |
| Les entretoises pesant ensemble 42 kilos, à 0 fr. 43 le kilo..... | 18 | 06 |
| Les sentons pesant ensemble 42 kilos, à 0 fr. 29 le kilo....... | 12 | 18 |
| Huit prises d'air semblables p'.................. | 200 | » |
| Total......... | 1.721 | 82 |

## PEINTURE

| | | |
|---|---|---|
| Plafond imprimé colle, une couche ton fin, rebouché à l'huile. | | |
| Cuisine 4.45 × 2.40 p'.................. | 10.68 | |
| Chambre à côté 4.45 × 2.40.................. | 10.68 | |
| Couloir 3.45 × 1.60 d'.................. | 5.52 | |
| 1.30 × 1.60 d'.................. | 2.08 | |
| Salle à manger 4.85 × 3.35 d' =.......... 16.25 | | |
| à déduire | 12.40 | |
| Corniche de 15.40 × 0.25 d' =.......... 3.85 | | |
| A reporter........... | 41.36 | |

|  |  |  |
|---|---:|---:|
| *Report*............ | 41.36 | |
| Pièce d'entrée 5.00 × 3.35............ 16.75 | | |
| à déduire | 12.82 | |
| Corniche de 15.70 × 0.25............ 3.93 | | |
| Deux autres ch. 4.90 × 3.50............ 34.30 | | |
| à déduire | 26.40 | |
| Deux corniches ch. 15.80 × 0.25............ 7.90 | | |
| Couloir 4.90 × 1.60............ | 7.84 | |
| Deux autres plafonds, ensemble............ | 3.00 | |
| Ensemble............ | 91.42 | |
| à 0 fr. 91 le mètre............ | | 83 20 |
| Carrelage neuf lavé, gratté surface des plafonds, sans déduction des corniches 107.20, à 0 fr. 17 le mètre.. | | 18 22 |
| Galerie, le plafond peint à l'huile 3 couches tons fins aux 2 couches reb. cirée égrené de 5.30 × 5.00 Pt........ | 26.60 | |
| à 0/0 1/2 pour tons dev. Pt........ | 39.75 | |
| Mur de petit dégagement sur le derrière de 3.70 × 7.10 et compensé, produit............ | 26.27 | |
| Cloison vitrée fermant cette galerie, même surface, soit 26.27 réd. aux 3/4 eu égard aux développements et épaisseurs. | 19.71 | |
| Une porte-croisée de 2.65 × 1.35 = 3.58 réd. aux 3/4 pour idem............ | 2.67 | |
| Deux portes à 1 vantail de ch. 2.50 × 0.95 pt 4.75 à 0/0 1/5 pt. | 5.70 | |
| Quatre colonnes développent............ | 18.00 | |
| Ensemble............ | 112.10 | |
| à 2 fr. 57 le mètre, comme travaux ordinaires...... | | 288 10 |
| La vasque imprimée au minium et 2 couches décor, bronze et vernis............ | | 18 » |
| Carreau lavé, gratté surface réelle du plafond de la galerie 26.50, à 0 fr. 17 le mètre............ | | 4 51 |
| Pour la pièce d'entrée et la salle à manger : | | |
| Décor bois sur fond d'huile, 3 couches poncé, égrené et vernis anglais surfin n° 2. | | |
| Corniches des 2 pièces d'ensemble, 33.10 × 0.45 p..... | 14.90 | |
| Une porte à 2 vantaux ch. 2.75 × 1.50 p. 4.13 à 0/0 1/5... | 4.97 | |
| Quatre portes-croisées réd............ | 10.72 | |
| Quatre ébrasements ch. 2.00.. | 8.00 | |
| Lambris de 1.60 × 29.00 Pt 46.40 à 0/0 1/4, produit..... | 58.00 | |
| Ensemble............ | 96.59 | |
| à 3 fr. 24 le mètre............ | | 312 95 |
| Pour 3 chambres à coucher : | | |
| Gris perle huile 3 couches 2 tons, égrené, poncé et rebouché, 5 portes-croisées idem............ | 15.40 | |
| Cinq ébrasements ch. 2.00............ | 10.00 | |
| *A reporter*............ | 25.40 | 724 98 |

|  |  |  |
|---|---:|---:|
| Reports............ | 25.40 | 724 98 |
| Cinq faces de porte à 1 vantail idem aux précédentes p$^t$ 14.25 à 0/0 1/5..................... | 17.10 | |
| Corniches des 2 pièces de droite, ensemble 33.60 × 0.45 p. | 15.12 | |
| Ensemble............ | 57.62 | |
| à 1 fr. 67 le mètre.................... | | 96 20 |
| Décor marbre sur fond huile 3 couches, égrené, rebouché, verni, poncé stylobates, 1 surface de 10.00, à 3 fr. 24 le mèt...... | | 32 40 |
| Huile 3 couches égrené, rebouché. | | |
| Murs et boiseries de cabinets d'aisances 3.70 × 6.00.... | 22.20 | |
| Cuisine 3.70 × 13.70 = 50.69, à 0/0 1/10 compensé..... | 55.76 | |
| Cabinet de toilette et dégagement, 3.70 × 30.00....... | 111.00 | |
| Ensemble............ | 188.96 | |
| à 1 fr. 43 le mètre.................... | | 270 21 |
| Impression au minium des serrures rechampies en bronze, fer, nettoyage de l'évier, contre-cœur de la cuisine ........... | | 20 » |
| Peinture de la porte de tinette aux deux faces, estimée ........ | | 6 » |
| Extérieur : | | |
| Huile 3 couches, égrené rebouché 12 portes-croisées ch. 2.60 × 1.30. Prod$^t$ 40.56 réd. aux 4/5 p............. | 32.44 | |
| Dix-huit volets-persiennes de surface nette des croisées à 40.56 à 2 faces et 1/2....................... | 101.40 | |
| Quatre extérieurs de châssis ch. 0.50 p.............. | 2.00 | |
| Ensemble............ | 135.84 | |
| à 1 fr. 43 le mètre.................... | | 194 25 |
| Huile 3 couches dont 1 de minium égrené. | | |
| Dix balcons de 0.60 × 1.30 p. 7.80 à 3 faces P$^t$ = 23.40 à 1 fr. 20 le mètre.................... | | 28 08 |
| Total.......... | | 1.372 12 |

## VITRERIE

|  |  |  |
|---|---:|---:|
| Cloison vitrée de la galerie, 1.80 × 4.45 P$^t$ 8.01 aux 3/4.. | 6.00 | |
| à 20 fr. le mètre...................... | | 120 » |
| Pour éviter la buée verres doubles posés à l'intérieur, 24 ch. 0.55 × 0.50 =,.............................. | 6.60 | |
| à 7 fr. 90...................... | | 52 14 |
| Vingt-quatre ch. 1.40 × 0.50 =................ | 16.80 | |
| à 7 fr. 75 le mètre, étant hors mesure......... | | 130 20 |
| Une fois en sus..................... | | 182 34 |
| Verres simples de troisième choix, 4 châssis, ch. 0.35 de surface. P$^t$ 1.40, à 3 fr. 80 le mètre.................. | | 5 32 |
| A reporter................. | | 490 » |

|  | |
|---|---|
| Report. . . . . . . . . . . . . . . . . | 490 » |
| Vitrerie de la lanterne en verre anglais d'une surface de 9.00, vaut. . . . . . . . . . . . . . . . . . . . . . . . . . . . | 100 » |
| Quatre châssis à tabatière, à 3 fr. 50 l'un. . . . . . . . . . . . . . . | 14 » |
| Nettoyage de toute la vitrerie. . . . . . . . . . . . . . . . . . . . | 25 » |
| Total. . . . . . . . | 629 » |

## TENTURE

|  | |
|---|---|
| Fourniture de : pour une chambre à coucher, 11 rouleaux à 1 fr. . . | 11 » |
| Pour 2 chambres, 30 rouleaux à 2 fr. 50. . . . . . . . . . . . . . | 75 » |
| Pour salle à manger et pièce d'entrée, 20 rouleaux à 3 fr. . . . . . | 60 » |
| Un rouleau bordure, 4 bandes. . . . . . . . . . . . . . . . . . . . | 2 50 |
| Trois rouleaux bordures assorties, à 4 fr. l'un. . . . . . . . . . . | 12 » |
| Deux rouleaux bordures assorties, à 5 fr. l'un. . . . . . . . . . . | 10 » |
| Collage du tout, compris égrenage et papier gris. . . . . . . . . . | 125 » |
| Total. . . . . . . . | 295 50 |

## FUMISTERIE

Quatre cheminées rétrécies, en faïence et 1 rideau, intérieur en brique.
Un fourneau en fonte et tôle de construction de 1.50 × 0.70 × 0.80; à droite du fourneau un âtre à rôtir de 1.10 × 0.70 à console en fonte et 1 rideau à crémaillère à la demande entre les consoles.
En revêtement du fourneau et de la pierre d'évier, un panneau de faïence de 0.40 de haut et 3.25 de développement, tuyau de fumée, trappe d'évaporation et raccords. . . . . . . . . . . . . . . . . . . . . 681 »

Total. . . . . . . . 681

La différence de prix obtenue entre le total du devis et le chiffre de 17,600 francs du forfait représente le rabais que ce genre de construction comporte, en province notamment. Cette moyenne de prix, déjà obtenue par nous dans cinq constructions analogues, est précise et pourra servir de base à ceux de nos lecteurs qui voudront mettre nos théories en pratique.

Il doit être enfin bien compris que le même programme s'applique à des constructions beaucoup plus riches, et qu'il suffira de grandir les proportions et de transformer les matériaux ordinaires en matériaux de luxe, pour obtenir une habitation dans laquelle la fortune des particuliers prendra son libre essor, en faisant appel aux marbres fins, aux belles mosaïques, aux peintures murales, aux menuiseries d'art, aux bronzes, à toutes les productions enfin de l'intelligence humaine, où l'esprit gaulois est resté le digne descendant du monde antique dont il avait au début de notre ère reçu les leçons.

FIN DU CHAPITRE VII.

# CHAPITRE VIII

CONCLUSION

# CONCLUSION

Telles devraient être nos maisons modernes, telles elles deviendront dans l'avenir, nous en sommes convaincu, car le plan actuel de nos habitations ne résiste plus que par l'habitude, et cette mauvaise raison devient insuffisante quand le constructeur, plus instruit, plus savant, est mis en demeure par les nécessités de son temps de sortir du sentier commun pour tenir sa profession à la hauteur des progrès énormes de la science. Or, cette science devient clairvoyante, elle devine la nullité de nos maisons dans le combat qu'elle entreprend contre les ennemis naturels de l'humanité, et veut, par suite, plus de savoir chez le constructeur. C'est à ces exigences si naturelles, si légitimes, que l'habitation que nous venons de décrire a la prétention de répondre.

Et, en effet, la famille que nous y installerons a d'abord à sa disposition de l'eau excellente dont la science aura réglé la composition ; elle se trouve protégée contre l'humidité du sol et les gaz souterrains qu'engendrent les décompositions animales et végétales. Un système de chauffage économique, régulier, à la portée de toutes les intelligences, lui assure d'une façon absolue une température douce par simple rayonnement, et dont le degré plus élevé au ras du sol des pièces donne à la tête un air plus sain, plus frais, qui protège contre les migraines et les congestions. Le renouvellement de cet air lui même est assuré par une arrivée régulière et constante où la science possède encore un rôle de contrôle absolu ; et l'empoisonnement auquel on peut craindre d'être redevable de la phtisie par la respiration « murale » des appartements, est supprimé.

Enfin, ces trois éléments de la vie, l'Air, l'Eau et la Lumière sont combinés pour produire au centre de l'habitation une pièce charmante, sans destination précise autre que de constituer un lieu de repos qu'égaieront les belles fleurs, les belles tentures, les bibelots de toutes sortes dont nous faisons aujourd'hui nos petits musées de famille.

Et, si la science ainsi utilisée dans cette maison nous protège contre nos ennemis naturels, nous l'avons aussi utilisée à nous garder contre ces actes de mauvais voisinages qui consistent à laisser s'accumuler les « résidus » de l'existence matérielle à notre propre détriment et à celui de nos voisins.

Nous avons donc détruit le principe même de la fosse fixe et de ses infections, et nous avons fait de ces matières horribles des minéraux inoffensifs ; puis des liquides restants, mélangés aux eaux ménagères, nous avons fait un engrais fertilisant le jardin potager pour ne rendre aux nappes souterraines qu'une eau dépouillée de ses malpropretés et d'une innocuité complète.

Soucieux de la santé des habitants de notre maison, nous avons été en même temps soucieux de la santé de leurs voisins, et, quand donc le médecin entrera dans ce gynécée nouveau, il y trouvera tous les auxiliaires qu'il est en droit d'exiger aujourd'hui de la science des architectes, science qui va grandissant chaque jour sous la poussée d'une génération valeureuse.

Suivre cette voie nouvelle ne va pas sans un peu d'amertume, et bien des tracasseries envieuses atteignent l'homme qui va devant lui cherchant le progrès, mais le but atteint porte en lui une récompense suffisante. Puis, dans ce public intelligent, qui s'appelle « le Tout-Paris », il se trouve toujours des natures exceptionnelles que le progrès intéresse et qui sont des aides précieux au chercheur dont les théories n'auront chance d'être acceptées qu'après avoir été sanctionnées par la pratique.

Tel a été notre cas, et les théories émises dans ce livre, nous avons pu les appliquer en toute liberté : d'abord, dans une propriété que nous avons construite pour M. Barrière, un de nos industriels les plus instruits, dont bien des « chercheurs » français ont pu apprécier la valeur; puis, dans une grande œuvre de bienfaisance qu'un des maîtres de l'horlogerie française, M. Detouche, a fait construire sous forme d'une maison de retraite pour les invalides du travail, au village de Villemonble, son pays d'adoption. Là, comme annexe de la maison de retraite, nous avons élevé des habitations pour le chapelain et pour le médecin, où toute latitude nous a été laissée pour la mise en œuvre de nos théories, dont les essais pratiques ont justifié complètement nos espérances.

Et, parmi toutes ces innovations, la reconstitution du vieil hypocauste, au foyer souterrain, des civilisations antiques que nous faisons revivre après quinze siècles, restera certainement une œuvre marquante dans notre existence professionnelle, car son emploi deviendra, nous en sommes convaincu, d'ordre public, tant son influence sur la santé humaine doit être considérable.

C'était donc un devoir pour nous d'associer à ce travail de reconstitution les noms des deux hommes qui nous ont aidé dans nos efforts, et cela d'autant mieux, que le résultat est plus certain, plus pratique, puisque tout ce résumé de science qui s'énonce dans ce livre, déjà bien gros, s'exécute dans des maisons bien petites.

Enfin, non seulement les constructeurs pourraient appliquer ces données nouvelles dans les maisons neuves, mais aussi, pour la plupart des cas, dans les maisons anciennes que l'installation de l'eau, du système de vidanges, de la réglementation du service d'air respirable, et enfin de la désinfection des eaux ménagères, transformeront complètement pour le plus grand bien de la santé humaine.

Dans cette voie nouvelle, nous verrons les arts, frères cadets de l'architecture, tels que la peinture décorative, les stucs, les fresques, les émaux, les mosaïques, la sculpture, la marbrerie, etc., et, dans un ordre plus modeste, les poteries, les chaufourneries, les tuileries, les charpenteries, etc., sortir de l'oubli et presque de la misère, pour reprendre leur place et leur rang dans l'industrie humaine. Nous verrons heureusement disparaître ces sottes constructions aux façades carrées, blanches et criardes, diminutifs des châteaux forts dont l'histoire rappelle les plus vilaines pages de la civilisation en France, et, où les habitants meurent d'ennui en mesurant leur vanité à la hauteur de leurs créneaux de carton-pâte; nous les verrons disparaître pour faire place aux élégantes habitations des civilisations antiques dont la richesse se calculait sur la qualité et la quantité des objets d'art qu'elles renfermaient, ainsi que sur la beauté de leurs plans, le choix du site et la valeur des qualités « habitatives. »

Enfin, dans un autre ordre d'idées, le pauvre et le riche habiteront des maisons dans lesquelles la vie humaine rencontrera les mêmes soins, les mêmes protections, pour le plus grand bien de la patrie dont le grand faisceau est fait de tous les habitants ; aux riches le luxe des arts, mais, à tous, la santé, telle doit être la devise de ceux qui ont mission d'élever des abris pour l'espèce humaine, et tel est le but de ce livre modeste.

Abordons donc résolument les réformes, tenons tête courageusement à cette manie des propriétaires qui veulent une maison comme celle de leur voisin, et prouvons-leur, par la création d'œuvres neuves et bien conçues, que l'architecture est une profession libérale dont le représentant « commande » et n'obéit pas aux sottises de ses clients. Au point de vue de l'hygiène et de la santé publique, il précède le médecin en construisant la demeure des malades à venir, et, comme pour ces derniers, le devoir professionnel doit être la seule règle de sa conduite. Ajoutons que le meilleur service qu'il puisse se rendre est d'éconduire poliment les clients qui restent intraitables sur les dispositions vicieuses de plans que trop souvent ils lui soumettent. Pour un client perdu, dix autres reviendront qui lui sauront gré de son énergie et de son indépendance, car ils comprendront alors l'importance de son rôle, qui le fait dispensateur de la fortune et de la santé des populations.

FIN DU LIVRE II

# TABLE DES MATIÈRES

| | |
|---|---|
| Frontispice | 3 |
| Dédicace | 7 |
| Un mot d'histoire | 13 |

## LIVRE PREMIER
## LA MAISON ANTIQUE

*Habitations gauloises au II<sup>e</sup> siècle. — Ce qu'on lit dans les fouilles du sol gaulois. — Principes de construction dans les habitations privées de la Gaule civilisée.*

### CHAPITRE PREMIER
#### FONDATIONS ET DÉTAILS D'ÉLÉVATION

##### I. *Fondations*

| | |
|---|---|
| Calorifères anciens, dits : *hypocaustes* | 47 |
| — Fouilles à Gennes (Sarthe) | 73 |
| — Fouilles à Jublains (Mayenne) | 82 |
| — Fouilles à Cimiez (Alpes-Maritimes) | 84 |
| Cheminées et fourneaux | 92 |
| Fosses d'aisances | 92 |
| Caves, cuisines en sous-sol | 93 |
| Canalisations d'eaux | 94 |

##### II. *Détails d'élévation*

| | |
|---|---|
| Matériaux et procédés de construction | 96 |
| — Mortiers | 96 |
| — Murs de grand appareil | 101 |

— Murs de petit appareil . . . . . . . . . . . . . . . . . . . . . . 103
— Pans de bois . . . . . . . . . . . . . . . . . . . . . . . . . . . 108
Protection contre l'humidité du sol . . . . . . . . . . . . . . . . . 109
Sols . . . . . . . . . . . . . . . . . . . . . . . . . . . . . . . . . . 111
Parquets . . . . . . . . . . . . . . . . . . . . . . . . . . . . . . . . 116
Décoration des murs et plafonds : mosaïque . . . . . . . . . . . . . 117
   — Stucs fresques . . . . . . . . . . . . . . . . . . . . . . . . 118
   — Stuc pâte . . . . . . . . . . . . . . . . . . . . . . . . . . . 120
Charpente, couverture . . . . . . . . . . . . . . . . . . . . . . . . 123
Clôtures, fenêtres, volets . . . . . . . . . . . . . . . . . . . . . . 128

### CHAPITRE II

#### RESTITUTION DES HABITATIONS GAULOISES

Habitations gauloises . . . . . . . . . . . . . . . . . . . . . . . . 139
Restauration d'une maison antique en Gaule . . . . . . . . . . . . . 152

### CHAPITRE III

#### MAISONS RUINÉES A POMPÉI

Grande habitation avec atrium et péristyle . . . . . . . . . . . . . 175
Maison de commerçant . . . . . . . . . . . . . . . . . . . . . . . . . 178
Habitations de petits rentiers . . . . . . . . . . . . . . . . . . . 183

### CHAPITRE IV

#### MAISONS RUINÉES EN GAULE

Ruines de maisons gauloises . . . . . . . . . . . . . . . . . . . . . 195

## LIVRE DEUXIÈME

# LA MAISON MODERNE

*Principes de construction pour les habitations modernes. — Association de la science moderne à la science ancienne.*

### CHAPITRE PREMIER

#### PLAN DES MAISONS MODERNES

Leur histoire . . . . . . . . . . . . . . . . . . . . . . . . . . . . 217

## CHAPITRE II

Plans, coupe, élévation d'une maison résumant dans sa construction la science ancienne et la science moderne . . . . . . . . . . 235

## CHAPITRE III
### CONSTRUCTION DE LA MAISON — EMPLACEMENT — EAUX

Emplacement . . . . . . . . . . . . . . . . . . . . . . . . . . . . . 253
— Orientation . . . . . . . . . . . . . . . . . . . . . . . . . . 253
— Altitude . . . . . . . . . . . . . . . . . . . . . . . . . . . 254
Eau. . . . . . . . . . . . . . . . . . . . . . . . . . . . . . . . . . 256
— Sources superficielles . . . . . . . . . . . . . . . . . . . 257
— Sources profondes . . . . . . . . . . . . . . . . . . . . . 257
— Empoisonnement des eaux naturelles.
— — I. L'eau de source et la fièvre typhoïde . . . . . . . 260
— — II. L'eau de puits et la fièvre typhoïde . . . . . . . . 262
— — III. L'eau de puits et le choléra . . . . . . . . . . . . 264
— — IV. L'eau de rivière et les épidémies . . . . . . . . . 273
— — V. Comment les rivières sont souillées dès leur source . . . . . . . . . . . . . . . . . . . . . . . . . 276
— Création d'une source d'eau scientifiquement excellente. . . 280
— Citerne . . . . . . . . . . . . . . . . . . . . . . . . . . . 288
— Élévation automatique de l'eau des puits . . . . . . . . . . 290
— Purification des eaux par la distillation et leur traitement pour en faire des eaux potables . . . . . . . . . . . . . . 299

## CHAPITRE IV
### CONSTRUCTION DE LA MAISON — LUTTE CONTRE LES PRINCIPES INFECTIEUX DU SOL

Plantations . . . . . . . . . . . . . . . . . . . . . . . . . . . . . . 307
Conductibilité . . . . . . . . . . . . . . . . . . . . . . . . . . . . 308
Porosité . . . . . . . . . . . . . . . . . . . . . . . . . . . . . . . 308
Perméabilité . . . . . . . . . . . . . . . . . . . . . . . . . . . . . 309
Capillarité . . . . . . . . . . . . . . . . . . . . . . . . . . . . . . 310
Caves et sous-sols . . . . . . . . . . . . . . . . . . . . . . . . . . 311
Celliers, caveau . . . . . . . . . . . . . . . . . . . . . . . . . . . 313
Causes générales d'infection . . . . . . . . . . . . . . . . . . . . 314

## CHAPITRE V

#### CONSTRUCTION DE LA MAISON — LOIS PRATIQUES DE LA CONSTRUCTION

Fondations. — Terrassement. . . . . . . . . . . . . . . . . . . . . . 317
— Sous-sol. . . . . . . . . . . . . . . . . . . . . . . . . . . . 322
Élévation. — Construction au-dessus du sol . . . . . . . . . . . . 330
Ventilation. — Ventilation naturelle. . . . . . . . . . . . . . . . . 333
— Ventilation artificielle par le chauffage. . . . . . . . . . . . 341
— Cheminées . . . . . . . . . . . . . . . . . . . . . . . . 349
— Calorifères ordinaires à air chaud . . . . . . . . . . . . . . 350
— Fenêtres . . . . . . . . . . . . . . . . . . . . . . . . . . 352
Construction au-dessus du sol . . . . . . . . . . . . . . . . . . . 355
Vidanges. — Fosses sèches . . . . . . . . . . . . . . . . . . . . 357
— Absorption des liquides . . . . . . . . . . . . . . . . . . . 369
L'eau filtrée et aérée dans toutes les pièces. . . . . . . . . . . . 374
Bains. . . . . . . . . . . . . . . . . . . . . . . . . . . . . . . . 382
Éclairage. . . . . . . . . . . . . . . . . . . . . . . . . . . . . . 384
— Éclairage électrique . . . . . . . . . . . . . . . . . . . . . 390
Installations diverses . . . . . . . . . . . . . . . . . . . . . . . 400

## CHAPITRE VI

#### CONSTRUCTION DE LA MAISON — AMEUBLEMENT

Ameublement. . . . . . . . . . . . . . . . . . . . . . . . . . . . 405
Loi des couleurs complémentaires . . . . . . . . . . . . . . . . . 411

## CHAPITRE VII

#### DÉPENSES

Dépenses. . . . . . . . . . . . . . . . . . . . . . . . . . . . . . 427
— Maison à Asnières. . . . . . . . . . . . . . . . . . . . . . 428
— Maison à Vitry-le-François. . . . . . . . . . . . . . . . . . 428
— Maison à Vincennes. . . . . . . . . . . . . . . . . . . . . 434
— Devis estimatifs. — Terrasse, maçonnerie, carrelage, charpente, menuiserie, serrurerie, fumisterie, peinture, vitrerie, tenture. . . . . . . . . . . . . . . . . . . . . . . . . . . . 439

## CHAPITRE VIII

Conclusion. . . . . . . . . . . . . . . . . . . . . . . . . . . . . 459

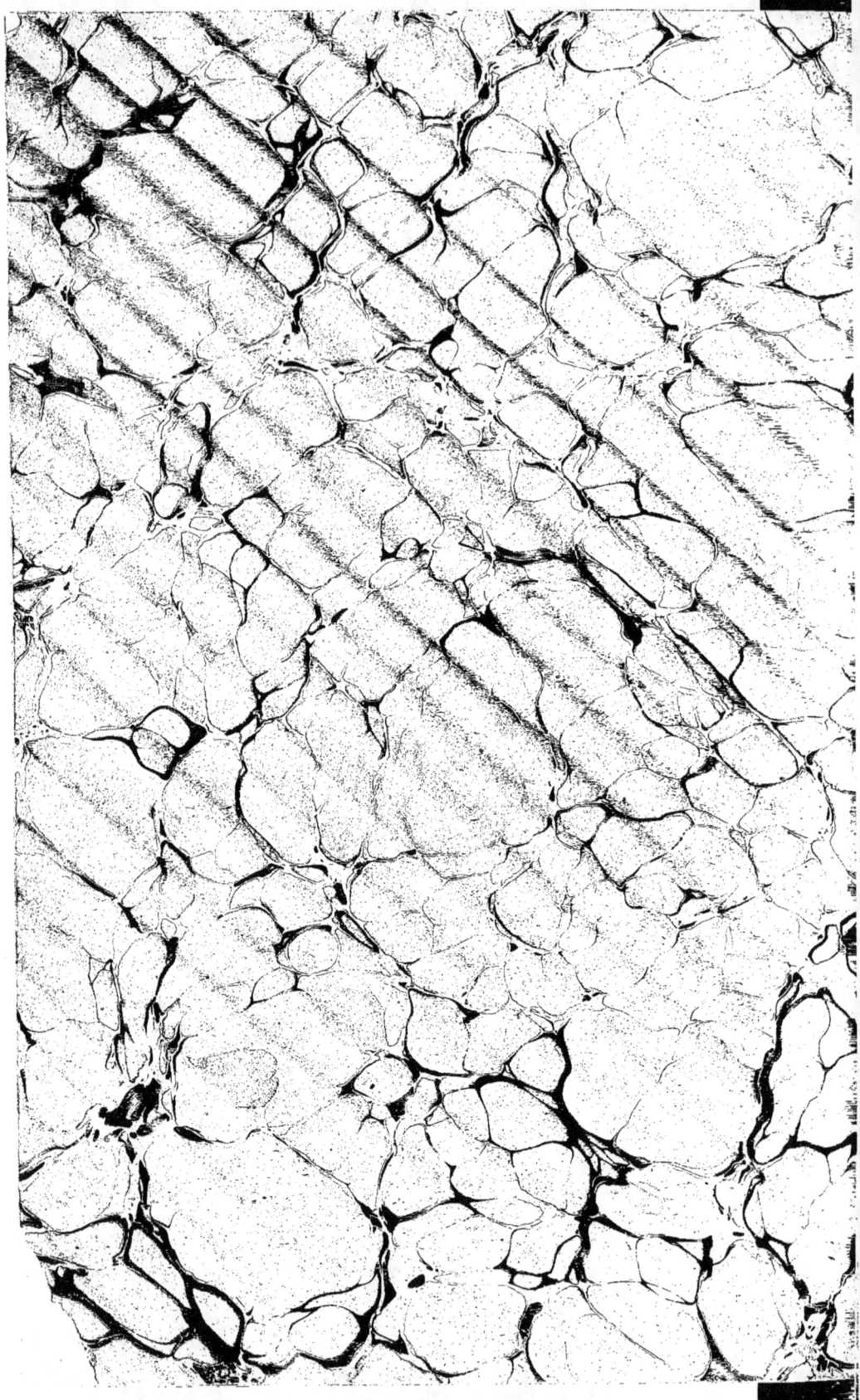